RADIUS BÜCHER

Mit acht Farbabbildungen aus einem
Holzschnitt von Walter Habdank

Unter Mitarbeit von
Klaus Bannach,
Anneliese Knippenkötter,
Jo Krummacher und Uwe Kynast

WARTEN AUF IHN

Ein christliches Hausbuch
für Advent, Weihnachten
und Epiphanias

Herausgegeben von Wolfgang Erk

Für

Mutti und Vati

zu

Weihnachten 1985

Gabriele und Rudolf

CIP-Kurztitelaufnahme der Deutschen Bibliothek

Warten auf ihn: e. christl. Hausbuch für Advent,
Weihnachten u. Epiphanias/
hrsg. von Wolfgang Erk. [Mitarb.: Klaus Bannach ...]
1. Aufl. – Stuttgart: Radius-Verlag, 1981.
(Radius-Bücher)
ISBN 3-87173-606-6

NE: Erk, Wolfgang [Hrsg.]

5., 4., 3., 2., 1. Auflage (die letzte Ziffer gilt für diese Ausgabe)
ISBN 3-87173-606-6

Umschlag (unter Verwendung eines Farbholzschnitts und einer Schriftzeile
von Walter Habdank): Gerhard Schröder
Schrift: Bembo
Lithographie: Brüllmann KG, Stuttgart
Satz, Druck und Bindung bei Clausen & Bosse, Leck
Printed in Germany

Adolf Muschg: Geschichtenweihnacht

Eine Predigt

Lieber Gott, laß mich jetzt hier nicht feierlich werden. Amen.

Liebe Gemeinde, ich möchte euch keine Predigt halten. Ich habe zwei geschrieben und gemerkt, daß ich es nicht kann. Ich habe nicht gelernt, wie man im Namen Gottes sprechen kann, ohne ins Moralisieren zu geraten, in irgendeine Form von Besserwissen. Das kann aber nicht der Sinn sein. Immer wieder ist mir Bonhoeffers Satz durch den Kopf gegangen: »Gott kann unser unfestliches Wesen nicht leiden.« Er verdarb mir die Lust am Predigen. Der Satz wurde übrigens nicht auf einem Fest, sondern im Gefängnis geschrieben. Ich möchte Ihnen ein paar Geschichten erzählen. Die erste stammt aus der ostjüdischen, der chassidischen Überlieferung. Sie erzählt, daß Gott die Welt so lange nicht untergehen lasse, so lang zehn Gerechte auf ihr leben. Diese Bedingung hat sich Gott seinerzeit von Abraham abnötigen lassen, als er Lust hatte, Sodom zu zerstören. Sie war, wie Sie wissen, damals nicht erfüllbar: Es gab keine zehn Gerechte in Sodom. Aber für die ganze Welt, sagt die jüdische Weisheit, will Gott die Bedingung weiter gelten lassen. Er hat nur auch eine Bedingung daran geknüpft. Die zehn Gerechten dürfen selber nicht wissen, daß sie es sind. Der erste Augenblick, in dem ein Mensch innewird, er gehöre zu den zehn Gerechten, ist auch sein letzter Augenblick: Er muß sterben. Mir scheint, das sei eine starke Versicherung gegen die Feierlichkeit. Aus der Bedingung Gottes folgt, daß der Gerechte ein glücklicher Mensch sein muß – einer, der sich unbewußt seines Daseins erfreut und die andern zwanglos mit seiner Freude ansteckt. »Denn wozu dient all der Aufwand von Sonnen und Planeten und Monden, von Sternen und Milchstraßen, von Kometen und Nebelflecken, von gewordenen und werdenden Welten, wenn sich nicht zuletzt ein glücklicher Mensch unbewußt seines Daseins erfreut?« Das steht nicht in der Bibel, das ist von Goethe. Aber ich muß Ihnen sagen: Seit einigen Jahren verfolgt und erwärmt mich der Verdacht, auch in der Bibel, auch im Neuen Testament stehe mehr Heiteres, als die theologische Schulweisheit uns träumen ließ – von unseren eigenen Alpträumen der Moral, der Angst und der Schuldigkeit zu schweigen. Ein Beispiel: Im apokryphen »Evangelium des Thomas«, einer gnostischen Schrift, die nicht ins Neue Testament durfte, sagt Jesus von den Pharisäern und

Schriftgelehrten: »Sie sind wie Hunde, die in der Futterkrippe der Ochsen schlafen. Selber fressen sie kein Heu, aber sie hindern die Ochsen daran, Heu zu fressen.« Das ist im Zorn hingeworfen – aber es ist humoristisch formuliert, es ist ein böses Bonmot. Und dann entdeckte ich diese Art Witz auch in den rechtmäßigen Evangelien. Vor allem natürlich in den Ausfällen gegen die Theologen der Zeit, die sich »getünchte Gräber« nennen lassen mußten – außen fix und innen nix. Aber auch in den Gleichnisreden fand ich Heiterkeit, nicht nur in der Häuslichkeit der Themen, sondern auch im Spiel mit dem Verständnis der Zuhörer, wie da der Sinn sich versteckt vor dem Unverständnis, aber noch besser versteckt vor dem schnellen Verständnis der Normalgescheiten – das ist ein Versteckspiel in der Nähe der Eulenspiegelei. Es hat aber auch seinen ernsten politischen Sinn: Die Heilsbotschaft muß sich schützen gegen Zensur und Verfolgung, sie muß »Sklavensprache« werden, wie Brecht diese Art von Subversion genannt hat: Viele Geschichten im Evangelium sind mit den Geschichten des Herrn Keuner verwandt. – Aber auch in den Krankenheilungs- und Exorzismus-Geschichten habe ich auf einmal humoristische Züge wahrgenommen. Die Erlaubnis, daß die unsauberen Geister in eine Schweineherde fahren dürfen, kann nicht ohne Schalk erteilt worden sein – in mittelalterlichen Darstellungen dieses Tieropfers kommt er zum Vorschein, als naive Groteske. Ich habe mir vor einiger Zeit dazu einen kleinen Kommentar einfallen lassen, ein Gespräch zwischen dem praktischen Fischer Petrus und seinem radikalen Meister, das ging so:

Wo soll der Bauer nun neue Säue herbekommen? fragte Petrus, als J. eine Herde von Säuen ins Wasser gejagt hatte. – Stimmt, sagte J., machte die Säue wieder lebendig und streute ein paar Perlen vor sie.

Lassen Sie sich, statt einer Predigt, noch ein paar solcher Geschichten erzählen, die mir beim Lesen der Evangelien eingefallen sind. Es sind kleine, unorthodoxe Legenden, zu denen ich mir die Freiheit aus Respekt genommen habe; aber nicht aus dem feierlichen, sondern aus dem heiteren Respekt, in dem auch das Dunkle des Gottesberichts klar werden soll. Ich möchte den Ablauf der Erwartung, der Erwartung der Jünger, unserer eigenen Erwartung, an einem Punkt durchbrechen und ins Alltägliche abbiegen. Ich möchte unserer Programmierung aufs Fromme und scheinbar Bekannte einen kleinen Stoß geben, indem ich den Zusammenhang verschiebe, die Botschaft leicht entstelle – bis, wo möglich, zur Kenntlichkeit. – Ich habe mich bei dieser Art der Erzählung ein wenig anleiten lassen – einmal von der ostjüdischen Mystik, dann von der Praxis der Rätselgeschichten im Zen-Buddhismus: Die führt das Verständnis des

Schülers immer an eine Grenze, wo es nicht mehr gehen kann, sondern springen muß; herausspringen aus der Autorität des Richtigen in die plötzliche Freiheit des Echten. Das ist – nach der Verzweiflung am eigenen Verstand, an der eigenen Rechtmäßigkeit – eine Erfahrung spontaner Heiterkeit, in der die Widersprüche zusammenfallen zum Gelächter; Erleuchtung wird diese Erfahrung genannt, und sie kommt als ein Schock, biblisch gesprochen: wie ein Dieb in der Nacht. Ein Beispiel aus der Bergpredigt: In Matthäus 5,40 heißt es: »Und so jemand mit dir rechten will und deinen Rock nehmen, dem laß auch deinen Mantel.« Hier die Geschichte dazu:

Eines Tages wollte ein Bürger, dem J.s Tracht mißfiel, ihm den Mantel entreißen, aber J. hielt den Mantel fest. Hast du nicht gegen dein eigenes Gebot verstoßen? fragte Judas.

Habe ich ein Gebot erlassen? fragte J. erstaunt.

Wenn jemand mit dir rechten will, sagte Judas, und deinen Rock nehmen, dem laß auch deinen Mantel.

Ach, sagte J., mir scheint, das war ein Gebot für die heißen Tage. Außerdem hat sich der Mann nicht die Mühe genommen, mit mir zu rechten.

Jesus hat den Knecht eines römischen Hauptmanns geheilt, also eines Landesfeindes; darüber hat es im Jüngerkreis Gespräche gegeben. Vielleicht diese:

Petrus machte J. Vorwürfe, weil er den Knecht des Besatzungsoffiziers geheilt hatte. Er sagte: Du hast dir von ihm das Haus verbieten lassen. Jakobus meinte: Aber er sagte doch, er sei nicht wert, daß J. unter sein Dach gehe. – Als ob das nicht auf eins hinauskäme, sagte Petrus. Er wollte mit keinem Juden gesehen werden, und er wünschte eine teure Arbeitskraft billig wiederherzustellen. – Aber der Knecht ist doch selber auch lieber gesund als krank, meinte Andreas. – Gesund, aber für wen? fragte Petrus. J. lachte. Wenn ich dich so höre, sagte er, fürchte ich fast, aus dir wird noch einmal ein Papst.

★

Der Hauptmann gab in der Gruppe noch viel zu reden. Geh hin! so geht er; komm her! so kommt er; tu das! so tut er's, äffte ihn Petrus nach. Was ist das für eine Sprache, das nennst du einen Glauben? warf er J. vor. J. sagte: Es ist die Sprache eines Militärs. Soll ich den Knecht dafür büßen lassen?

Die Gegenwart des Gottesreiches, die J. für sich selbst in Anspruch nahm, muß für die Gläubigen der Zeit ein starkes Stück gewesen sein, denn sie waren daran gewöhnt, es von der Zukunft zu erwarten. Dazu ist mir diese Geschichte eingefallen:

Als Johannes der Täufer im Gefängnis saß, sandte er zwei Jünger und ließ

J. sagen: Bist du der, der da kommen soll, oder sollen wir auf einen andern warten?
Wie lange könntet ihr denn noch warten? fragte J.
Die Jünger des Johannes sahen ihn verdutzt an.
Wartet noch vier Tage, sagte J. schnell und wandte sich ab.
In drei Tagen werden sie ihn töten, sagte J. zu Petrus, der ihn fragte, was ihm fehle.
Aber dann – sagte Petrus.
Ich bin nicht, der da kommen soll, sagte J. Ich bin, der da da ist. Er hat mich angefaßt, er hat mich untergetaucht, er hat mich aufgehoben, aber gesehen hat er mich nicht. Er will es nicht erleben. Er will es nur erwarten, sagte J. und weinte bitterlich.
Ich weiß noch eine andere Geschichte von der Gegenwart des Gottesreichs: Da haben die Jünger schon etwas gemerkt. Das Evangelium des Thomas hat mich draufgebracht, und ein japanischer Teemeister hat mir dabei weitergeholfen.
In der Gruppe wurde gearbeitet, wenn es nötig wurde, oder wenn es Spaß machte. Dazu redeten die Freunde auch über ernsthafte Dinge. Eines Nachmittags las Judas Steine aus dem Acker, Petrus spaltete Holz, und J. kochte. J., rief Judas, wo ist das Reich Gottes? – Siehst du den großen Stein dort? rief J. zurück, dreh ihn nur um, dann wirst du es finden. – Ich weiß, wo es ist, sagte Petrus und spaltete ein großes Scheit mit einem Schlag. – Getroffen, Petrus, sagte J., du mußt doch Papst werden. – Bitte nicht, sagte Petrus, schon mein Nachfolger würde nicht mehr wissen, wo es zu finden ist.
Bei der nächsten Geschichte vom Reich Gottes müssen Sie geduldig sein, da ist nämlich etwas schiefgegangen, aber vielleicht sind Sie jetzt schon so weit, daß Sie tiefer sehen, bis weit ins Heitere hinein.
Apropos Reich Gottes, sagte J. zu Thomas, ich erzähl' dir jetzt eine Geschichte für dein Evangelium, die die andern nicht haben. Das Reich Gottes ist wie eine Frau, die mit einer Schüssel Mus einen langen Weg ging. Der Henkel der Schüssel brach ab, und das Mus lief hinter ihr auf die Erde, und sie bemerkte es nicht. Als sie ihr Haus erreicht hatte, setzte sie die Schüssel ab und fand sie leer. – Fertig? fragte Thomas enttäuscht. – Fertig, sagte J. – Du hast vergessen zu sagen: wahrlich, wahrlich, erinnerte Thomas. – Es ist nicht wahrlich, sagte J., aber etwas Wahres wird immer noch dran sein. (Es ärgerte ihn, daß die Geschichte technisch nicht stimmte.)
Die nächste Geschichte handelt von denen, die sich damit plagen, das Evangelium wörtlich zu nehmen – wobei nicht etwa zu beanstanden ist, daß sie es wörtlich nehmen, sondern nur, daß sie sich plagen.
Jakobus II, der ein unsicherer Mensch war, sagte zu J.: Ich denke immer

über dein Wort nach, daß man alles genau so tun kann, wie du sagst, und am Ende doch von dir verstoßen werden. – Was ist daran so seltsam? fragte J. Als er das verzweifelte Gesicht des Jakobus sah, erbarmte er sich und fragte: Weißt du die Stelle noch im Wortlaut? – Jakobus fing an: Herr, Herr, haben wir nicht ... – Moment, unterbrach ihn J. und drehte sich um, wo ist denn da ein Herr Herr? In diesem Augenblick wurde Jakobus erleuchtet und fiel J. um den Hals.

Bei der nächsten Geschichte bin ich ganz froh, daß ich mich hinter dem Rücken des Thomas verstecken kann, sonst könnten Sie versucht sein, mich zu steinigen. Es ist nämlich eine Geschichte, bei der ich mich nicht auf Ihren Anstand verlassen kann und übrigens auch nicht möchte. Aber bevor Sie den ersten Stein werfen – darüber hat ja auch die Bibel schon eine bestimmte Meinung –, denken Sie doch einen Augenblick nach.

J. hatte ein paar Fromme in seiner Gruppe. Sie sagten: Wir wollen heute beten und fasten. – Wenn ihr das wollt ..., sagte J. – Du nicht? fragten die Frommen. – Wenn ich von der Hochzeit zurückkomme, lachte J. – Also nicht, sagte der fromme Zebedäus leise. Denn er wußte, daß sich J. für die Liebe sehr viel Zeit nahm.

Ganz ohne Moral ist es aber auch unter den Jüngern nicht abgegangen. Ich gebe Ihnen ein Beispiel:

J. bekam ein kostbares Parfum geschenkt.

Dafür könnten wir dreihundert Mark kriegen, sagte Judas, und es denen geben, die es nötiger haben.

J. soll sich auch einmal etwas gönnen, sagte Johannes.

Mach, daß du rauskommst, sagte J. zu Johannes.

Er hat es gut gemeint, sagte Andreas später.

Nein, sagte J. Er hat nur besser sein wollen als Judas.

Der biblische Jesus hat gegen die meisten Regeln seiner Zeit verstoßen: Er hat, in den Augen der Kirche, den Sabbat nicht geheiligt, er hat nicht gefastet, er hat sich an den Schaubroten im Tempel vergriffen, wenn ihn hungerte, er hat nicht jedesmal vor dem Essen die Hände gewaschen. Er ist nicht umsonst gekreuzigt worden. Weniger bekannt ist, daß er auch gegen seine eigenen Regeln verstoßen hat. Sie erinnern sich an die Geschichte mit dem Mantel: dort gebot die Vernunft den Regelverstoß. In der nächsten Geschichte gebot ihn die Höflichkeit – obwohl J. eben noch verkündet hatte, man solle einem Armen, der einen um einen Fisch bitte, nicht eine Schlange geben.

Eines Tages gab J. einem Bettler, der ihn um einen Fisch bat, eine Schlange.

Gestern hast du gesagt, daß das unchristlich ist, sagte Andreas.

Ja, aber heute habe ich ein feines Schlangenrezept erfahren, sagte J.
Es ist bekannt, daß der biblische Jesus seine Jünger unter den einfachen Leuten suchte. Jetzt erfahren Sie, warum so viele Fischer dabei waren.
Wegen seiner Vorliebe für Fischer befragt, antwortete J.: Sie haben ein gesundes Verhältnis zum Wasser. Sie lieben es nicht, aber sie müssen davon leben. Zum Essen ziehen sie Wein vor. Sie waschen sich selten und baden doch nicht ungern. Da sie niemals schwimmen lernen, müssen sie notfalls in der Lage sein, auf dem Wasser zu gehen. Dabei verlassen sie sich auf mich. Ich kann es von früher.
Aus dem biblischen Jesus hätte natürlich auch ein großer Mann werden können. Hören Sie, wie er die Chance dazu verpaßt hat:
In seiner Jugend hatte J. nicht immer ausreichend zu essen. Eines Tages nahm ihn ein einflußreicher Mann auf eine Bergwanderung mit. Bei Betrachtung der Aussicht sagte der Einflußreiche: Du bist nicht ohne Gaben, aus dir wäre noch etwas Brauchbares zu machen. Du könntest bei mir eintreten. – Zu welchen Bedingungen? fragte J. erwartungsvoll. – Nicht so schnell, sagte der Einflußreiche. Erst müßten wir mit ein paar kleinen Tests klären, wofür du dich eignest. Siehst du die Steine dort? – Guten Abend, sagte J. und stieg den Berg wieder hinunter. – Wenn er mir einen Apfel gegeben hätte, hätte ich mit mir reden lassen, sagte J. später.
Natürlich hat es schon im ersten Jahrhundert Leute gegeben, die sich am begrenzten Horizont der Jünger und ihres Meisters gestoßen haben. Sie hätten die frohe Botschaft, wie viele unter uns, lieber etwas weniger roh, etwas kultivierter gehabt.
Man merkt, daß Sie niemals im Ausland gewesen sind, sagte der weitgereiste Theologe, der die Gruppe besuchte.
Sie täuschen sich, sagte J., ich war in Ägypten, als Säugling.
Daran können Sie aber unmöglich eine Erinnerung bewahren.
Haben Sie schon vergessen, daß ich ein frühreifes Kind war? fragte J.

⋆

Hast du wirklich die Pyramiden gesehen, fragte der kleine Zebedäus, wie sahen die aus?
Wie Gräber, sagte J.
Was hast du dir dazu gedacht?
So nicht, sagte J.
Ich glaube anderseits, daß Jesus sich die Leute genau ausgesucht hat, denen er verkündigte, daß sein Reich nicht von dieser Welt sei – ein Satz, auf den vielleicht nicht zufällig Johannes besonderen Wert legt. Sie haben schon gemerkt, daß ich Musterschüler nicht mag.

Warum verlangst du von den Reichen, sie sollten der Welt entsagen? fragte Philippus.
Weil es sich die Armen nicht leisten können, antwortete J.
Zum Schluß noch eine Weihnachtsgeschichte: Fürchtet euch nicht, sie ist ganz kurz. Sie soll euch aber eine große Freude verkünden; die Freude, daß wir uns heute nacht noch zusammensetzen mit Brüdern, die wissen, was es heißt, keinen menschlichen Vater zu haben, in einem Stall geboren zu sein, für die das Wort Krippe einen genauen Sinn hat, die hungern und dürsten müssen nach der Gerechtigkeit, die hier mehr suchen als ein bißchen Ruhe auf der Flucht. Sie suchen keine Gnade, sie erwarten mehr als Glaube, Liebe und Hoffnung, sie suchen Menschen: uns. Und das ist meine letzte Geschichte:
Als die drei Könige, von ihren Gaben entlastet, wieder aus dem Stall traten, hielt Kaspar erschrocken inne.
Der Stern, sagte er.
Was ist mit ihm? fragte Melchior.
Er ist weitergezogen! sagte Kaspar.
Hast du jemals einen Stern stillstehen sehen? fragte Balthasar.

Erster Advent

Psalm 24:

1. Gott gehört die Erde; alles, was in und auf ihr ist, das Land und die darauf wohnen.
2. Er hat ihm auf Meeren ein Fundament, auf Fluten einen festen Platz gegeben.
3. Wer darf auf den Berg Gottes steigen und wer darf stehen an seiner heiligen Stätte?
4. Wer schuldlose Hände hat und ein aufrichtiges Herz, wer sein Denken nicht auf Sinnloses richtet, wer nicht betrügerisch schwört:
5. der wird Segen von Gott mitnehmen und Heil von seinem Herrn, der ihm hilft.
6. So geht's dem Volk, das sich um Gott kümmert, das dich sehen will, Gott Jakobs.
7. Reckt euch in die Höhe, ihr uralten Tore, denn der König des Lichts will kommen.
8. »Wer ist der König des Lichts?« Gott ist es, gewaltig und kraftvoll, Gott, gewaltig im Kampf.
9. Reckt euch in die Höhe, ihr uralten Tore, denn der König des Lichts will kommen.
10. »Wer ist denn dieser König des Lichts?« Gott, der den Heerscharen gebietet, er ist der König des Lichts.

Gebet: Herr! Wecke uns auf aus aller Trägheit und Ohnmacht, aus der Müdigkeit und aus allzu geschäftigem Eifer, der Kräfte vergeudet. Hilf uns, dein Kommen zu erwarten an dem Ort, an den du uns gestellt hast. Laß uns erkennen, wie wir dir dienen können, wie wir deine Menschlichkeit unseren Mitmenschen bezeugen können.

Lied EKG 4, GL 114: Es kommt ein Schiff, geladen bis an sein' höchsten Bord, trägt Gottes Sohn voll Gnaden, des Vaters ewigs Wort.

Ernst Lange: Warten auf den Herrn

Die Heilige Schrift erzählt von einer stillen, unauffälligen Adventsgestalt, von Simeon. Es heißt von ihm: »Es war in Jerusalem ein Mann namens Simeon, und dieser Mann war gerecht und gottesfürchtig und wartete auf den Trost Israels, und der Heilige Geist war auf ihm. Und er hatte vom Heiligen Geist die Zusage empfangen, daß er den Tod nicht sehen würde, bevor er den Gesalbten des Herrn gesehen hätte. Und er kam, erfüllt vom Geist, in den Tempel.«

Das Besondere an diesem stillen Mann ist seine Geduld mit Gott. Tausendmal mag er schon so in den Tempel gegangen sein, voller Erwartung, voller Bereitschaft. »Wird es heute geschehen? Wird es heute Weihnachten für mich werden? Wird Gott heute in mein Leben treten und es neu machen?«

Und tausendmal hat er vergeblich gewartet. Dennoch gibt er nicht auf. Denn er hat Gottes Zusage. Diese Geduld mit Gott, dieses feste Vertrauen darauf, daß es einmal geschehen muß, weil Gott es doch versprochen hat – das ist die Weihnachtsvorbereitung des Simeon.

Auch wir haben Gottes Zusage, daß es in unserem Leben Weihnachten werden soll und immer wieder Weihnachten. Alle Menschen haben diese Zusage. Natürlich kann man sagen: »Ich habe es doch schon so oft versucht. Jedesmal habe ich mir von Weihnachten wirklich etwas versprochen, und dann war es doch wieder nichts, mein Herz blieb leer und tot.« Aber vielleicht sollten wir mehr »Geduld« mit Gott haben, wie Simeon. Simeon wußte: Gottes Wunder kann man nicht herbeizwingen. Und zugleich wußte er: Gott lügt nicht. Zu seiner Zeit erfüllt er seine Zusage. Darum hat mein Warten einen Sinn.

Der alte Simeon hat am Ende doch nicht vergeblich gehofft. Eines Tages wurde es wirklich Weihnachten für ihn, und mit einem Schlag lag sein ganzes Leben im Licht. Ja, vielleicht sollten wir mehr Geduld mit Gott haben. Vielleicht sollten wir es dem Simeon gleichtun und beharrlich immer wieder dorthin gehen, wo die Gemeinde Gottes sich versammelt, nicht nur am Heiligen Abend, sondern Sonntag für Sonntag. Das wirkliche Weihnachten, die wirkliche Wende geschieht zuzeiten auch mitten im Jahr.

Eyvind Johnson: Advent

Während die alte Frau die Laterne anzündet, denkt sie plötzlich, gerade in dem Augenblick, da das Streichholz aufzischt, wie unglaublich gut sie es doch jetzt hat. Sie freut sich jeden Abend darüber, wenn sie hinausgehen und die Schweine zur Nacht füttern will, jedesmal, wenn sie abends in den Schweinestall oder den Holzschuppen gehen muß. Das Glücksgefühl kommt immer in zwei Etappen. Zuerst denkt sie, man müßte auch elektrisches Licht im Schweinestall haben, und dann, wie schön und sauber und wie unglaublich bequem es ist, daß sie elektrisches Licht im Hause hat. Sie besitzen es schon vier Jahre, es wurde angelegt, als der eine Sohn, Karl, zum letzten Mal hier war, und sie empfindet es noch als etwas ganz Besonderes. Das Radio ist zwar auch ein sehr merkwürdiger Kasten, aber das muß man als einen Einfall, ja, als ein Wunder auffassen, doch mit dem elektrischen Licht ist es etwas ganz anderes, ganz Besonderes. Über das Radio mit seinen schönen Stimmen und seiner Musik muß man sich fast schämen, obwohl es manchmal bockt und nicht funktioniert. Aber dem elektrischen Licht kann man auf eine ganz andere Weise befehlen. Es werde Licht, und es ward Licht, bei dem man arbeiten oder lesen kann. Jedesmal, wenn sie die Lampe anzündet, denkt sie: Man müßte es auch im Schweinestall haben. Und dann ist sie voller Befriedigung, daß sie es im Haus besitzt. Sie stellt sich vor, wie es auf der Haustreppe, auf dem Wege zum Schweinestall und drinnen beim Schwein scheinen würde, und sagt leise: »Du mußt dich mit der Petroleumlampe begnügen, Schwein. Da siehste genug, um zu fressen. Das kannste auch im Dunkeln, wenn's sein muß. Jetzt haste nicht mehr lange zu leben.« Sie hat das Schwein gern, man könnte sagen, daß sie es liebt – da der Traum von einer Kuh doch nie in Erfüllung gehen kann. Sie versucht zu zählen, wie viele Schweine sie schon gehabt haben, aber es gelingt ihr nicht. Man müßte es an den Fingern abzählen oder mit Feder und Papier. In einem Jahr hatten sie kein Schwein, das war 1912, als sie fast das ganze Jahr krank war. Aber an die vierzig Schweine haben sie wohl schon gehabt.

Sie öffnet die äußere Tür zum Schweinestall, wo die Tonne mit Schweinefutter zu stehen pflegt, ehe es im Herbst kalt wird; jetzt steht sie im Stall. Als sie die Klinke der frostkalten Innentür öffnet, schlägt ihr die Wärme entgegen. Die Innenseite der Tür und die gekalkten Wände leuchten feuchtglänzend im Laternenschein. Das Schwein begrüßt sie zuerst mit zögerndem Grunzen, dann erhebt es sich schwerfällig und schlachtreif und kommt an den Trog, und jetzt klingt das Grunzen schon lebhafter. Die Frau schöpft aus der Schweinefuttertonne und vermischt es mit dem Warmen, das sie im Eimer hat. Ein dichter Dampf von Stall und Futter umgibt sie und steigt in Wolken auf, während sie mit der Kelle umrührt und in den Trog füllt. Das Schwein grunzt ruhig und zufrieden, während es in sich hinein schlürft. Sie beugt sich in den Verschlag und krault ihm den Rücken.

»Du Fettwanst!« sagt sie.

Sie kann sich nicht an jedes einzelne Schwein erinnern. Ein Schwein hatten sie gehabt, das fast ebenso klug wie ein Mensch gewesen war, sie nannten es »Rosenknopp«, aber es war nicht sehr schwer geworden. Er grübelte zuviel, meinte Niklas.
Niklas ist seit anderthalb Jahren kränklich, im Frühling wird er siebzig Jahre alt. Es ist nichts Gefährliches, er ist nur ständig müde, und dann ist sein Magen nicht in Ordnung. Das kommt nicht vom unsoliden Leben, er hat weder seinen Lohn versoffen, noch ist er mit einem Priem im Munde eingeschlafen. Und die wenigen Male, wo er etwas ausgelassen war, auf ihrer Hochzeit, auf der Taufe von Lina (die später starb), auf der Konfirmation von Karl und Isak (sie mußten sie zusammen einsegnen lassen, da Isak etwas zurückgeblieben war) und beim Begräbnis des alten Isak, beteiligte er sich nicht an den Schlägereien, sondern nur am Tanzen und höchstens am Hakeln.
Sie krault das Schwein und denkt, wie gut doch ihr Leben gewesen ist. Daß Lina mit siebzehn Jahren sterben mußte, war, wenn man es nach so langer Zeit betrachtete, vielleicht gut, denn einerseits war sie verwöhnt, andererseits hatte sie ein Muttermal im Gesicht und hätte wohl nie einen Mann gekriegt. Isak wurde Bahnwärter im Süden, alle seine Kinder lebten und waren gesund. Karl ging zur See mit allem, was dazugehört, und durfte die Welt sehen und etwas lernen. Er sollte ein Kind in Bohuslän haben, sagten die Leute; ja, das Leben war sonderbar. Er schickte jede Weihnacht etwas Geld nach Hause und manchmal auch zwischendurch, wenn er konnte. Niklas selbst erhielt sechshundert Kronen Pension vom Staate, solange er lebte, und man hoffte ja, daß er das noch einige Jahre tun würde. Und das Schwein schien sich auch in seinen letzten Lebenstagen recht wohl zu fühlen, gewiß wog es 90 Kilo. Sie pflegten es nach dem zweiten Adventsonntag zu schlachten, damit man Zeit genug hatte, Sülze zu machen, und der Speck hielt sich gut bis zu Weihnachten, wenn sie ihn in den Bottich legten. Morgen war Samstag. Henrik Nilsson wollte am Nachmittag kommen, wenn er frei war, und es schlachten. Er bekam ein Kilo Seitenspeck für seine Mühe und die Blase für seine Kinder, damit sie Weihnachten damit Luftballon spielen konnten.
Sie hebt die Laterne mit ihrer knochigen Hand und beleuchtet das Schwein. Das Glück ist ein seltsames und einfaches Gefühl. Sie ist ganz erfüllt davon und glaubt in diesem Augenblick, daß auch das Schwein glücklich ist, obwohl es sterben muß. Es hat ein gutes Leben gehabt, die kurze Zeit, die es leben durfte, es hat gutes Futter gehabt, sie hat ihm Abfälle gekocht und dicken Grieß hineinge-

rührt. Der Stall ist warm und auf seine Weise schön, wenn man vom Fußboden absieht, aber das Schwein hat sich darauf wohlgefühlt. Es hat Stroh gehabt, um darauf zu liegen und es über den Fußboden zu verstreuen, und es hat es so sauber gehabt, wie es sich ein Schwein nur wünschen kann, wenn es sich so etwas wünscht. Sie hofft, daß es einen leichten Tod haben wird, das heißt, Tod darf man es nicht nennen. Ein Schwein stirbt nicht, es wird geschlachtet und ergibt Speck. »Nö – öff!« grunzt das Schwein und sieht zu ihr auf, ihr ist, als ob es lächele.

Das Licht glänzt auf den feuchtwarmen, weißgestrichenen Wänden und auf den Wassertropfen an der Decke. Hin und wieder fällt ein Tropfen herab, der dort oben hing und angeschwollen war, und er betont nur noch das tiefe, stille Glück.

Sie sieht ihn nicht gleich, sie merkt nur, daß jemand im Schneedunkel vor der Haustreppe steht. Als sie die Laterne hebt, fällt das Licht auf einen Mann. Sie kommt einige Schritte näher und sagt: »Guten Abend.«

Er murmelt etwas, was sie zuerst nicht versteht, dann räuspert er sich und wiederholt: »Gu'n Abend!«

Beim Klang der heiseren Stimme hebt sie die Laterne noch höher und betrachtet ihn genau. Er ist mit einem alten abgenutzten Mantel bekleidet, auf dem Kopf trägt er eine ähnliche Sportmütze, wie Karl sie hat, an den Füßen Halbschuhe. Sein Gesicht ist dunkel und müde und hat grobe Bartstoppeln. Er nimmt die Mütze ab und verbeugt sich vor ihr. »Gu'n Abend«, sagt er noch einmal.

Die Augen glänzen sie dunkel an. Er ist ein Landstreicher, denkt sie, ein Zigeuner. Sie kommt näher heran, sie richtet sich aber auf und fragt: »Was will Er?« Niklas und sie sind allein im Häuschen, es ist einen Kilometer vom Dorf entfernt.

Er murmelt wieder etwas und verbeugt sich vor ihr, als wäre sie eine reiche Schöffenfrau, und bringt nur ein Wort hervor: »Essen!« Seine Augen sind bittend, die Lider blinzeln vor Müdigkeit. Sie überlegt, ob er Läuse hat. Denn Läuse will man nicht haben. Man kann sagen, was man will, aber verlaust ist man nie gewesen, man hat es immer rein und sauber gehabt, wenn man auch noch so arm war, als die Kinder noch klein waren. Aber sie kann sich nicht gleich entschließen zu fragen; es dauert eine kleine Weile, ehe sie sagt: »Er hat doch nicht etwa Ungeziefer?«

Er versteht es nicht gleich, vielleicht ist er nicht ganz gescheit. Sie zeigt auf ihn und sich selbst und weist mit dem Zeigefinger an die Schläfe unter der dicken Haube. Da schüttelt er den Kopf, aber es wirkt nicht gerade überzeugend.

»Warte Er hier«, sagt sie und beleuchtet noch einmal sein Gesicht mit der Laterne und geht an ihm vorbei die Haustreppe hinauf.
Er hat sie nicht verstanden und folgt ihr zögernd. Als sie die Haustür öffnet, wendet sie sich und sagt: »Er kann wohl draußen warten.«
Da versteht er und geht die Treppe wieder hinunter. Sie schließt die Tür hinter sich und bleibt auf dem Flur stehen und überlegt. Aber sie schließt nicht zu. Auf alle Fälle nimmt sie die Axt von der Wand und trägt sie in die Küche, stellt sie hinter die Herdmauer und geht in die Kammer zu Niklas.
Er schaut sie groß an, ihr kommt flüchtig in den Sinn, daß sie seinen Bart zu Weihnachten sauber schneiden muß.
»Es steht draußen ein Mann auf dem Hof. Er will Essen haben. Aber er sieht so sonderbar aus und kann kaum vernünftig reden.«
Niklas hebt seine knochige, magere Greisenhand und fährt damit langsam durch den grauen zottigen Bart. Er überlegt. Sie denken beide das gleiche.
»Hast du die Axt mit hereingenommen?« fragt er.
»Sie steht hinter dem Herd.«
»Und das kleine Beil?«
Sie hat das Beil vergessen, es steht in der Ecke zwischen Flurtür und Küchentür.
»Hol es auch rein«, sagt er, »gib es mir.«
Sie holt das kleine Beil, er nimmt es unter die Decke. Man hat so vieles gehört und in der Zeitung gelesen.
»Wie sieht er aus?« fragt der Alte.
»Nicht gerade böse«, sagt sie, »aber zerlumpt und schwarz wie ein Zigeuner.«
»Ist er stark und groß?«
Es knackt in den Knochen des großen, aber ausgemergelten Greisenkörpers, als er sich reckt und im Bett aufrichtet.
Sie muß überlegen, sie weiß es nicht recht.
»Ja, so mittelmäßig. Er sah aus, als habe er lange nichts zu essen gehabt. Er sah fast so aus, als ob er Schwindsucht habe – und seine Stimme war heiser.«
Der Alte denkt eine Weile nach. »Es ist bald Weihnachten«, sagt er.
»Ja«, nickt die Frau.
Wieder überlegen sie eine Weile.
»Du mußt ihm wohl 'n Brot geben und was drauf«, sagt Niklas.
Sie öffnet vorsichtig die Haustür. Der Mann wartet unten an der Treppe. Sie beleuchtet ihn mit der Laterne, die noch auf dem Flur steht, und winkt ihm: »Er kann wohl hereinkommen, es ist kalt draußen.«

Der Mann kommt zögernd näher, aber als sie die Kammertür öffnet, ruft Niklas aus der Kammer: »Er kann sich ja in die Wärme setzen.«

Die Alte zeigt auf die Flurtür, die der Mann schließt, und als sie in die Küche geht, kommt er hinterher. Sie wischt einen Stuhl mit der Schürze ab und stellt ihn an die Längswand in die Nähe des Küchenfensters. Niklas kann ihn von seinem Bett in der Kammer betrachten.

Der Alte sieht das schwarze, gelockte Haar, das an den Schläfen grau ist, die gebogene Nase, die schweren Augenlider – die müden Augen sind braun –, die Haut gelb unter den groben, blauschwarzen Bartstoppeln. Er denkt an Tataren oder Zigeuner, das ist für ihn ein und dasselbe. Und er sieht, wie der Fremde ißt.

Der Fremde hält das runde weiche Brot mit Margarine darauf in seinen schmalen Händen: Er starrt es an und kaut mit einer Art stiller Gier, die in dieser behaglichen Küche fremd wirkt. Er sagt kein Wort, sondern ißt nur.

»Ist Er lange unterwegs gewesen?« fragt die Alte endlich, aber er antwortet nicht, sondern blickt nur fragend auf; dann scheint er zu verstehen und nickt zwischen den Bissen.

»Ja, das ist manchmal schwer«, sagt der Alte vom Bett, und der Fremde blickt auf und nickt wieder. Dann scheint er sich an etwas zu erinnern; er steht auf, verbeugt sich vor dem Alten da drinnen und setzt sich wieder.

Die Alte holt eine Schale Milch. Er legt das Brot aufs Knie und trinkt.

»Vielleicht will Er einen Teller Grütze haben?« fragt der Alte. Es ist noch etwas Grütze im Kochtopf, sie wollten sie morgen zum Frühstück braten. Die Frau füllt einen Teller voll und steht einen Augenblick unschlüssig da, dann sagt sie mutig: »Er kann wohl an den Tisch kommen.«

Sie zeigt nach dem Tisch, der Mann erhebt sich; jetzt sitzt er am Tisch und ißt schweigend. Zwar nicht mehr so schnell wie zuvor, denn er beginnt satt zu werden. Niklas bewegt sich unruhig im Bett, er kann ihn nicht sehen. Die Alte steht in der Herdecke, die Axt befindet sich hinter ihrem Rücken.

»Will Er vielleicht auch eine Tasse Kaffee haben?« fragt sie.

Er nickt. Der Kessel ist warm, es ist guter Kaffee, sie hat ihn heute morgen frisch aufgebrüht. Niklas und sie können ihren Abendkaffee trinken, wenn der Mann fortgegangen ist. Der Fremde trinkt schweigend, er tut zwei Zuckerstücke hinein und trinkt aus der Tasse und nicht aus dem Schälchen.

Dann steht er vom Tisch auf und verbeugt sich vor ihr.
»Will Er noch einen Schluck?«
Sie kommt mit dem Kaffeekessel, aber er schüttelt den Kopf und lächelt: ein stilles, warmes Lächeln, und ehe sie's sich überlegt, zeigt sie auf den Stuhl am Fenster und sagt: »Er kann sich ja noch eine Weile hinsetzen und ausruhen, wenn Er will.«
Der Alte, der im Bett gesessen und gelauscht hat – die eine Hand unter der Schaffelldecke –, atmet auf. Jetzt sieht er, daß das Gesicht des Fremden hübscher geworden ist, das kommt vom Essen und vom Kaffee, er hat etwas Farbe auf den Wangen, und der Blick ist nicht mehr so scheu. Aber müde sieht er aus, er sitzt zusammengesunken, als besäße er nicht mehr viel Kraft.
»Er ist wohl arbeitslos?« fragt der Alte.
Der Mann auf dem Stuhl begreift es nicht gleich, aber ehe der Alte noch einmal fragt, hat er genickt: »Ja, so ist's.«
Er hat eine sonderbare Aussprache, hier aus dieser Gegend ist er jedenfalls nicht.
»Er ist wohl von weit her gekommen?« fragt der Alte.
Der Mann muß wieder nachdenken, dann nickt er: »Weit, serr weit.«
»Woher denn?« fragt der Alte.
Mühsam bringt er die Antwort heraus: »Oh, nirgends. Serr weit.«
»Nirgends?« wiederholt sie, beugt sich vor und sieht ihn an. Die Axt hinter ihr gibt ihr Sicherheit, sie kann das kalte Eisen in der Hand fühlen – und ihr Mann greift fester um den Beilschaft unter der Decke. Aber der Mann sieht ganz vernünftig aus. »Oh, Er ist doch wohl irgendwo eingetragen; im Kirchenbuch«, fügt sie erklärend hinzu.
Er versteht vielleicht nicht ganz, was sie sagt, aber er antwortet: »Ich bin Jude.«
Sie erwidern nichts. Jude? denkt sie. Das waren doch die, die Christus, unseren Heiland, ans Kreuz geschlagen haben. Amen. Aber dann mußten sie zur Strafe um die Erde wandern, oder war es nur der Schuhmacher in Jerusalem, der sich alle hundert Jahre einmal zeigen sollte, den anderen zur Warnung? Und einmal vor vielen Jahren war ein Jude aus dem Dorf hierhergekommen, der Schürzen und Knöpfe und Garn und Hosenträger und wer weiß was verkaufte. Sie trieben Hausierhandel, die Juden. Ihr kommt ein Gedanke, ihre Stimme klingt ängstlich, aber sie möchte es wissen: »Hat Er denn nichts zu verkaufen? Garn und Strumpfbänder und so was?«
»Verkaufen?« Aber dann lächelt er und schüttelt den Kopf. »Nein, nichts verkaufen.«

»Aber irgend etwas muß Er doch tun?« meint der Alte. »Was ist Er denn von Beruf?« Und der Alte versucht, mit diesem fremden Mann, der so schwer verstehen kann, was die Leute zu ihm sagen, recht deutlich zu sprechen: »Womit beschäftigt Er sich? Ich meine, mit was für Arbeit oder sozusagen Handwerk oder Beruf?«

Der Mann versteht ihn diesmal recht schnell; er lächelt und antwortet, indem er mühsam nach Worten sucht: »Ick bin – ick bin«, er sucht nach dem Wort, »ick bin Lehrer – Ick bin Lehrer und Doktor.«

»Himmel, ist Er Lehrer und Doktor!« sagt die Alte und betrachtet ihn erstaunt und mißtrauisch.

Und der Alte kann mit seinen selbstverständlichen Gedanken nicht zurückhalten. »Dann ist Er aber recht runtergekommen, wenn man so sagen darf.«

Eine Röte zieht über das Gesicht des Fremden, als er begreift, was der Alte im Bett meint. Seine Wangen glühen, die braunen Augen funkeln in dem elektrischen Licht, und er faltet nervös die Hände (ganz wie ein richtiger Christ, denkt die Alte, aber vielleicht hat er bereut und ist bekehrt, in Jesu Namen, amen, es soll auch solche geben), und er reckt den Kopf auf dem mageren Hals vor und versucht zu erklären: Er sei kein Doktor für Kranke, sondern ein Doktor für Bücher.

»Bücher?« sagt der Alte. »Hat das denn wohl Aussichten, so was Sonderbares wie ein Doktor für Bücher? Ja, ja, man hat wohl so was gehört.«

Und wieder versucht der Fremde zu erklären. Er sei Lehrer, dürfe aber nicht in seinem Land sein und vielleicht auch nicht hier. Er müsse sich irgendwo eine Arbeit suchen, irgend etwas, nur um bleiben zu können.

Er erzählt den alten Leuten einiges. Sie fahren bei dem wunderlichen Wort zusammen – Konzentrationslager. Sie haben davon gehört, haben es in der Zeitung gelesen, aber es liegt ja so weit fort, das Land, wo sie die Leute peitschen, die eigentlich nichts Böses getan, außer daß sie vor langer Zeit unseren Heiland gekreuzigt haben. Es kam, wie es kommen mußte, denkt die Alte, denn das war prophezeit. Sie versuchen, sich an sein Sprechen zu gewöhnen, und kommen ihm entgegen, und zuletzt ist ihnen alles klar. Er ist ein Ausländer, er war Lehrer, man verhaftete ihn, weil er Doktor für Bücher war, die man verboten hatte – und dann – ja, und dann schlug man ihn. Er war als junger Bursche mit im Kriege gewesen. Er hatte viel gesehen.

»Er hätte doch seine Pflicht tun und Doktor in anderen Büchern werden können«, meint Niklas vorwurfsvoll.

»Scht! Niklas«, sagt die Alte, »das verstehst du nicht!«
»Verstehen!« sagt der Alte. »Sollte ich das nicht verstehen? Wenn man seine Pflicht tut und ordentlich ist und seine Zeit exerziert hat und mit im Kriege gewesen ist, dann muß man doch sein Recht kriegen!«
»Ja, dann natürlich«, gibt die Alte zu. Aber dann fällt ihr ein: »Er sagt ja, daß er Jude ist, und das soll doch verboten gewesen sein.« Und sie wendet sich zu dem Fremden: »Sagte Er nicht, daß Er Jude ist, wie? Ein richtiger Jude?«
Er lächelt müde in ihr faltiges, altes Gesicht und nickt. Der Alte sagt: »Er sieht recht müde aus. Wenn er kein Ungeziefer hat, könnte er heute nacht auf der Küchenbank schlafen. Außerdem kann man auch Läuse kriegen, ohne daß man etwas dafür kann. Einmal, als wir die Bahn bauten, kriegten wir alle welche in einer Baracke. Wir wuschen uns das Haar mit grüner Seife und zogen saubere Hemden und Hosen an.« Die alte Frau sieht ihn an. Jetzt liegen beide Hände des Alten auf der Decke. »Wenn's sein soll«, sagt sie, »kann er sich waschen und ein reines Hemd kriegen, ehe er sich hinlegt. Denn du hast ja doch so viele, daß es für dein Leben reicht.«
Der Mann sitzt vor ihnen mit geschlossenen Augen. Jedesmal wenn er zusammensackt, reißt er sich wieder hoch. »Er kann vielleicht auf der Bank heute nacht schlafen«, sagt sie, »dann ...« Sie fährt zusammen; sie hat schon, fast ohne es zu wissen, entschieden, daß er hierbleiben soll, bis er sich ausgeruht hat. Oder bis (sie denkt es nur sehr dunkel), bis der Gemeindevorsteher aus dem Dorf hiergewesen ist und ihn ausgefragt hat. Er darf sich auf die Ausziehbank legen, bekommt ein Kissen unter den Kopf und ein paar alte Flikkendecken zum Zudecken. Er schläft sofort ein.
Nun gießt sie eine Tasse Kaffee für Niklas ein und bringt sie ihm in die Kammer und nimmt sich selbst auch eine Tasse. Schweigend sitzt sie am Küchentisch und grübelt. Niklas hat nichts zu ihrem Entschluß gesagt, doch sie muß sich irgendwie entschuldigen.
»Du, Niklas ...«
»Ja-a?«
»Er könnte Henrik morgen mit dem Schwein helfen, das Blut umrühren und schaben, wenn wir abbrühen. Wenn er das kann ...«
Niklas überlegt einen Augenblick.
»Das muß er doch wohl können«, sagt er schließlich sehr ernst. »Er ist Lehrer und Doktor und ist im Krieg gewesen, da muß er doch allerhand gelernt haben. Ich weiß wohl, wie's da ist, als ich meine Zeit abdiente.«
Sie macht alles für die Nacht in Ordnung. Sie schließt die Haustür.

Dann fällt ihr plötzlich etwas ein. Sie geht in die Küche und holt die Axt und hängt sie wieder in den Flur. Es sieht vielleicht schlecht aus, wenn sie hinter dem Herd steht. Sie löscht das Licht in der Küche und geht in die Kammer. Sie überlegt einen Augenblick, als sie die Tür schließt. Das Schloß ist entzwei, es ist auch viele Jahre nicht benutzt worden. Und es ist kein Riegel vorhanden. Der Alte schaut sie an, sagt aber nichts. Nachdem sie das elektrische Licht ausgedreht hat (es ist so bequem, daß man sich nicht den Atem aus der Seele zu blasen, sondern nur einen Knopf zu drehen braucht) und zu dem Alten ins Bett kriecht, fragt sie: »Und ...«
Sie schämt sich, es mit Namen zu nennen.
»Das habe ich unters Bett gelegt«, sagt er.
Eine Weile liegen sie schweigend, aber dann fällt dem Alten plötzlich etwas ein: »Sie sagen, daß Juden kein Schweinefleisch essen dürfen.« Es klingt bedauernd.
»Ja«, antwortet sie, »aber vielleicht is es nich so mit allen. Blutpfannekuchen wird er wohl vertragen können.«
Wieder vergeht eine Weile.
»Du, Niklas«, sagt sie. »Einmal als Mädchen habe ich in einem Buch ein Bild gesehen. Er da draußen – ja, er sieht Ihm ähnlich.«
Der Alte erinnert sich, daß sie ihm vor langer Zeit einmal von dem Bild erzählt hat.
»Ja, ja, es gibt vieles hier in der Welt, was man nicht ergründen kann«, sagt er.
Und der Alte denkt: Ich bin hungrig gewesen, und ihr habt mich gespeist, ich bin durstig gewesen, und ihr habt mich getränkt, ich bin ein Gast gewesen, und ihr habt mich beherbergt.

Montag nach dem Ersten Advent

Psalm 24,1–2, s. S. 14

Gebet: Herr, wir danken dir, daß du dem Heiland der Welt den Weg bereitest durch die Predigt der Buße. Gib, daß sie uns ins Herz trifft. Hilf uns abtun, was dir nicht gefällt, hinweg, was deinen Einzug hindert. Komm zu uns, Herr, mit aller deiner Macht.

Lied EKG 5, GL 105: O Heiland, reiß die Himmel auf, herab, herab vom Himmel lauf! Reiß ab vom Himmel Tor und Tür, reiß ab, wo Schloß und Riegel für.

Der König kommt als sanftmütiger König. Es ist eine Aufforderung, in unserer Umgebung die kleinen und großen Zeichen seiner Gegenwart zu entdecken. Inmitten unserer gewohnheitsmäßig ablaufenden Existenz, wenn wir den Druck spüren, dem uns die kollektive Produktionsweise aussetzt, geben uns die Liebe, die Hand des Freundes, die Aufforderung, unsere Vorstellungsgabe kreativ zu nutzen, Möglichkeiten der Kunst und des Spieles, das Leben der Kirche, Liturgie und christliche Gemeinschaft Zeichen dafür, daß der König nahe ist; wir sind aufgefordert, ihn zu finden, um mit ihm zu ziehen.
In der repressiven Situation, in der sich Lateinamerika befindet, ermöglicht uns unser Glaube, die Einsamkeit des Kerkers zu ertragen, oder es hilft uns die kleine betende Gruppe, die zum Horizont sieht und die von der Vorsehung bestimmte Öffnung des Himmels erwartet, dies historische Ereignis, das die Veränderung unserer unterdrückten Lage bewirken soll – oder die Haltung der Kirche, die für die Sache der Schwachen betet und sie verteidigt, und die Anwesenheit von Menschen, Christen oder Menschen anderer Überzeugungen, die ständig das Opfer ihrer eigenen Person bringen, die Veränderung in der Gesellschaft fordern, die die bestehende Herrschaft nicht akzeptieren. Dies alles läßt uns Mut schöpfen und erlaubt uns, den kommenden Tag zu erwarten. Gleichzeitig aber ist die Tatsache, daß der König als sanftmütiger König kommen wird, eine Aufforderung an uns, all diese Zeichen der Hoffnung mit einer geistigen, christlichen Komponente zu versehen. – Wir erwarten den nächsten Tag nicht, um unsere Feinde zu zerstören, sondern um auch ihre Erlösung zu bewirken und die Versöhnung herzustellen, die die Sünde überwindet, denn auch sie sind Opfer. Wir werden eine Gesellschaft aufbauen, in der die Möglichkeit eines wahrhaftigen menschlichen Lebens gesichert sein soll. – Aber das, was Sacharia nicht wissen konnte, was wir aber heute wissen, ist die Tatsache, daß der König bereits gekommen ist. In der Person Jesu Christi geht er seinen Weg zum Kreuz und zur Auferstehung. Er fordert von uns, mit ihm zu gehen und das Kreuz zu akzeptieren in der Hoffnung auf Auferstehung: Wir sollen mit ihm ziehen, demütig das Kreuz auf uns nehmen und dem neuen Tag hoffnungsvoll entgegensehen, da wir wissen, daß die Zukunft in seinen Händen ist.

Emilio Castro

Mache dich auf, werde Licht; denn dein Licht kommt, und die Herrlichkeit des Herrn geht auf über dir! Denn siehe, Finsternis bedeckt das Erdreich und Dunkel die Völker; aber über dir geht auf der Herr, und seine Herrlichkeit erscheint über dir. Und die Heiden werden in deinem Lichte wandeln und die Könige im Glanz, der über dir aufgeht. *Jesaja 60,1–3*

Mache dich auf, werde Licht – dazu wird von uns nichts verlangt als ein bißchen Hoffnung und die Bitte an den unsichtbar gegenwärtigen Gott, er möchte uns hineingeraten lassen in dieses Licht: Mit unserer Betriebsamkeit und unserer Stille, mit den Päckchen und Geschenken, mit unseren Wünschen und Erwartungen, mit unserer Not und dem heimlichen Elend unseres Herzens oder Leibes. Mit unseren Familien und Freunden – und mit unseren Feinden! Und vielleicht sogar mit unserem ganzen Volk. Auch ganze Völker können in dieses Licht geraten und zu einem Zeichen der Hoffnung für die übrige Welt werden, wie das auserwählte Volk Israel vor Zeiten als Volk der Hoffnung des Friedens, als ein Volk, das sein Reichtum nicht stolz, sondern dienstbereit macht für die Hungernden und schwachen Völker. – Das alles wäre möglich, für das alles könnten wir zu arbeiten versuchen, wenn wir uns wenigstens erst einmal ein Stück weit mitnehmen lassen von diesem Aufruf des Advent: Mache dich auf, werde Licht; denn dein Licht kommt, und die Herrlichkeit des Herrn geht auf über dir. *Peter Kreyssig*

Dienstag nach dem Ersten Advent

Psalm 24,3–4, s. S. 14

Gebet: Herr, gib, daß wir Menschen werden, die tun, was nötig ist. Bewege unser Herz, daß wir der Hungernden und Frierenden gedenken, daß wir uns um Einsame kümmern und denen beistehen, die Unrecht leiden; daß wir dir dienen, indem wir gut zu unserem Nächsten sind.

Lied EKG 5, GL 105: Wo bleibst du, Trost der ganzen Welt, darauf sie all ihr Hoffnung stellt? O komm, ach komm vom höchsten Saal, komm, tröst uns hier im Jammertal.

Peter Huchel: Dezember 1942

Die Wintergewitter ein rollender Hall.
Zerschossen die Lehmwand von Bethlehems Stall.

Es liegt Maria erschlagen vorm Tor,
Ihr blutig Haar an die Steine fror.

Drei Landser ziehen vermummt vorbei.
Nicht brennt ihr Ohr von des Kindes Schrei.

Im Beutel den letzten Sonnblumenkern,
Sie suchen den Weg und sehn keinen Stern.

Aurum, thus, myrrham offerunt ...
Um kahles Gehöft streicht Krähe und Hund.

... quia natus est nobis Dominus.
Auf fahlem Gerippe glänzt Öl und Ruß.

Vor Stahlingrad verweht die Chaussee.
Sie führt in die Totenkammer aus Schnee.

Peter Kreyssig:

Wozu erst Verantwortung übernehmen, wozu Bindungen eingehen, weshalb Kinder in die Welt setzen, warum mitkeuchen in der Leistungs-Tretmühle? Manche hoffen in diesem Dämmerungszustand der Ungewißheit auf den Tag, nehmen alle Kräfte zusammen, machen im Blick auf unsere Welt »in Optimismus« und sagen: Es wird schon irgendwie gutgehen. Wo bleibst du dann, wenn du dich nicht rangehalten hast? Andere, viele, viel zu viele steigen aus und flüchten vor der Nacht der Sinnlosigkeit in den Rausch: Den Rausch der Droge oder des Alkohols, den Rausch der Geschwindigkeit, den Rausch des tosenden Lichtergefunkels in der Diskothek. Laßt uns mitnehmen, was heute noch geht. Am Ende steht der große Knall, mit dem die Dunkelheit uns einschluckt. Und wenn wir sie fragen: Was müßt ihr eigentlich immer so laut übertönen mit eurem Betrieb, wovor seid ihr auf der Flucht, dann schauen sie uns an und sagen: die Leere und die triste Resignation eurer schönen neuen Welt, in der das Leben versackt und uns anödet. Und auch in uns Älteren kämpfen die Dunkelheit und das Licht in der Dämmerung einen ungewissen Kampf. Manchmal geht man dem Älterwerden, dem Ruhestand, der letzten Lebensphase entgegen wie einem Fest, erwartungsvoll und zuversichtlich: eine abschließende Lebensphase im Hellen: frei von vielen leeren Pflichten; ein Mensch, der sich selber gehört; ein bißchen fertiger mit den Zweifeln und den Lebensfragen; reifer, gelassener, ein guter Ratgeber und Helfer für andere vielleicht. Und dann wieder überfällt einen die Angst vor dem Dunkel einer zunehmenden Einsamkeit; vor dem Abgemeldetsein, wachsendem Angewiesensein auf Hilfe, Verlust der Selbständigkeit und des eigenen Lebensraums.

Auf einmal erscheint das Leben als ein Weg ins Dunkel, als ein ständiger Weg bergab von einem längst hinter uns liegenden Höhepunkt. Die Tageshelle liegt hinter uns als besonnte Vergangenheit; was auf uns zukommt, ist die letzte Nacht des Todes, hinter dem es keinen Morgen mehr gibt. Jedesmal wenn wir sagen: Ja, früher – da gab es noch eine ganz andere, solide, verläßliche Welt; zu meiner Zeit ... immer wo wir das sagen, haben wir im Grunde für die Nacht optiert: Der helle Tag ist vorbeigegangen, die Nacht bricht herein: Ende des Wachstums, Kulturverfall, zunehmende Unmenschlichkeit und Barbarei, politische Lethargie, seelische Verelendung sind die Stichwörter dieser Option. Und dann hoffen wir zwischendurch wieder im Sinne Hölderlins: Wo die Gefahr wächst, da wächst das Rettende auch. Es wird »ihnen« schon noch rechtzeitig etwas einfallen, wer immer diese »Sie« sein mögen, auf die wir hoffen und warten wie Kinder, die man im Dunkeln allein warten läßt, bis ein Erwachsener mit Licht kommt.

»Die Nacht geht zuende, der Tag bricht an«, lautet der Weckruf des Advent. Dies ist kein Dämmerzustand, der unentschieden bleibt. Gott hat sich bereits entschieden: für den Menschen, für sein Leben, für seine Schöpfung, für den Weg der Menschheitsgeschichte an ein sinnvolles Ziel.

Mittwoch nach dem Ersten Advent

Psalm 24,4–5, s. S. 14

Gebet: Herr, wir warten auf dich. Bewahre uns vor Erwartungen, die keinen Raum lassen für Unerwartetes. Du bist uns nahe in Jesu. Laß uns nichts näher sein. Laß unsere großen Worte von Frieden und Liebe sich richten nach deinem Wort.

Lied EKG 5, GL 105: O klare Sonn, du schöner Stern, dich wollten wir anschauen gern; o Sonn, geh auf, ohn deinen Schein in Finsternis wir alle sein.

Wir brauchen keine Schätze sammeln. Denn Christus kommt. Er ist nahe. Er wird sich meiner und meiner Bedürfnisse annehmen. Meine Sache ist es, froh zu sein und mich selbst denen zu geben, die in Not sind. Sei fröhlich und freue dich. Gebt euch selbst großzügig, als Einzelne, als Gruppen, als Nationen. Der Herr ist nahe.

Paulos Mar Gregorius

Ingeborg Drewitz:

Am Barbaratag Kirschzweige schneiden, damit sie am 24. Dezember blühen – in meiner Kindheit habe ich davon nichts gewußt. Noch immer habe ich nicht die Ursache der völligen Abwendung von traditionellen Bräuchen in meiner Familie ergründen können, kann nur vermuten, daß die Zuwandererfamilien meiner Voreltern durch die Armut, die sie gekannt hatten, durch ihre flüchtige Berührung mit dem Sozialismus, durch die Viertelbildung, die sie sich neben der Arbeit erschlossen hatten, jene Scheu in sich hatten aufkommen lassen, die sie jeder Gefühlsäußerung gegenüber hatten. Vielleicht war es auch die Scheu, irgend, was auf ländliche Herkunft hätte schließen lassen, auch nur zu erinnern.
So habe ich erst als Erwachsene von dem schönen Brauch gehört und ihn mit meinen Kindern zusammen wieder aufgenommen. Ich seh' uns bei Schneegestöber nach Kirschbäumen in den Laubengärten suchen, überhängende Zweige ausmachen, um sie bei einbre-

chender Dunkelheit gleich zu finden, noch ehe der Haupteingang der Laubenkolonie abgeschlossen würde. Ich seh' mich mit den Zweigen unterm Mantel heimkommen, die Kinder in die Küche holen, ihnen die Anschnitte zeigen, ihre Finger die Feuchte spüren lassen, den Saftdruck, der im November einsetzt, ich seh' uns die Zweige ordnen, die Knospen zählen. Und wie wir das zögernde Anschwellen der Knospen beobachten von Tag zu Tag. Ein bißchen schlechtes Gewissen war schon dabei, aber ich hatte nachgelesen, daß das Obst geschnitten werden muß. Über die Heilige Barbara hatte ich nichts nachgelesen. Es genügte uns das Wunder des Erblühens, Jahr für Jahr. Mal schnitt ich die Zweige bei schneidender Kälte, mal bei Regen. Und im Aprilmai prüften wir auf unsern Spaziergängen, ob die Kirschbäume uns nichts nachtrugen. Und im Juli gingen wir in die Laubenkolonie, um Kirschen zu kaufen.
»Wenn Sie wollen, können Sie im Dezember rings um den Baum schneiden. Was draußen überhängt, ist doch so zufällig!« Ich sah den Mann an, der seine Kirschen in Spankörben ausgestellt hatte. Der hatte mich also doch beobachtet.
»Na, wer'n Se man nich rot, junge Frau. Klar kenn ich Sie. Komm' Se ruhig über Tag, wenn wieder Dezember is.«
Gegen so viel Freundlichkeit brauchte ich keine Ausrede. Und die wäre mir auch gar nicht eingefallen. Der Mann hängte den Kindern Kirschen über die Ohren. Und im Dezember sind wir alle hingegangen. Die Laube war überheizt, in die er uns einlud, und Holzgeschnitztes hatte er für die Kinder, auch Pfefferkuchen. »Ich bin Witwer«, sagte er. »Und meine Jungs, naja, die war'n so etwa Ihr Jahrgang. Darum bin ich allein.« Er zeigte uns den Komposthaufen; und daß da ein Igel überwinterte, machte die Kinder neugierig. Aber das ginge nicht, den stören. »Kommt im Frühjahr, wenn so'n richtiger warmer Sonnentag ist. Da schlabbert er die Milch aus der Schüssel.«
Wir haben ihn immer wieder besucht im Junijuli und am 4. Dezember und im Frühjahr, bis die Laubenkolonie aufgelassen wurde und die Bagger sich ins Gelände fraßen. Da ist denn auch der Kirschbaum, den er aufgepfopft hatte, um ihn zu veredeln, mit in die Greifer geraten. Wir haben dem Mann noch geholfen, den eisernen Ofen auf den Handwagen zu heben. Wir haben dann nie mehr von ihm gehört, obwohl er eine Postkarte versprochen hatte »aus'm Westen, wenn ich da erst wieder 'n Kirschbaum hab'.«

Donnerstag nach dem Ersten Advent

Psalm 24,7, s. S. 14

Gebet: Herr, wir warten auf dich. Wir wollen suchen, was uns fehlt. Zeige uns den Nächsten, der mit auf der Suche ist nach Stille, nach Licht, nach dir. Gott, du rufst uns aus unserer Geschäftigkeit in die Stille, aus unserer Dunkelheit in das Licht, aus unserem Umherirren zu dir.

Lied EKG 5, GL 105: Hier leiden wir die größte Not, vor Augen steht der ewig Tod; ach komm, führ uns mit starker Hand vom Elend zu dem Vaterland.

Die Lehre Christi spricht davon, daß durchs Schwert umkommt, wer zum Schwert greift, daß es besser für die Welt und die Menschen sei, Unrecht zu leiden als Unrecht zu tun. Der Christus, auf den die Menschen mit Sehnsucht warten, ist der Friedefürst, der sich lieber umbringen ließ, als daß er Bösewichtern Gewalt angetan hätte. Daran zu denken, heißt Advent feiern.
Den überzeugenden Einsatz gegen die nächste Runde atomarer Aufrüstung zwischen Ost und West kann uns niemand verbieten. Die Kirchen in der DDR haben gesprochen. Unseren Bedenken gegen eine Politisierung des Glaubens steht die Angst der Menschheit vor der Gefährlichkeit der Religion entgegen. Wie soll denn der Advent des Friedefürsten Jesus Christus anders bezeugt werden als durch das politisch wirksame Friedenszeugnis? *Michael Benckert*

Günter Grass: Advent

Wenn Onkel Dagobert wieder die Trompeten vertauscht
und wir katalytisches Jericho mit Bauklötzen spielen,
weil das Patt der Eltern
oder das Auseinanderdrücken im Krisenfall
den begrenzten Krieg,
also die Schwelle vom Schlafzimmer zur Eskalation,
weil Weihnachten vor der Tür steht,
nicht überschreiten will,
    wenn Onkel Dagobert wieder was Neues,
    die Knusper-Kneißchen-Maschine
    und ähnliche Mehrzweckwaffen Peng! auf den Markt wirft,

bis eine Stunde später Rickeracke ... Puff ... Plops!
der konventionelle, im Kinderzimmer lokalisierte Krieg
sich unorthodox hochschaukelt
und die Eltern,
weil die Weihnachtseinkäufe
nur begrenzte Entspannung erlauben
und Tick, Track und Trick –
das sind Donald Ducks Neffen –
wegen nichts Schild und Schwert vertauscht haben,
ihre gegenseitige, zweite und abgestufte,
ihre erweiterte Abschreckung aufgeben
und minimal flüstern und bitteschön sagen,
wenn Onkel Dagobert wieder mal mit den Panzerknackern
und uns, wenn wir brav sind, doomsday spielt,
weil wir alles vom Teller wegessen müssen,
weil die Kinder in Indien Hunger haben
und weniger Spielzeug und ABC-Waffen,
die unsere tägliche Vorwärtsverteidigung
vom Wohnzimmer bis in die Hausbar tragen,
in die unsere Eltern das schöne Kindergeld stecken,
bis sie über dreckige Sachen lachen,
kontrolliert explodieren
und sich eigenhändig,
wie wir unseren zerlegbaren Heuler,
zusammensetzen können,
wenn ich mal groß und nur halb so reich
wie Onkel Dagobert bin,
werde ich alle Eltern, die überall rumstehen
und von Kinder anschaffen und Kinder abschaffen reden,
mit einem richtigen spasmischen Krieg überziehen
und mit Trick, Track und Tick –
das sind die Neffen von Donald Duck –
eine Familie planen,
wo bös lieb und lieb bös ist
und wir mit Vierradantrieb in einem Land-Rover
voller doll absoluter Lenkwaffen
zur Schule dürfen,
damit wir den ersten Schlag führen können;
denn Onkel Dagobert sagt immer wieder:
Die minimale Abschreckung hat uns bis heute –
und Heiligabend rückt immer näher –
keinen Entenschritt weitergebracht.

Freitag nach dem Ersten Advent

Psalm 24,8, s. S. 14

Gebet: Herr, wo du hin kommst, da kehrt Heil ein; wo du hin kommst, da werden Menschen verwandelt, da entsteht Hoffnung, Freude, Liebe, Geborgenheit. Dafür danken wir dir. Und darum bitten wir in dieser Zeit, in der wir Advent feiern: Herr, komm auch zu uns.

Lied EKG 6, GL 107: Macht hoch die Tür, die Tor macht weit! Es kommt der Herr der Herrlichkeit, ein König aller Königreich, ein Heiland aller Welt zugleich, der Heil und Leben mit sich bringt; derhalben jauchzt, mit Freuden singt: Gelobet sei mein Gott, mein Schöpfer reich von Rat.

Heinrich Albertz:

Nicht nur, weil heute Nikolaustag ist, will ich Sie jetzt bitten, ein paar Minuten über unsere Kinder und Enkel nachzudenken. Sie, die Erwachsenen, aber auch die Altgewordenen, die vielleicht noch frühe Erinnerungen haben an jene Abende vor dem 6. Dezember, als wir nicht einschlafen wollten, ehe nicht ein leises Geräusch vor der Tür des Schlafzimmers zu hören war: Der fromme Heilige hatte etwas Schönes in den herausgestellten Schuh gelegt – er, oder, als wir nicht mehr an ihn glauben konnten, die Mutter, leise, aber eben doch ein bißchen mit Papier raschelnd.
Ich weiß nicht, in wie vielen Häusern es heute noch so geheimnisvoll zugeht. Der Nikolaus ist zum vermarkteten Weihnachtsmann geworden, fast eine Witzfigur aus Pappe, in allen Schaufenstern zu sehen um des Geschäftes willen. Geheimnisse gibt es nicht mehr.
Geheimnisse gibt es auch nicht mehr, wenn die Fachleute anfangen, uns über das Verhältnis zwischen Eltern und Kindern aufzuklären. Da ist es offengelegt: wie alles, und zwar für ein ganzes Leben, an der ersten Zuwendung der Mutter zu dem Neugeborenen hängt, woher die Aggressionen kommen, wie kindliche Verzweiflung entsteht. Das soziale Umfeld ist beschrieben. Zu kleine Wohnungen, wenige und geistlos angelegte Spielplätze, der Kindermord im täglichen Straßenverkehr, und das Schlimmste: geprügelte Kinder,

viel mehr als die Statistiken ausweisen, und keineswegs nur in den sogenannten Unterschichten. Um manches wird auch vornehm herumgeredet: was es wirklich bedeutet, wenn beide Eltern einem Beruf nachgehen, weil sie es müssen oder zu müssen glauben, auf dem Rücken der Kinder. Und was schließlich auf unsere Kinder und Enkel zukommt, wie die Zukunft aussieht, die wir ihnen vorbereiten, daran wagt kaum einer zu denken oder öffentlich in aller Deutlichkeit darüber zu reden. Ich selbst ertappe mich oft bei dem Satz: »Ich werde die Katastrophe ja nicht mehr erleben.« Aber sie, die Kinder – mit an Sicherheit grenzender Wahrscheinlichkeit, wenn wir uns weiter zu Tode rüsten.

Von dem Mann, dessen Geburt wir in drei Wochen wieder feiern sollen, und der selbst ein Kind war, sind wenige Geschichten überliefert, die seinen Umgang mit Kindern erzählen. Die berühmteste von ihnen, bei jeder Kindestaufe vorgelesen, hat allerdings einen absonderlichen Schluß. Er belehrt seine Gefährten, die versucht hatten, ihn vor einer Schar Kinder abzuschirmen, mit der seltsamen Bemerkung: »Wer das Reich Gottes nicht empfängt wie ein Kind, der wird nicht hereinkommen.« Hier wird also merkwürdigerweise alles umgekehrt, was die Grundlage unseres Verhältnisses zu den Kinder bildet. Aus oben wird unten. Aus klein wird groß. Nicht die Kinder sollen so schnell wie möglich Erwachsene werden, sondern die sogenannten Erwachsenen Kinder. Wahrhaftig eine Zumutung. Oder? Oder wird hier nicht der einzige Weg geöffnet, der uns Eltern zu den Herzen der Kinder führt? Daß wir nicht völlig vergessen dürfen, wie wir selbst Kinder waren, daß wir uns zumindest einen Rest kindlichen Lebens erhalten müssen bis zum Tode, sonst verlieren wir unser eigenes Menschsein.

Daß wir also von den Kindern lernen: wie man sich unbefangen und ohne Hemmungen freuen kann, wie man offen und frei seine Liebe zeigt, wie unverfälschtes Vertrauen aussieht, wie man sich seiner Tränen nicht schämt. Dann sind wir ihnen plötzlich ganz nah. St. Nikolaus würde sich freuen und die Kinder auch.

Samstag nach dem Ersten Advent

Psalm 24,9–10, s. S. 14

Gebet: Herr, komm zu all denen, die erschöpft und abgestumpft sind und nicht mehr an deine Liebe glauben können: Herr, komm auch zu uns. Komm du zu all denen, die einsam sind und sich nicht mehr freuen können, weil sie keinen Menschen haben: Herr, komm auch zu uns. Komm zu all denen, die ratlos und verzweifelt sind, die vor Leid oder Krankheit keine Hoffnung mehr haben: Herr, komm auch zu uns.

Lied EKG 6, GL 107: Er ist gerecht, ein Helfer wert; Sanftmütigkeit ist sein Gefährt, sein Königskron ist Heiligkeit, sein Zepter ist Barmherzigkeit, all unsre Not zum End er bringt; derhalben jauchzt, mit Freuden singt: Gelobet sei mein Gott, mein Heiland groß von Tat.

Wilhelm Willms: andeutung

der kahle strauch
die spur im schnee
das wunderblatt
im grünen klee
sie deuten an
sie deuten an
daß doch noch
etwas
kommen kann

die stille nacht
das liebespaar
das mädchen
mit dem stroh
im haar
sie deuten an
sie deuten an
daß doch noch
etwas
kommen kann

der mann der träumt
die schwangere frau
die dürre zeit
der morgentau
sie deuten an
sie deuten an
daß doch noch
etwas
kommen kann

das licht im haus
die offne tür
der tisch gedeckt
ein platz
bleibt leer
das deutet an
das deutet an
daß doch noch
einer
kommen kann

Zweiter Advent

Psalm 80:

2. Hüter Israels, höre! Der du Joseph leitest wie eine Herde, der du auf den Cheruben thronst, erscheine!
3. Vor Ephraim, Benjamin und Manasse bring deine Kraft in Bewegung und komm uns zu Hilfe!
4. Herr, richte uns wieder auf, laß dein Gesicht leuchten, dann ist uns geholfen!
5. Gott, Herr der Heerscharen, wie lange willst du noch mit Zorn antworten auf das Gebet deines Volkes?
6. Du gabst ihnen Tränenbrot zu essen und mit reichlich Tränen hast du sie getränkt.
7. Du machst uns zum Zankapfel für unsere Nachbarn, und unsere Freunde verspotten uns.
15. Herr Zebaot, kehre doch zurück, schau vom Himmel und sieh her,
16. kümmre dich um die Rebe, um den Garten, den du mit eigner Hand gepflanzt hast.
17. Wie Dreck hat man ihn verbrannt; vor deinem drohenden Gesicht geht er zugrunde.
18. Laß deine Hand auf dem Mann, an dem du Gefallen hast, auf dem Sohn, den du dir großgezogen hast.
19. Nein, wir wollen dich nicht verlassen. Gib uns Leben, damit wir deinen Namen preisen.
20. Herr Zebaot, richte uns wieder auf; laß dein Gesicht leuchten, dann ist uns geholfen.

Gebet: Herr, komm auch zu uns. Komm zu all denen, die sich aus der Gemeinschaft ausgestoßen fühlen, die den Anschluß nicht mehr finden, die sich nicht mehr zutrauen, einen neuen Anfang zu machen: Herr, komm auch zu uns.

Lied EKG 6, GL 107: O wohl dem Land, o wohl der Stadt, so diesen König bei sich hat! Wohl allen Herzen insgemein, da dieser König ziehet ein! Er ist die rechte Freudensonn, bringt mit sich lauter Freud und Wonn. Gelobet sei mein Gott, mein Tröster früh und spat.

Marie Luise Kaschnitz: Das Wunder

Ein Kind sitzt da und wartet auf das Wunder, und wenn das Wunder nicht kommt, ist alles aus und vorbei ...

Die Schwierigkeit, die man im Verkehr mit Don Crescenzo hat, besteht darin, daß er stocktaub ist. Er hört nicht das geringste und ist zu stolz, den Leuten von den Lippen zu lesen. Trotzdem kann man ein Gespräch mit ihm nicht einfach damit anfangen, daß man etwas auf einen Zettel schreibt. Man muß so tun, als gehöre er noch zu einem, als sei er noch ein Teil unserer lauten, geschwätzigen Welt.

Als ich Don Crescenzo fragte, wie das an Weihnachten gewesen sei, saß er auf einem der Korbstühlchen am Eingang seines Hotels. Es war sechs Uhr, und der Strom der Mittagskarawanen hatte sich verlaufen. Es war ganz still, und ich setzte mich auf das andere Korbstühlchen, gerade unter das Barometer mit dem Werbebild der Schiffahrtslinie, einem weißen Schiff im blauen Meer. Ich wiederholte meine Frage, und Don Crescenzo hob die Hände gegen seine Ohren und schüttelte bedauernd den Kopf. Dann zog er ein Blöckchen und einen Bleistift aus der Tasche, und ich schrieb das Wort Natale und sah ihn erwartungsvoll an.

Ich werde jetzt gleich anfangen, meine Weihnachtsgeschichte zu erzählen, die eigentlich Don Crescenzos Geschichte ist. Aber vorher muß ich noch etwas über diesen Don Crescenzo sagen. Meine Leser müssen wissen, wie arm er einmal war und wie reich er jetzt ist, ein Herr über hundert Angestellte, ein Besitzer von großen Wein- und Zitronengärten und von sieben Häusern. Sie müssen sich sein Gesicht vorstellen, das mit jedem Jahr der Taubheit sanfter wirkt, so, als würden Gesichter nur von der beständigen Rede und Gegenrede geformt und bestimmt. Sie müssen ihn vor sich sehen, wie er unter den Gästen seines Hotels umhergeht, aufmerksam und traurig und schrecklich allein. Und dann müssen sie auch erfahren, daß er sehr gern aus seinem Leben erzählt und daß er dabei nicht schreit, sondern mit leiser Stimme spricht.

Oft habe ich ihm zugehört, und natürlich war mir auch die Weihnachtsgeschichte schon bekannt. Ich wußte, daß sie mit der Nacht anfing, in der der Berg kam, ja, so hatten sie geschrien: Der Berg kommt, und sie hatten das Kind aus dem Bett gerissen und den schmalen Felsenweg entlang. Er war damals sieben Jahre alt, und wenn Don Crescenzo davon berichtete, hob er die Hände an die

Ohren, um zu verstehen zu geben, daß dieser Nacht gewiß die Schuld an seinem jetzigen Leiden zuzuschreiben sei.
Ich war sieben Jahre alt und hatte das Fieber, sagte Don Crescenzo und hob die Hände gegen die Ohren, auch dieses Mal. Wir waren alle im Nachthemd, und das war es auch, was uns geblieben war, nachdem der Berg unser Haus ins Meer gerissen hatte, das Hemd auf dem Leibe, sonst nichts. Wir wurden von Verwandten aufgenommen, und andere Verwandte haben uns später das Grundstück gegeben, dasselbe, auf dem jetzt das Albergo steht. Meine Eltern haben dort, noch bevor der Winter kam, ein Haus gebaut. Mein Vater hat die Maurerarbeiten gemacht, und meine Mutter hat ihm die Ziegel in Säcken den Abhang hinuntergeschleppt. Sie war klein und schwach, und wenn sie glaubte, daß niemand in der Nähe sei, setzte sie sich einen Augenblick auf die Treppe und seufzte, und die Tränen liefen ihr über das Gesicht. Gegen Ende des Jahres war das Haus fertig, und wir schliefen auf dem Fußboden, in Decken gewickelt, und froren sehr.
Und dann kam Weihnachten, sagte ich, und deutete auf das Wort »Natale«, das auf dem obersten Zettel stand.
Ja, sagte Don Crescenzo, dann kam Weihnachten, und an diesem Tage war mir so traurig zumute wie in meinem ganzen Leben nicht. Mein Vater war Arzt, aber einer von denen, die keine Rechnungen schreiben. Er ging hin und behandelte die Leute, und wenn sie fragten, was sie schuldig seien, sagte er, zuerst müßten sie die Arzneien kaufen und dann das Fleisch für die Suppe, und dann wolle er ihnen sagen, wieviel. Aber er sagte es nie. Er kannte die Leute hier sehr gut und wußte, daß sie kein Geld hatten. Er brachte es einfach nicht fertig, sie zu drängen, auch damals nicht, als wir alles verloren hatten und die letzten Ersparnisse durch den Hausbau aufgezehrt waren. Er versuchte es einmal, kurz vor Weihnachten, an dem Tage, an dem wir unser letztes Holz im Herd verbrannten. An diesem Abend brachte meine Mutter einen Stoß weißer Zettel nach Hause und legte sie vor meinen Vater hin, und dann nannte sie ihm eine Reihe von Namen, und mein Vater schrieb die Namen auf die Zettel und jedesmal ein paar Zahlen dazu. Aber als er damit fertig war, stand er auf, und warf die Zettel in das Herdfeuer, das gerade am Ausgehen war. Das Feuer flackerte sehr schön, und ich freute mich darüber, aber meine Mutter fuhr zusammen und sah meinen Vater traurig und zornig an.
So kam es, daß wir am vierundzwanzigsten Dezember kein Holz mehr hatten, kein Essen und keine Kleider, die anständig genug gewesen wären, damit in die Kirche zu gehen. Ich glaube nicht, daß

meine Eltern sich darüber viel Gedanken machten. Erwachsene, denen so etwas geschieht, sind gewiß der Überzeugung, daß es ihnen schon einmal wieder besser gehen wird und daß sie dann essen und trinken und Gott loben können, wie sie es so oft getan haben im Laufe der Zeit. Aber für ein Kind ist das etwas ganz anderes. Ein Kind sitzt da und wartet auf das Wunder, und wenn das Wunder nicht kommt, ist alles aus und vorbei ...

Bei diesen Worten beugte sich Don Crescenzo vor und sah auf die Straße hinaus, so als ob dort etwas seine Aufmerksamkeit in Anspruch nähme. Aber in Wirklichkeit versuchte er nur, seine Tränen zu verbergen. Er versuchte, mich nicht merken zu lassen, wie das Gift der Enttäuschung noch heute alle Zellen seines Körpers durchdrang. Unser Weihnachtsfest, fuhr er nach einer Weile fort, ist gewiß ganz anders als die Weihnachten bei Ihnen zu Hause. Es ist ein sehr lautes, sehr fröhliches Fest. Das Jesuskind wird im Glasschrein in der Prozession getragen, und die Blechmusik spielt. Viele Stunden lang werden Böllerschüsse abgefeuert, und der Hall dieser Schüsse wird von den Felsen zurückgeworfen, so daß es sich anhört wie eine gewaltige Schlacht. Raketen steigen in die Luft, entfalten sich zu gigantischen Palmenbäumen und sinken in einem Regen von Sternen zurück ins Tal. Die Kinder johlen und lärmen, und das Meer mit seinen schwarzen Winterwellen rauscht so laut, als ob es vor Freude schluchze und singe. Das ist unser Christfest, und der ganze Tag vergeht mit Vorbereitungen dazu. Die Knaben richten ihre kleinen Feuerwerkskörper, und die Mädchen binden Kränze und putzen die versilberten Fische, die sie der Madonna umhängen. In allen Häusern wird gebraten und gebacken und süßer Sirup gerührt.

So war es auch bei uns gewesen, solange ich denken konnte. Aber in der Christnacht, die auf den Bergsturz folgte, war es in unserem Hause furchtbar still. Es brannte kein Feuer, und darum blieb ich so lange wie möglich draußen, weil es dort immer noch ein wenig wärmer war als drinnen. Ich saß auf den Stufen und sah zur Straße hinauf, wo die Leute vorübergingen und wo die Wagen mit ihren schwachen Öllämpchen auftauchten und wieder verschwanden. Es war eine Menge Leute unterwegs, Bauern, die mit ihren Familien in die Kirche fuhren, und andere, die noch etwas zu verkaufen hatten, Eier und lebendige Hühner und Wein. Als ich da saß, konnte ich das Gegacker der Hühner hören und das lustige Schwatzen der Kinder, die einander erzählten, was sie alles erleben würden heute nacht. Ich sah jedem Wagen nach, bis er in dem dunklen Loch des Tunnels verschwand, und dann wandte ich den Kopf wieder und schaute nach einem neuen Fuhrwerk aus; als es auf der Straße stiller wurde, dachte ich, das Fest müsse begonnen haben, und ich würde nun etwas vernehmen von dem Knattern der Raketen und den Schreien der Begeisterung und des Glücks. Aber ich hörte nichts als die Geräusche des Meeres, das gegen die Felsen klatschte, und die Stimme meiner Mutter, die betete und mich aufforderte, einzustimmen in die Litanei. Ich tat es schließlich, aber ganz mechanisch und mit verstocktem Gemüt. Ich war sehr hungrig und wollte mein Essen haben, Fleisch und Süßes und Wein. Aber vorher wollte ich mein Fest haben, mein schönes Fest ...

Und dann auf einmal veränderte sich alles auf eine unfaßbare Art. Die Schritte auf der Straße gingen nicht mehr vorüber, und die Fahrzeuge hielten an. Im Schein der Lampen sahen wir einen prallen Sack, der in unseren Garten geworfen, und hochgepackte Körbe, die an den Rand der Straße gestellt wurden. Eine Ladung Holz und Reisig rutschte die Stufen herunter, und als ich mich vorsichtig die Treppe hinauftastete, fand ich auf dem niederen Mäuerchen, auf Tellern und Schüsseln, Eier, Hühner und Fisch. Es dauerte eine ganze Weile, bis die geheimnisvollen Geräusche zum Schweigen kamen und wir nachsehen konnten, wie reich wir mit einem Male waren. Da ging meine Mutter in die Küche und machte Feuer an, und ich stand draußen und sog inbrünstig den Duft in mich ein, der bei der Verbindung von heißem Öl, Zwiebeln, gehacktem Hühnerfleisch und Rosmarin entsteht.

Ich wußte in diesem Augenblick nicht, was meine Eltern schon ahnen mochten, nämlich, daß die Patienten meines Vaters, diese alten Schuldner, sich abgesprochen hatten, ihm Freude zu machen auf diese Art. Für mich fiel alles vom Himmel, die Eier und das Fleisch, das Licht der Kerzen, das Herdfeuer und der schöne Kittel, den ich mir aus einem Packen Kleider hervorwühlte und so schnell wie möglich überzog. Lauf, sagte meine Mutter, und ich lief die Straße hinunter und durch den langen, finsteren Tunnel, an dessen Ende es schon glühte und funkelte von buntem Licht. Als ich in die Stadt kam, sah ich schon von weitem den roten und goldenen Baldachin, unter dem der Bischof die steile Treppe hinaufgetragen wurde. Ich hörte die Trommeln und die Pauken und das Evvivageschrei und brüllte aus Leibeskräften mit. Und dann fingen die großen Glocken in ihrem offenen Turm an zu schwingen und zu dröhnen.

Don Crescenzo schwieg und lächelte freudig vor sich hin. Gewiß hörte er jetzt wieder, mit einem inneren Gehör, alle diese heftigen und wilden Geräusche, die für ihn so lange zum Schweigen gekommen waren und die ihm in seiner Einsamkeit noch viel mehr als

jedem anderen Menschen bedeuten: Menschenliebe, Gottesliebe, Wiedergeburt des Lebens aus dem Dunkel der Nacht.
Ich sah ihn an, und dann nahm ich das Blöckchen zur Hand. Sie sollten schreiben, Don Crescenzo. Ihre Erinnerungen. – Ja, sagte Don Crescenzo, das sollte ich. Einen Augenblick lang richtete er sich hoch auf, und man konnte ihm ansehen, daß er die Geschichte seines Lebens nicht geringer einschätzte als das, was im Alten Testament stand oder in der Odyssee. Aber dann schüttelte er den Kopf. Zuviel zu tun, sagte er.
Und auf einmal wußte ich, was er mit all seinen Umbauten und Neubauten, mit der Bar und den Garagen und dem Aufzug hinunter zum Badeplatz im Sinne hatte. Er wollte seine Kinder schützen vor dem Hunger, den traurigen Weihnachtsabenden und den Erinnerungen an eine Mutter, die Säcke voll Steine schleppt und sich hinsetzt und weint.

Montag nach dem Zweiten Advent

Psalm 80,2, s. S. 36

Gebet: Herr, komm zu den vielen alten und jungen Menschen, die keinen Sinn in ihrem Leben sehen und nichts mehr mit sich und der Welt anzufangen wissen. Herr, komm auch zu uns: Komm zu deiner Gemeinde, deiner Kirche, die immer noch uneins und zerstritten ist, und laß deine Liebe in ihr Gestalt gewinnen. Herr, komm auch zu uns.

Lied EKG 6, GL 107: Macht hoch die Tür, die Tor macht weit, eur Herz zum Tempel zubereit'. Die Zweiglein der Gottseligkeit steckt auf mit Andacht, Lust und Freud; so kommt der König auch zu euch, ja Heil und Leben mit zugleich. Gelobet sei mein Gott, voll Rat, voll Tat, voll Gnad.

Jetzt ist Advent, und Weihnachten soll bald gefeiert werden. Nicht wir wollen für kurze Zeit aus unserm Alltag auswandern, sondern

er will für alle Zeit in unsern Alltag einwandern. Da zieht ein König der Ehren ein, der uns zeigen will, daß die höchste Ehre ist, aller Diener zu sein. Ein Herr, stark und mächtig, zieht ein, der uns zeigen will, wie groß die Stärke der Geduld und wie unbesiegbar die Macht der Liebe ist. Ein Herr zieht ein, stark und mächtig im Streit, der uns zeigen will, der ist der Stärkste im Streit, der ihn zu schlichten und den Frieden zu stiften versteht.
Was steht vor der Tür? Manche behaupten, ein neuer Krieg oder eine dunkle Zukunft; aber sie sind Opfer ihrer eigenen Angst geworden. Unser Psalm sagt: Der Herr steht vor der Tür, der Gedanken des Friedens über uns hat und nicht des Leides, der uns braucht zur Erhaltung und Verwandlung seiner Welt. Macht also die Tore weit und die Türen in der Welt hoch, daß der König der Ehren einziehe. *Klaus-Peter Hertzsch*

Wenn wir glauben, daß Christus einreiten kann, heute, daß Leute ihn verstehen, daß er sich vermitteln läßt in unser Leben, daß er wirklich kommt, dann nur durch uns. Nicht von außen als ein Fremder, kein Superstar mit überirdischen Attributen, sondern mit dem Volk, weil für das Volk. Durch die Armen, weil für die Armen. Die Befreiung kommt in den »abrahamitischen Minoritäten«, von denen Dom Helder spricht, denen, die das Neue Leben jetzt und hier schon anfangen.
Laß mich dein Esel sein, Christus ... *Dorothee Sölle*

Dienstag nach dem Zweiten Advent

Psalm 80,15, s. S. 36

Gebet: Herr, wir bitten dich für die vielen Menschen, die vom Leid gequält werden, die in Angst und Schrecken leben müssen, die keinen Tag ohne Schmerzen sind, und die unter der Last ihrer Sorgen zusammenbrechen. Hilf uns, daß wir nicht an ihrer Not vorübergehen, weil wir allein mit uns selbst beschäftigt sind. Jesu Leben und Sterben soll nicht vergeblich sein, Angst soll vergehen und deine Nähe spürbar werden.

Lied EKG 6, GL 107: Komm, o mein Heiland Jesu Christ, meins Herzens Tür dir offen ist. Ach zeuch mit deiner Gnaden ein; dein Freundlichkeit auch uns erschein. Dein Heilger Geist uns führ und leit den Weg zur ewgen Seligkeit. Dem Namen dein, o Herr, sei ewig Preis und Ehr.

Kurt Scharf: Hoffnung

Die Gewißheit einer Hoffnung, einer *frohen* Erwartung, trägt und prägt das Leben des Menschen. Die Aussicht auf die sich nahende Befreiung läßt Häftlinge auch Entbehrung, harte Arbeit bei geringen Essensrationen, sogar grausame Folter durchstehen, ohne zu verzweifeln, und macht sie fähig, sogar fähig, trotz eigener Qual Neben-ihnen-Leidende wahrzunehmen, den Happen Brot mit ihnen zu teilen. Ich habe kürzlich eine Reihe ergreifender Bilder eines Künstlers gesehen, der während des Zweiten Weltkrieges von einem Konzentrationslager ins andere verbracht worden war, von Auschwitz nach Sachsenhausen, Buchenwald und schließlich nach Dachau. Seine Gemälde und Plastiken zeigen entsetzliches menschliches Elend, Erniedrigung, teuflische Verbrechen und würdelose Willenlosigkeit, ein Sich-mißbrauchen-Lassen einzelner Gefangener gegen ihre Mitgefangenen; sie reflektieren in äußerster Finsternis aber auch den Glanz sich bewährender Menschlichkeit und die unbeugsame Kraft einer »gewissen Zuversicht des, das man hofft, und eines Nichtzweifelns an dem, das man nicht sieht«. Dies braucht nicht die Letzterwartung eines gläubigen Lebens zu sein, wie das Zitat aus dem 11. Kapitel des Hebräerbriefes sie beschreibt. Es mag auch die Naherwartung baldiger Rettung sein aus der gerade bedrängenden argen Not. So stellt eins der Bilder dieses – immer weiter – Verschleppten eine Gruppe ausgemergelter Gestalten in gestreifter Sträflingskleidung dar, zusammengeduckt um ein selbstgebasteltes, primitives Rundfunkgerät, mit dem sie – in Dachau – aus den Heeresberichten das Herannahen der »feindlichen Front«, der Front der Befreier vernahmen. Über dem Haufen Elend der wenigen Lauschenden die Ölfunzel an der Barackendecke gab einen Lichtschein wieder wie »aus einer anderen Welt«, der Welt, in der es möglich ist, sich frei zu bewegen.
Entscheidend tragfähig für das ganze Leben des Menschen und es prägend zu einem redlichen Bemühen um »der Hilfe Bedürftige« vor seiner Tür ist – jedoch – nur die Hoffnung, die die Aussicht auf Erfolge im Kampf gegen Unfreiheit und Elend hinieden mit der

Enderwartung für Himmel und Erde verbindet, mit der Gewißheit, daß das Ungute, das Unerträgliche verschwinden und daß das Unzureichende, das Fehlerhafte sich vollenden wird zur schattenlosen Herrlichkeit Gottes. Christliche Hoffnung gilt nicht der eigenen jenseitigen Seligkeit nach der Grenze des Todes; sie umfaßt Gottes ganze Schöpfung und ist dessen voller Zuversicht, daß Gott seine Absicht mit ihr nicht vergessen, daß er seine Teilnahme an ihr nicht verloren hat. Erst in der Rettung des Alls und aller kann der einzelne, das einzelne seiner Endbestimmung froh werden in der »vollkommenen Freude jeder Art«. Denn »wir warten eines neuen Himmels und einer neuen Erde nach seiner Verheißung, in denen Gerechtigkeit herrscht«!
Der Bürge unserer gewissen Hoffnung ist der, von dem wir wissen, den Menschenaugen gesehen und Menschenohren vernommen haben und dessen Tod und Auferstehung der Völkergeschichte die Wendung zum »neuen Sein« gegeben hat und täglich zu geben vermag. Weil wir auf ihn warten dürfen, werden wir nicht müde, »in Hoffnung tätig« zu sein und *in* unserm Tun am Bekenntnis der Hoffnung festzuhalten.

Mittwoch nach dem Zweiten Advent

Psalm 80,18, s. S. 36

Gebet: Du, Herr, bist der Kommende, das Licht, das aus dem Dunkel hervorbricht. Wir warten auf dich, aber wir haben dich nicht, und das ist gut. Wir warten auf dich, und deshalb sind wir mit unserem Leben noch nicht zu Ende gekommen, deshalb sind wir mit Kummer und Sorgen noch nicht fertig, bleibt unserem Glück immer noch ein Rest.
Wir warten auf dich, deshalb haben unsere Gedanken noch nicht zur Weisheit gefunden, gibt es noch so viel Unklarheit in unserem Leben. Wir warten auf dich, Herr, deshalb sind wir mit allem, was unser Leben ausmacht, noch unterwegs.

Lied EKG 9, GL 113: Mit Ernst, o Menschenkinder, das Herz in euch bestellt; bald wird das Heil der Sünder, der wunderstarke Held, den Gott aus Gnad allein der Welt zum Licht und Leben versprochen hat zu geben, bei allen kehren ein.

Anneliese Knippenkötter: Ein Kind ist uns geschenkt

Vor mir auf meinem Schreibtisch liegt ein Stein. Ein ganz gewöhnlicher, vom Wasser, Sand und Staub glattgeschliffener Kieselstein. Nichts Besonderes. Er glänzt nicht; funkelt nicht; leuchtet nicht wie all die kostbaren Edel- und Halbedelsteine, die in den vorweihnachtlichen Tagen sorgfältig ausgesucht, gewogen und als wertvolle Geschenke mit Gold oder Silber verarbeitet auf den festlich geschmückten Gabentisch gelegt werden. Mein Stein ist stumpf und kalt. Er hat die Wärme der Kinderhand, die ihn kaum umschließen konnte, längst wieder abgegeben.

Steine sammeln war eine beliebte Ferienbeschäftigung. Der zweijährige Michael schleppte sie herbei, füllte Taschen, Eimer und Kästen mit großen und kleinen Steinen. Es gab mancherlei Spiele mit den Steinen im Freien und im Zimmer. Steine dienten als Baumaterial im Sandkasten, mußten auf »Lastwagen« transportiert werden und für den Schwertransport war ein »Kran« notwendig, wie mich der vierjährige Andreas sachverständig belehrte.

Und dieser Stein, der mich an all die Spielstunden erinnert, ist ein Geschenk, das mir Michael zum Abschied gab. Als ich in mein Auto steigen wollte, lief er zu seiner Stein-Sammlung und brachte mir dieses Prachtexemplar. Es war einer der größten Steine und die Geste des Schenkens wurde mit dem Wort »da!« verdeutlicht. – Das Kind lachte mich an. Ich war glücklich, fühlte Zuneigung, wußte: Hier bin ich gemeint. Michael lief davon und spielte weiter mit seinen Steinen.

Eine kleine, belanglos erscheinende Begebenheit. Und doch war sie, wie ich meine, wichtig für Schenkenden und Beschenkte. Die Zuwendung des Kindes machte mich froh, gab mir Hoffnung, Mut zur Zukunft im Hinblick auf den sich nahenden Alltag. – Das Kind mag aber auch gespürt haben, daß es mich glücklich gemacht hat. Oder noch mehr?

Das wohl tiefste Ereignis beim Schenken ist die bejahende, liebevolle Zuwendung, die der Beschenkte vom Schenkenden erfährt. Die »Kostbarkeit« der Gabe, der in Zahlen auszudrückende Wert, spielt dabei zunächst keine Rolle. Wichtig ist der Mensch: Der Gebende und der Empfangende. Der Schenkende gibt ein Stück seines Wesens, seiner Mühe, seiner Zeit – etwas von seinem Leben in das Geschenk. Und so gehört zum Schenken, daß wir uns öffnen, uns gleichsam selbst in das Geschenk hineingeben und beim Suchen und Auswählen den zu Beschenkenden im Blick haben, seine Wünsche erspüren und seine Möglichkeiten, das Geschenk anzunehmen, bedenken. Zum Schenken gehört einerseits die Großzügigkeit des Verschwenders und andererseits die Behutsamkeit des Zaghaften, aber immer die Spontaneität eines weiten, offenen Herzens. »Für den, der sein Herz öffnet und *sich* verschenkt, indem er *etwas* verschenkt, gilt: Er muß auch schauen, daß seine schenkende Geste, sein schenkendes Herz auch ankommen, angenommen und aufgenommen werden von dem beschenkten Partner. Denn schenken kann man nicht allein. Es muß dem Schenkenden auch vom Beschenkten her etwas geschenkt werden, was er nicht in seiner Hand hat und auf was er also warten muß: das freie Annehmen des Schenkens, das freudige Eingehen des Partners darauf, der antwortende Blick des Dankes. Darum ist im Blick des Schenkenden auch eine wartende Behutsamkeit. Rechtes Schenken überfährt den Beschenkten nicht. Es wartet behutsam, daß er frei darauf eingehe und antworte. Das ist die Gabe, die der Beschenkte an den Schenker zurückreicht. Erst von dieser Antwort und Gabe her gelingt das Schenken ganz und wirklich. Es kommt im Dank zurück zum Schenkenden, und so schließt sich der schöne Ring von Ich und Du. Es ist wie ein Zweigesang; beide müssen aufeinander achten und beide schenken einander die Fülle des Gesanges, in dem das Freudige schwingt.« (B. Welte) Etwas vom Sein, von dem »So-bin-Ich«, vom eigenen Leben weiterzugeben, gehört zum Tiefsten menschlicher Begegnung, das immer nur geschenkt werden kann. Man kann es sich nicht einfach nehmen.

So verstanden sind Geschenke immer Zeichen: Zeichen der Zuneigung, der Verehrung, der Freundschaft, der Liebe. Der verschenkte Stein des Kindes kann ebenso zu den kostbaren Zeichen gehören wie die mitgebrachten Blumen, das praktische Kleidungsstück, der glänzende Schmuck, die gastliche Aufnahme, ein wohlwollendes Wort oder das aufmerksame Zuhören. Ein Geschenk, in Freiheit gegeben, das Freude auslöst und nicht gleich die Frage aufkommen läßt: Wie kann ich das nur irgendwann gutmachen? hat eben nicht den oft so weit verbreiteten »verpflichtenden« Charakter. Schenken hat nichts mit Rechnung und Verrechnen zu tun. Es gibt Menschen, die können alle mitgebrachten »Kleinigkeiten« in Kostbarkeiten verwandeln, die beglücken und erfreuen. Sie beherrschen die

»Kunst des Schenkens«. Aber es gibt andere Menschen, die mich mit ihren Gaben meistens in Verlegenheit bringen, die mich unsicher machen. Freude und Dankbarkeit wollen dann gar nicht so recht aufkommen. Es steht etwas dazwischen, das man nicht einmal richtig beschreiben kann.

Aber ist es nicht oft viel leichter, Schenkende als Beschenkte zu sein? Nicht nur das Schenken, auch das Annehmen eines Geschenkes will gelernt sein – muß eingeübt werden. Wenn man darüber nachdenkt, entdeckt man vielleicht die eigene Bedürftigkeit, das Angewiesensein auf die Gabe des Vertrauens und die Zuwendung anderer. Hat solches Denken in unserer auf Leistung und Nutzen orientierten Welt überhaupt Platz? Die Redensart »Ich will nichts geschenkt haben ...« geht um. Gleichgültig, in welchen Zusammenhängen sie gebraucht wird, drückt sie eine Haltung aus, die mich immer erschrecken läßt. Doch bei näherem Zusehen wird die Bedürftigkeit, die ungestillte Sehnsucht auch bei denen erkennbar, die »nichts geschenkt haben wollen«.

Wir bleiben einander wohl immer etwas schuldig. Die Rechnung kann nicht aufgehen. »Nehmen, geben. Wer zu rechnen liebt, der wird nie auf seine Rechnung kommen«, heißt es in einem Gedicht von Albrecht Goes.

Wer ein Geschenk annehmen will, muß die Hände öffnen, auf das Wort des Gebers hören, die Gabe um-fassend, um-greifend betrachten, damit Freude und Dank im Geben und Nehmen zum Ausdruck kommen: Zeichen für die gegenseitige Zuwendung.

Durch all unser Schenken und Empfangen, aber auch durch alle Feiern in der weihnachtlichen Zeit zieht sich die Suche nach dem eigentlichen Geheimnis unseres Tuns hindurch und stellt sich uns die Frage nach dem »Geber aller Gaben«: »Jede gute Gabe und jedes vollkommene Geschenk kommt von oben, vom Vater der Lichter«, heißt es im Jakobusbrief (Jak 1,17).

Und wir fragen weiter nach dem Kern des Ereignisses, der geblieben und nicht auf einen bestimmten Kalendertag angewiesen ist. Uns wurde ein Kind geschenkt, so könnte die Nachricht vereinfacht lauten. Das kann man täglich von glücklichen Eltern hören – damals und heute. Aber hinter der guten Nachricht, die wir hier meinen, steckt mehr. Durch die Tür der Menschheit, durch die Gestalt eines schwachen, hilflosen Kindes, ist Gott in die Welt eingetreten und wählte den Weg, der unser aller Weg ist. Ein Weg mit Hunger und Durst, Krankheit und Tod – Brüdern und Freunden, Erfüllung und Glück. Leben ist Geschenk. Auch unser Leben. Gott schenkt uns seinen Sohn. Das Prophetenwort: »Ein Kind ist uns geboren, ein Sohn ist uns geschenkt« (Jes 9,5) wurde erfüllt. »Erst schenken macht die Welt menschlich und es läßt auf dem trockenen Boden des Nutzens Blumen blühen. Erst schenken macht sie auch ein wenig göttlich. Gott hat uns auf eine schöne und freie Art mit uns selbst beschenkt, und er will es wieder tun, wenn wir uns wieder verlieren.« (B. Welte) Durch Jesus von Nazareth ist Gott den Menschen in dieser Welt nahegekommen. Er ist bei uns. Jesus ist unser Bruder. In unseren Ängsten und Nöten ist er uns nahe, ist er unsere Zuversicht und unsere Hoffnung. Das ereignet sich heute und morgen und deshalb ist Weihnachten nicht nur ein historisches Fest, das den Anfang betrachtet, aber es ist auch nicht nur eine Station besinnlicher Stunden auf unserem Weg mit Jesus, sondern führt in den Alltag zurück. Dort wird sich zeigen, was wir von Weihnachten begriffen haben, wie es unser Leben verändert. Weihnachten – das Geschenk der Hoffnung, nach dem sich die Völker sehnten und sehnen, kann man nicht einfach in Besitz nehmen und verbrauchen, es drängt uns zu den Menschen, zum Weitergeben und zum Austeilen; es verlangt nach der Wirksamkeit im Alltäglichen und fragt nach der Verantwortlichkeit des einzelnen für den gefolterten Gefangenen in Chile, für die suchenden Hände der Sterbenden in den Kliniken unserer Städte. Erlösung, Befreiung, Glück sind auch ihnen verheißen. An Weihnachten ist »von der Geburt eines Kindes die Rede, nicht von der umwälzenden Tat eines starken Mannes, nicht von der kühnen Entdeckung eines Weisen, nicht von dem frommen Werk eines Heiligen. Worum sich Könige und Staatsmänner, Philosophen und Künstler, Religionsstifter und Sittenlehrer vergeblich bemühen, das geschieht nun durch ein neugeborenes Kind. Wie zur Beschämung der gewaltigsten menschlichen Anstrengungen und Leistungen wird hier ein Kind in den Mittelpunkt der Weltgeschichte gestellt. Ein Kind, von Menschen geboren, ein Sohn von Gott gegeben. Das ist das Geheimnis der Erlösung der Welt.« (D. Bonhoeffer) Dieses Geschenk der Erlösung kann im täglichen Geben und Nehmen, im Schenken und Beschenktwerden, eben dort, wo wir Menschen in Nah und Fern bittend und dankend einander bedürfen, Zeichen *der* Hoffnung sein, die uns Weihnachten durch ein Kind geschenkt wurde.

Als Beschenkte stehen wir an der Krippe, und vielleicht sind wir den Magiern ähnlich, die gekommen waren, um dem Kind mit Geschenken zu huldigen, wenn wir unser Weihnachtsgeschenk für »Adveniat« oder »Brot für die Welt« mitbringen.

Donnerstag nach dem Zweiten Advent

Psalm 80,19, s. S. 36

Gebet: Du, Herr, bist der Kommende, das Licht, das aus dem Dunkel hervorbricht. Wir warten auf dich, aber wir haben dich nicht, und das ist gut. Gut, weil du es bist, der kommt. Nicht das Chaos, nicht die Hölle, sondern du, der Schöpfer eines neuen Lebens und einer neuen Welt. Wir warten auf dich. Gib uns Geduld und Hoffnung zugleich.

Lied EKG 9, GL 113: Bereitet doch fein tüchtig den Weg dem großen Gast; macht seine Steige richtig, laßt alles, was er haßt; macht alle Bahnen recht, die Tal laßt sein erhöhet, macht niedrig, was hoch stehet, was krumm ist, gleich und schlicht.

Es gibt radikale Veränderungen, die ein ganzes Leben verwandeln können. Man muß sie nur für möglich halten. Man muß sie ausprobieren. Man muß sich loslassen können. Sie geschehen dann eher beiläufig, so wie Jesu Wunder. Man muß sie nur wahrnehmen. Es bewegt sich viel mehr, als wir zugeben wollen – wenn wir uns selbst bewegen lassen. Wenn wir uns nicht mehr ärgern, daß das Unmögliche möglich sein kann, wenn wir uns selber zutrauen, auch einmal das Unmögliche zu tun. Wenn wir nicht immer wieder auf »einen andern warten«. Der, auf den wir warten, ist schon da: Jesus Christus. *Heinrich Albertz*

Heinrich Böll: Die Kunde von Betlehem

Die Tür war keine richtige Tür: sie war lose aus Brettern zusammengenagelt, und eine Drahtschlaufe, die über einen Nagel gezogen war, hielt sie am Pfosten fest. Der Mann blieb stehen und wartete: ›Es ist doch eine Schande‹, dachte er, ›daß eine Frau hier ein Kind kriegen muß.‹ Er nahm die Drahtschlaufe vorsichtig vom Nagel, stieß die Tür auf und erschrak: Er sah das Kind im Stroh liegen, die sehr junge Mutter hockte daneben, lächelte das Kind an ... hinten an der Wand stand einer, den der Mann nicht richtig anzusehen wagte: Das könnte einer von denen sein, die die Hirten für Engel gehalten hatten. Der dort an der Wand lehnte, hatte einen mausgrauen Kittel an und hielt in beiden Händen Blumen: schlanke, gelbliche Lilien waren es. Der Mann spürte die Furcht in sich aufkommen und dachte: ›Vielleicht stimmen doch die tollen Dinge, die die Hirten in der Stadt erzählt haben.‹

Die junge Frau blickte jetzt auf, sah ihn freundlich und fragend an, und der junge Mann sagte leise: »Wohnt hier der Tischler?« Die junge Frau schüttelte den Kopf: »Tischler ist er nicht – er ist Zimmermann.«

»Das macht ja nichts«, sagte der Mann, »eine Tür wird er ja reparieren können, wenn er Werkzeug mithat.«

»Er hat Werkzeug mit«, sagte Maria, »und Türen reparieren kann er. Das hat er in Nazaret auch gemacht.«

Sie waren also wirklich aus Nazaret.

Der mit den Blumen in der Hand sah jetzt den Mann an und sagte: »Du brauchst dich nicht zu fürchten.« Seine Stimme klang so schön, daß der Mann wieder erschrak, aber er blickte auf: Der Mausgraue sah sehr freundlich, aber auch traurig aus.

»Er meint Josef«, sagte die junge Frau, »ich will ihn wecken. Soll er die Tür reparieren?«

»Ja, in der Herberge zum ›Roten Mann‹, nur den Falz ein bißchen aushobeln und das Futter nachsehen. Die Tür klemmt so. Ich warte draußen, wenn du ihn holen willst.«

»Du kannst ruhig hier warten«, sagte die junge Frau.

»Nein, ich will lieber draußen warten.« Er sah flüchtig zu dem Mausgrauen hinüber, der ihm lächelnd zunickte, ging dann rückwärts hinaus und schloß die Tür vorsichtig, indem er die Drahtschlaufe über den Nagel zog. Männer mit Blumen waren ihm immer komisch vorgekommen, aber der Mausgraue sah nicht wie ein Mann aus, auch nicht wie eine Frau, und komisch war er ihm gar nicht vorgekommen.

Als Josef mit der Werkzeugkiste herauskam, nahm er ihn beim Arm und sagte: »Komm, wir müssen links herum.« Sie gingen links herum, und jetzt fand der Mann endlich den Mut, das zu sagen, was er der jungen Frau schon hatte sagen wollen, aber er hatte sich gefürchtet, weil der mit den Blumen dabeistand. »Die Hirten«, sagte er, »erzählen ja tolle Dinge über euch in der Stadt.«

Aber Josef antwortete nicht darauf, sondern sagte: »Hoffentlich habt ihr wenigstens ein Stecheisen da, an meinem ist mir der Griff abgebrochen. Sind es mehrere Türen?«

»Eine«, sagte der Mann, »und ein Stecheisen haben wir. Es ist sehr dringend mit der Tür. Wir bekommen Einquartierung.«

»Einquartierung? Jetzt? Es sind doch keine Manöver.«
»Nein, Manöver sind nicht, aber es kommt eine ganze Kompanie Soldaten nach Betlehem. Und bei uns«, sagte er stolz, »bei uns soll der Hauptmann wohnen. Die Hirten ...«, aber er unterbrach sich, blieb stehen, und auch Josef blieb stehen. An der Straßenecke stand der Mausgraue, er hatte den ganzen Arm voller Blumen, weißen Lilien, und verteilte sie an kleine Kinder, die gerade laufen konnten: es kamen immer mehr Kinder, und Mütter kamen mit solchen, die noch nicht laufen konnten, und der Mann, der Josef geholt hatte, erschrak sehr, denn der Mausgraue weinte: Die Stimme, die Augen hatten ihn schon erschreckt, aber seine Tränen waren noch schrecklicher: Er berührte die Münder der Kinder, ihre Stirn mit seiner Hand, küßte ihre kleinen, schmutzigen Hände und gab jedem von ihnen eine Lilie.
»Ich habe dich gesucht«, sagte Josef zu dem Mausgrauen, »eben, während ich schlief, habe ich geträumt ...«
»Ich weiß«, sagte der Mausgraue, »wir müssen sofort weg.«
Er wartete noch einen Augenblick, bis ein ganz kleines, schmutziges Mädchen an ihn herangekommen war.
»Soll ich die Tür für diesen Hauptmann nicht mehr reparieren?«
»Nein, wir müssen gleich weg.« Er wandte sich von den Kindern ab, nahm Josef beim Arm, und Josef sagte zu dem Mann, der ihn geholt hatte: »Tut mir leid, ich glaube, es geht nicht.«
»Oh, laß nur«, sagte der Mann. Er sah den beiden nach, die zum Stall zurückgingen, blickte dann in die Straße, in der die Kinder lachend mit ihren großen weißen Lilien herumliefen. Da hörte er das Getrappel von Pferdehufen hinter sich, wandte sich um und sah die Kompanie, die von der Landstraße aus in die Stadt einritt. ›Ich werde wieder ausgeschimpft werden‹, dachte er, ›weil die Tür nicht repariert ist.‹
Die Kinder standen am Straßenrand und winkten den Soldaten mit den Blumen zu. So ritten die Soldaten durch ein Spalier weißer Lilien in Betlehem ein, und der Mann, der Josef geholt hatte, dachte: ›Ich glaube, die Hirten haben recht mit allem, was sie erzählt haben ...‹

Freitag nach dem Zweiten Advent

Psalm 80,2, s. S. 36

Gebet: Wir sind gewohnt, deinen Namen, Gott, in den Mund zu nehmen; wir machen uns Gedanken über dich, als hätten wir dich in der Hand. Dich selbst suchen wir, Gott, und finden oft nur unsere eigenen Vorstellungen von dir. In deinem Wort können wir dir begegnen. Aber auch dein Wort muß uns fremd werden, damit wir es verstehen, in ihm dich finden, den nahen Gott.

Lied EKG 9, GL 113: Ach mache du mich Armen zu dieser heilgen Zeit aus Güte und Erbarmen, Herr Jesu, selbst bereit. Zeuch in mein Herz hinein vom Stall und von der Krippen, so werden Herz und Lippen dir allzeit dankbar sein.

Knut Hamsun: Weihnachten in der Berghütte

Es war sehr viel Schnee zu Weihnachten gekommen, das kleine Haus droben in den Bergen steckte nicht mit viel mehr heraus als mit dem Dach und den beiden obersten Balken. Es war übrigens auch nur eine Hütte, ein Häuslerplatz für eine Kuh, ein Schwein und ein Lamm.
Hier wohnte die Familie Sommer und Winter für sich allein.
Der Mann hieß Tor und die Frau Kirsti; und sie hatten fünf Kinder, die Timian bis Kaldäa hießen. Die Kaldäa war im Dienst unten im Dorf, und Timian hatte es durchgesetzt, nach Amerika zu gehen. Die drei Kinder, die noch zu Hause waren, waren zwei Jungen und ein Mädchen: Rinaldus, Didrik und Tomelena. Tomelena nannte man für gewöhnlich nur Lena.
Es war, wie gesagt, zu Weihnachten unmäßig viel Schnee gefallen, und der alte Tor hatte den ganzen Tag Schnee geschaufelt, so daß er ganz müde und abgearbeitet war. Nun hatte er alles gelesen, was für den Weihnachtsabend im Gesangbuch stand, und sich danach mit der Pfeife im Munde aufs Bett gelegt. Die Frau kochte und wirtschaftete am Herd, indem sie die ganze Zeit in der Stube hin und her ging und immer noch etwas zu ordnen fand.
Hat das Vieh schon was zum Abend bekommen? fragte Tor.
Ja, freilich, erwiderte die Frau.
Tor rauchte wieder ein Weilchen und sagte dann, indem er in seinen Bart lächelte:

Was kochst und brätst du da den ganzen Abend, Frau? Ich begreife gar nicht, wo du das alles hernimmst.
Oh, ich bin reicher, als ihr glaubt, erwiderte Kirsti, und sie lachte selbst über den Scherz.
Beim Abendessen sollte die Familie auch einen Schnaps haben, das war alter Brauch, und Rinaldus war derjenige, der in die Gläser einschenken sollte. Das war für ihn ein feierlicher Augenblick; er sollte die Karaffe mit den großen gemalten Rosen in seinen Händen halten. Aller Augen beobachteten ihn.
Halte die Rosenkaraffe in der linken Hand, wenn du Leuten eingießt, die älter sind als du, sagte der Vater. Du bist alt genug, etwas anzunehmen und etwas zu lernen.
Und Rinaldus nahm die Rosenkaraffe in die linke Hand. Er goß so vorsichtig ein, daß es ein förmliches Schauspiel war, streckte dabei die Zunge heraus, legte den Kopf auf die Seite und goß.
Die Abendmahlzeit war das reine Festessen, es gab Fladenbrot, Sirup und ein Ei für jeden. Außerdem konnte man sehen, daß es Weihnachten war, denn es gab noch Butter zum Brote.
Tor sprach laut Luthers Tischgebet.
Aber nach der Mahlzeit irrte sich der kleine Didrik im Tage, ging zum Vater und zur Mutter und gab ihnen die Hand zum Dank fürs Essen. Der Vater ließ es ihn tun, bevor er etwas sagte, als er aber fertig war, sagte Tor doch:
Du solltest uns heute abend nicht für das Essen danken, Didrik. Es ist gerade nichts Verkehrtes dabei; aber du weißt, am Neujahrsabend sollst du für das Essen danken.
Didrik war nun so beschämt, daß er sich ganz zusammenduckte, und er brüllte beinahe los, als die Geschwister über ihn zu lachen begannen.
Tor hatte sich wieder mit der Pfeife im Munde auf das Bett gelegt, und die Frau wusch die Tassen ab.
Ja, das war ein tüchtiger Schneefall, den wir hatten, sagte sie.
Er ist wohl auch noch nicht zu Ende, erwiderte Tor. Der Mond hat einen Hof, und die Elstern fliegen dicht am Boden.
An einen Kirchgang ist für morgen wohl nicht zu denken, was?
Ach, Gott behüte. Du hast wohl nicht im Kalender nachgesehen, wenn du morgen auf Kirchgangswetter hoffst.
Wie ist denn da der Aspekt?
Er sieht wohl nicht besser aus als ein Kalb ohne Beine. Ich würde sonst nicht so schlecht davon reden.
Nein, wirklich!
Gib meine Brille her, Rinaldus, aber laß sie nicht auf den Boden

fallen, fuhr Tor fort. Und er untersuchte noch einmal den gefährlichen Aspekt. Ja, da siehst du, sagte er zu der Frau. Es ist nicht besser, als ich sage.
Jesus behüte uns alle! meinte Kirsti und faltete ihre Hände. Bedeutet das da Unwetter?
Ja, das bedeutet Unwetter. Aber das hier ist doch wohl noch nicht der schlimmste Aspekt. Wenn du einen von der richtigen Sorte sehen willst, dann sieh dir hier den fünften Februar an. Das ist wohl kein geringerer als der Antichrist selbst, mit zwei Hörnern.
Jesus, Gott behüte uns alle! Und Timian, der in Amerika ist.
Nach diesem Ausruf trat für ein Weilchen Stille in der kleinen Stube ein. Draußen begann es zu stürmen und der Schnee zu fegen. Die Kinder unterhielten sich miteinander und vergnügten sich mit verschiedenen Dingen; die Katze ging von einem zum andern und ließ sich streicheln.
Ich möchte wohl wissen, was der König am Weihnachtsabend ißt? brachte Didrik hervor.
Haha, da gibt es wohl feine Butter und süße Kuchen, rief die kleine Lena, die erst acht Jahre alt war und es nicht besser wußte.
Denke, süßen Kuchen! Und dann auch noch Butter darauf, sagte Didrik. Und der König trinkt wohl eine ganze Rosenkaraffe allein aus?
Aber Rinaldus, der der Älteste war und bereits weit in der ›Auslegung‹ gekommen, lachte über dieses Gerede laut auf: Nur *eine* Rosenkaraffe! Haha, der König trinkt mindestens zwanzig!
Zwanzig, sagst du?
Ja, die trinkt er mindestens.
Nein, bist du verrückt, Rinaldus! Es ist unmöglich, mehr als zwei zu trinken, sagte die Mutter, die am Herde stand.
Aber nun mischte sich auch Tor hinein.
Was faselt ihr da? sagte er. Glaubt ihr denn etwa, der König trinkt solchen gewöhnlichen Schnaps? Der König trinkt etwas, was Schampanertrunk heißt, will ich euch sagen. Davon kostet eine einzige Flasche fünf bis sechs Kronen, je nachdem wie die Preise in England sind. Und den trinkt der König von früh morgens bis spät am Abend, nichts als Schampanertrunk. Und jedesmal, wenn er ein Glas ausgetrunken hat, stößt er es so hart auf das Tablett, daß es zersplittert, und sagt zur Prinzessin: Nimm es fort! sagt er!
Aber in Jesu Namen, warum zersplittert er denn die Gläser? fragt Kirsti.
He, solch eine Frage! Glaubst du, daß er sich herabläßt, die ganze Zeit aus ein und demselben Glase zu trinken, so ein Mann, wie der ist?

Pause.
Ich begreife nicht, Tor, woher du immer alles weißt, sagt die Frau ganz still.
Ach, erwidert Tor, bei mir hapert's auch manchmal; es war zwar nicht so leicht zu meiner Zeit, vor dem Pfarrer zu bestehen. Damals mußte man seine Dinge können.
Dann erhob sich Tor, legte die Pfeife fort und fragte nach dem Pulver. Er wußte wohl, wo es versteckt war, denn er hatte es selbst am Fußende des Bettes vergraben, als er das letzte Mal vom Krämer kam; aber er fragte doch danach und rief dadurch eine feierliche Stimmung in der Stube hervor.
Als das Pulver hervorgeholt war, teilte er es in drei gleiche Teile und packte es in dreieckige Papierstücke ein. Dann setzte er die Mütze auf. Die Kinder versammelten sich neugierig um ihn und baten, mit ihm gehen zu dürfen, denn sie wußten, was bevorstand. Und bald saß Kirsti allein in der Stube.
Tor und die Kinder arbeiteten sich bis zum Kuhstall durch, sie wollten das Pulver verbrennen. Der Schnee fegte wild um sie herum. Tor machte das Zeichen des Kreuzes, dann öffnete er die Stalltüre und machte abermals das Zeichen des Kreuzes, nachdem er eingetreten war. Der Stall lag im Halbdunkel, alles war still, man hörte das Wiederkauen der Kuh. Tor zündete ein Lichtstümpfchen an und steckte dann die Pulverpäckchen an, eins für die Kuh, eins für das Schwein und eins für das Lamm; die Kinder sahen mit heimlichem Beben zu, keines von ihnen sagte ein Wort. Dann machte Tor wieder das Zeichen des Kreuzes und ging. Er rief nach Lena, die zurückgeblieben war, um das Lamm zu streicheln, daß sie sich sputen möchte und kommen. Und Tor und die Kinder kehrten wieder in die Stube zurück.
Das ist ein richtiges Wetter draußen, sagte er, der ganze Berg steht wie in Rauch.
Er legte sich wieder aufs Bett, bis der Kaffee fertig war, während die Kinder mit Kleinigkeiten sich am Tisch zu beschäftigen begannen. Sie wurden immer lauter und lachten dazu bisweilen über die geringfügigsten Dinge. Tor sprach durch das Zimmer hin zu seiner Frau.
Ja, ich möchte wirklich wissen, was ... Nein, Kinder, ihr lärmt so, daß man sein eigenes Wort nicht versteht ... ich möchte wirklich wissen, wo ich hin soll und mich wieder nach ein bißchen Arbeit umsehen, sagte er.
Die Frau goß Kaffee ein.
Ach, da findet sich schon Rat mit Gottes Hilfe, erwiderte sie. Vielleicht gibt es unten im Dorf ein wenig Drescharbeit.

Ach ja, da findet sich schon was ... Komm, trink nun Kaffee.
Als Tor seinen Kaffee getrunken hatte, zündete er wieder seine Pfeife an. Er zog die Frau zur Türe hin und flüsterte dort ein Weilchen mit ihr, so daß die Kinder sich fast verrückt lauschten, um zu hören, was da gesagt wurde. Als aber die kleine Lena ihren naseweisen Kopf zwischen die Eltern stecken wollte, wurde sie schnell fortgeschoben, und die Brüder riefen ihr schadenfroh zu:
Siehst du, da hast du's!
Aber Klein-Lena war doch so nett und lieb, daß niemand das Herz hatte, sich über sie lustig zu machen. Darum gab Rinaldus ihr auch gleich darauf einen großen, blanken Knopf und erfreute sie mit dem wenigen, was er hatte.
Der Vater ging zum Schrank hin und nahm dort ein Paket herab. Dieses Paket enthielt eine Sendung von Timian in Amerika, eine Boa aus weichem, schwarzem Fell und mit Quasten. Timian hatte wohl daran gedacht, wie kalt es dort oben in den Bergen im Winter war, und dann hatte er diese Boa heimgesandt, die die wärmste Halsbinde war, die er je gesehen hatte. Sie war wohl auch nicht so billig gewesen.
Aber wer sollte nun die Boa haben? Tor wie auch seine Frau hatten über die Frage des langen und breiten nachgedacht, und endlich bestimmt, daß Rinaldus sie haben sollte; denn Rinaldus wäre der Ältere, außerdem hatte er oft Gänge ins Dorf zu machen, so daß er wohl etwas Warmes brauchen konnte.
Rinaldus, komm her! sagte Tor. Hier ist eine Halsbinde von Bruder Timian für dich. Und das ist eine gehörige Halsbinde! Aber du muß vorsichtig damit sein, damit du noch etwas Feines um den Hals hast, wenn du vor dem Pfarrer stehst. Da, verbrauch sie mit Gesundheit!
Nun entstand eine Verwunderung und Freude, an der alle teilnahmen. Die weiche Boa wurde eine halbe Stunde lang beschaut und befühlt, und die kleine Lena ward nicht müde, mit ihren kleinen blauen Händen darüber hin zu streichen. Aber sie durfte sie nicht fest umlegen, nein, ja nicht umlegen, sie wäre noch zu klein dazu. Dagegen bekam Lena ein kleines Licht, und dieses Licht zündete sie fortwährend an und löschte es wieder aus, denn sie konnte es sich nicht leisten, es brennen zu lassen. Didrik war der einzige, der nichts bekam; aber der Vater versprach ihm eine ganz neue biblische Geschichte, sobald er mit Drescharbeit im Dorfe unten ein wenig Geld verdienen könnte.
Der Schnee trieb immer dichter gegen die Scheiben, und bisweilen fiel sogar Schnee durch den Schornstein herab, bis ins Feuer auf

dem Herde. Es war schon spät und Zeit, zu Bett zu gehen; morgen gab es wohl wieder dieselbe Arbeit mit dem Schneeschaufeln.
Ja, geht nun auf den Hängeboden hinauf und legt euch zu Bett, Kinder! sagte Tor. Betet zu Jesus, bevor ihr einschlaft, und macht das Zeichen des Kreuzes über Gesicht und Brust.
Und die Kinder krochen dann, eines nach dem andern, die Leiter hinauf. Rinaldus durfte seine Boa, in Papier eingewickelt, mitnehmen, und Lena kam mit ihrem Licht in der Hand nach ... Um zwölf Uhr, als alle schliefen, hörte die Mutter in der Stube oben etwas rascheln. Sie rief hinauf, ob jemand oben wach wäre. Keine Antwort. Alles blieb still. Ein Weilchen später trippelten kleine Füße über den Boden, die vorsichtigsten Schritte, die man kaum noch hören konnte – das war die kleine Lena, die sich doch im Dunkeln zu der Boa hingeschlichen hatte, um sie umzulegen, und nun schreckliche Angst hatte, dabei ertappt zu werden.
Die feine Boa! Es war der weichste Gegenstand, der je in der Berghütte gewesen war, und Rinaldus benutzte sie nur zweimal mit größter Vorsicht beim Kirchgang. Aber trotzdem begannen im Sommer jämmerlich die Haare auszufallen, und in die Quasten kamen wahrhaftig die Motten.

Samstag nach dem Zweiten Advent

Psalm 80,2–3, s. S. 36

Gebet: Herr, unser Gott: Du willst zu uns kommen und uns aufsuchen mit deiner Hilfe und deiner Gerechtigkeit, mit deiner Wahrheit und Freude in der Person deines Sohnes Jesus Christus. Gib uns den rechten Geist der Erwartung, Herr, daß wir deine Nähe spüren und uns von ihr ergreifen lassen. Wir gestehen dir, daß wir dein Kommen fast vergessen und auf seine Zeichen nicht geachtet haben. Wir haben uns an vergängliche Dinge verloren; viel gewollt und gesucht, wo doch vor allem eines nottut: wach zu sein und dich zu erwarten jeden Tag. Jetzt zerbrich du selbst die Riegel, die deinem Einzug im Wege stehen. Komm zu uns mit aller deiner Macht und besiege alles Dunkel in uns durch dein ewiges Licht in Jesus Christus. Amen. *Peter Kreyssig*

Lied EKG 14, GL 111: Die Nacht ist vorgedrungen, der Tag ist nicht mehr fern. So sein nun Lob gesungen dem hellen Morgenstern! Auch wer zur Nacht geweinet, der stimme froh mit ein. Der Morgenstern bescheinet auch deine Angst und Pein.

Dino Buzzati: Die Nacht im Dom

Wer klopft am Weihnachtsabend an die Domtür? – fragte sich Don Valentino. – Haben die Leute noch nicht genug gebetet? Was für eine Sucht hat sie ergriffen?
Mit diesen Worten ging er öffnen, und mit einem Windstoß trat ein zerlumpter Mann herein.
– Wieviel von Gott ist hier –, rief er lächelnd aus und sah sich um. – Wieviel Schönheit! Man spürt es sogar von draußen. Hochwürden, könnten Sie mir nicht ein wenig davon abgeben? Denken Sie, es ist der Heilige Abend.
– Das gehört Seiner Exzellenz, dem Erzbischof –, antwortete der Priester. – Er braucht es in wenigen Stunden.
– Und auch nicht ein kleines bißchen könnten Sie mir geben, Hochwürden? Es ist so viel davon da! Seine Exzellenz würde es gar nicht einmal merken!
– Nein, habe ich gesagt ... du kannst gehen ... der Dom ist für die Allgemeinheit geschlossen –, und er geleitete den Armen mit einem Fünf-Lire-Schein hinaus. Aber als der Unglückliche aus der Kirche hinausging, verschwand im gleichen Augenblick auch Gott. Bestürzt schaute sich Don Valentino um und forschte in den dunklen Gewölben: Selbst da oben war Gott nicht mehr. Und in ein paar Stunden sollte der Erzbischof kommen. In höchster Erregung öffnete Don Valentino eine der äußeren Pforten und blickte auf den Platz. Nichts. Auch draußen keine Spur von Gott, wiewohl es Weihnachten war. Aus den tausend erleuchteten Fenstern kam das Echo von Gelächter, zerbrochenen Gläsern, Musik und sogar von Flüchen. Keine Glocken, keine Lieder. Don Valentino ging in die Nacht hinaus, schritt durch die unheiligen Straßen. Er wußte die rechte Anschrift. Als er in das Haus trat, setzte sich die befreundete Familie gerade zu Tisch. Alle sahen einander wohlwollend an, und um sie herum war ein wenig von Gott.
– Frohe Weihnachten, Hochwürden –, sagte der Vater. – Wollen Sie nicht unser Gast sein?
– Ich habe Eile, ihr Freunde –, antwortete er. Durch eine Unachtsamkeit meinerseits hat Gott den Dom verlassen, und Seine Exzel-

lenz kommt gleich zum Gebet. Könnt ihr mir nicht euern Herrgott geben? Ihr seid ja in Gesellschaft und braucht ihn nicht so unbedingt.
– Mein lieber Don Valentino –, sagte der Vater. – Sie vergessen, daß heute Weihnachten ist. Gerade heute sollten meine Kinder ohne Gott auskommen? Ich wundere mich, Don Valentino.
Und in dem gleichen Augenblick, in dem der Mann so sprach, schlüpfte Gott aus dem Hause, das freundliche Lächeln erlosch, und der Truthahnbraten war wie Sand zwischen den Zähnen. Und wieder hinaus in die Nacht und durch die verlassenen Straßen. Don Valentino lief und lief und erblickte ihn schließlich von neuem. Er war bis an die Tore der Stadt gekommen, und vor ihm breitete sich, licht im Schneegewande schimmernd, das weite Land. Über den Wiesen und den Zeilen der Maulbeerbäume schwebte Gott, als wartete er. Don Valentino sank in die Knie.
– Aber was machen Sie, Hochwürden? – fragte ihn ein Bauer. – Wollen Sie sich in dieser Kälte eine Krankheit holen?
– Schau, da unten, mein Sohn! Siehst du nicht?
Der Bauer blickte ohne Erstaunen da hin.
– Das ist unser –, sagte er. – Jede Weihnacht kommt er, um unsere Felder zu segnen.
– Höre –, sagte der Priester, – könntest du mir nicht ein wenig davon geben? Wir sind in der Stadt ohne Gott geblieben, sogar die Kirchen sind leer. Gib mir ein wenig davon ab, damit wenigstens der Erzbischof ein anständiges Weihnachten feiern kann.
– Fällt mir nicht im Traume ein, Ihr lieben Hochwürden! Wer weiß, was für ekelhafte Sünde ihr in der Stadt begangen habt. Das ist eure Schuld. Seht allein zu.
– Gewiß, es ist gesündigt worden. Und wer sündigt nicht? Aber du kannst viele Seelen retten, mein Sohn, wenn du mir nur ja sagst.
– Ich habe genug mit der Rettung meiner eigenen zu tun! – sagte der Bauer mit höhnischem Lachen, und im gleichen Augenblick hob sich Gott von seinen Feldern und verschwand im Dunkel. Und Don Valentino ging weiter und suchte. Gott schien seltener zu werden, und wer ein bißchen davon besaß, wollte nichts hergeben (aber im gleichen Augenblick, da er mit »nein« antwortete, verschwand Gott und entfernte sich immer weiter). Endlich stand Don Valentino am Rande einer grenzenlosen Heide, und in der Ferne am Horizont leuchtete Gott sanft wie eine längliche Wolke. Der Priester warf sich in den Schnee auf die Knie.
– Warte auf mich, o Herr –, bat er, – durch meine Schuld ist der Erzbischof heute allein geblieben.

Seine Füße waren zu Eis erstarrt, er lief im Schnee weiter und sank bis ans Knie ein, und alle Augenblicke fiel er der Länge nach hin. Wie lange konnte er es noch aushalten?

Endlich vernahm er einen großen, leidenschaftlichen Chor von Engelstimmen, ein Lichtstrahl brach durch den Nebel. Er öffnete ein hölzernes Türchen, es war eine riesige Kirche, und in ihrer Mitte betete ein Priester zwischen einigen Lichtern. Und die Kirche war voll des Paradieses. – Bruder –, seufzte Don Valentino, am Ende seiner Kräfte und mit Eisnadeln bedeckt, – habe Mitleid mit mir. Mein Erzbischof ist durch meine Schuld allein geblieben und braucht Gott. Gib mir ein bißchen von ihm, ich bitte dich. – Langsam wandte sich der Betende um. Und Don Valentino wurde, als er ihn erkannte, fast noch bleicher, als er ohnedies war.

– Ein gesegnetes Weihnachten dir, Don Valentino –, rief der Erzbischof aus und kam ihm entgegen, ganz von Gott umgeben. – Aber Junge, wo bist du nur hingelaufen? Was hast du um Himmels willen in dieser bärenkalten Nacht draußen gesucht?

Dritter Advent

Psalm 85:

2. Gott, du hast dein Land gern, Jakobs Geschick hast du zum Guten gewendet.
3. Du vergabst deinem Volk seine Schuld, alle seine Sünden hast du bedeckt.
4. Deinen Grimm hast du ganz zurückgenommen, von deinem lodernden Zorn dich völlig abgewandt.
5. Richte uns wieder auf, Herr unsres Heils, und laß deinen Grimm gegen uns nicht wieder aufkommen.
6. Willst du denn immer mit uns zürnen, deinen Groll ausdehnen von Geschlecht zu Geschlecht?
7. Wirst du uns nie wieder beleben, daß dein Volk sich über dich freuen kann?
8. Zeig uns, Gott, dein Erbarmen und schenke uns dein Heil.

Gebet: Allmächtiger Gott, der du in Christus Fleischträger wurdest, damit der Mensch Geistträger werde, hilf dem nach Frieden suchenden heutigen Menschen, dem Verachteten und Benachteiligten, dem nach Menschenwürde verlangenden, dem tragisch isolierten, dem nach Sinn fragenden, damit er in das Mysterium deiner Fleischwerdung eintreten kann.
Allmächtiger Gott, dein ewiges Wort ist Fleisch geworden und hat uns Menschen das Licht gebracht. Wir bitten dich: Laß dieses Licht in uns weiterleuchten und aus all unserem Tun hervorstrahlen. Wir bitten dich: Hilf uns noch theologischer zu werden im Sinne einer Theologie, die nicht von der Doxologie zu trennen ist und die nicht für ihren Inhalt vor der Ratio des Menschen verantwortlich sein will, einer Theologie, die im täglichen Leben ihre harmonische Anwendung finden kann, die gerade das fruchtbare Paradoxon unseres Glaubens, das Zusammentreffen des göttlichen und menschlichen Elements in dir, berücksichtigt, die vergegenwärtigt, was wir in den letzten Tagen erfahren werden: die Einheit des Ganzen, die Harmonie des Alls.
Herr, du bist überall und erfüllst alle, du Geber des Lebens und Fülle des Guten.
Gib uns die Gnade, deine Epiphanie als eine Wirklichkeit zu leben: in der Krippe wie in der Großstadt, auf dem Meere wie auf dem Felde, auf den Bergen wie in der Wüste . . . *Aus Griechenland*

Lied EKG 14, GL 111: Dem alle Engel dienen, wird nun ein Kind und Knecht. Gott selber ist erschienen zur Sühne für sein Recht. Wer schuldig ist auf Erden, verhüll nicht mehr sein Haupt. Er soll errettet werden, wenn er dem Kinde glaubt.

Siegfried Lenz: Risiko für Weihnachtsmänner

Sie hatten schnellen Nebenverdienst versprochen, und ich ging hin in ihr Büro und stellte mich vor. Das Büro war in einer Kneipe, hinter einer beschlagenen Glasvitrine, in der kalte Frikadellen lagen, Heringsfilets mit grau angelaufenen Zwiebelringen, Drops und sanft leuchtende Gurken in Gläsern. Hier stand der Tisch, an dem Mulka saß, neben ihm eine magere, rauchende Sekretärin: alles war notdürftig eingerichtet in der Ecke, dem schnellen Nebenverdienst angemessen. Mulka hatte einen großen Stadtplan vor sich ausgebreitet, einen breiten Zimmermannsbleistift in der Hand, und ich sah, wie er Kreise in die Stadt hineinmalte, energische Rechtecke, die er nach hastiger Überlegung durchkreuzte: großzügige Generalstabsarbeit.

Mulkas Büro, das in einer Annonce schnellen Nebenverdienst versprochen hatte, vermittelte Weihnachtsmänner; überall in der Stadt, wo der Freudenbringer, der himmlische Onkel im roten Mantel fehlte, dirigierte er einen hin. Er lieferte den flockigen Bart, die rotgefrorene, mild grinsende Maske; Mantel stellte er, Stiefel und einen Klein-Bus, mit dem die himmlischen Onkel in die Häuser gefahren wurden, in die »Einsatzgebiete«, wie Mulka sagte: die Freude war straff organisiert.

Die magere Sekretärin blicke mich an, blickte auf meine künstliche Nase, die sie mir nach der Verwundung angenäht hatten, und dann tippte sie meinen Namen, meine Adresse, während sie von einer kalten Frikadelle abbiß und nach jedem Bissen einen Zug von der Zigarette nahm. Müde schob sie den Zettel mit meinen Personalien Mulka hinüber, der brütend über dem Stadtplan saß, seiner »Einsatzkarte«, der breite Zimmermannsbleistift hob sich, kreiste über dem Plan und stieß plötzlich nieder. »Hier«, sagte Mulka, »hier kommst du zum Einsatz, im Hochfeld. Ein gutes Viertel, sehr gut sogar. Du meldest dich bei Köhnke.«

»Und die Sachen?« sagte ich.

»Uniform wirst du im Bus empfangen«, sagte er. »Im Bus kannst du dich auch fertig machen. Und benimm dich wie ein Weihnachtsmann!«

Ich versprach es. Ich bekam einen Vorschuß, bestellte ein Bier und trank und wartete, bis Mulka mich aufrief; der Chauffeur nahm mich mit hinaus. Wir gingen durch den kalten Regen zum Kleinbus, kletterten in den Laderaum, wo bereits vier frierende Weihnachtsmänner saßen, und ich nahm die Sachen in Empfang, den Mantel, den flockigen Bart, die rotweiße Uniform der Freude. Das Zeug war noch nicht ausgekühlt, wohltuend war die Körperwärme älterer Weihnachtsmänner, meiner Vorgänger, zu spüren, die ihren Freudendienst schon hinter sich hatten; es fiel mir nicht schwer, die Sachen anzuziehen. Alles paßte, die Stiefel paßten, die Mütze, nur die Maske nicht: zu scharf drückten die Pappkanten gegen meine künstliche Nase; schließlich nahmen wir eine offene Maske, die meine Nase nicht verbarg.

Der Chauffeur half mir bei allem, begutachtete mich, taxierte den Grad der Freude, der von mir ausging, und bevor er nach vorn ging ins Führerhaus, steckte er mir eine brennende Zigarette in den Mund: In wilder Fahrt brachte er mich raus nach Hochfeld, zum sehr guten Einsatzort. Unter einer Laterne stoppte der Kleinbus, die Tür wurde geöffnet, und der Chauffeur winkte mich heraus.

»Hier ist es«, sagte er, »Nummer vierzehn, bei Köhnke: Mach sie froh. Und wenn du fertig bist damit, warte hier an der Straße; ich bring' nur die anderen Weihnachtsmänner weg, dann pick' ich dich auf.«

»Gut«, sagte ich, »in einer halben Stunde etwa.«

Er schlug mir ermunternd auf die Schulter, ich zog die Maske zurecht, strich den roten Mantel glatt und ging durch einen Vorgarten auf das stille Haus zu, in dem schneller Nebenverdienst auf mich wartete. ›Köhnke‹, dachte ich, ›ja, er hieß Köhnke, damals in Demjansk.‹

Zögernd drückte ich die Klingel, lauschte; ein kleiner Schritt erklang, eine fröhliche Verwarnung, dann wurde die Tür geöffnet, und eine schmale Frau mit Haarknoten und weißgemusterter Schürze stand vor mir. Ein glückliches Erschrecken lag für eine Sekunde auf ihrem Gesicht, knappes Leuchten, doch es verschwand sofort: ungeduldig zerrte sie mich am Ärmel hinein und deutete auf einen Sack, der in einer schrägen Kammer unter der Treppe stand.

»Rasch«, sagte sie, »ich darf nicht lange draußen sein. Sie müssen gleich hinter mir kommen. Die Pakete sind alle beschriftet, und Sie werden doch wohl hoffentlich lesen können.«

»Sicher«, sagte ich, »zur Not.«

»Und lassen Sie sich Zeit beim Verteilen der Sachen. Drohen Sie auch zwischendurch mal.«

»Wem«, fragte ich, »wem soll ich drohen?«
»Meinem Mann natürlich, wem sonst!«
»Wird ausgeführt«, sagte ich.
Ich schwang den Sack auf die Schulter, stapfte fest, mit schwerem freudebringendem Schritt die Treppe hinauf – der Schritt war im Preis einbegriffen. Vor der Tür, hinter der die Frau verschwunden war, hielt ich an, räusperte mich tief, stieß dunklen Waldeslaut aus, Laut der Verheißung, und nach heftigem Klopfen und nach ungestümem »Herein!«, das die Frau mir aus dem Zimmer zurief, trat ich ein.
Es waren keine Kinder da; der Baum brannte, zischend versprühten zwei Wunderkerzen, und vor dem Baum, unter den feuerspritzenden Kerzen, stand ein schwerer Mann in schwarzem Anzug, stand ruhig da mit ineinandergelegten Händen und blickte mich erleichtert und erwartungsvoll an: Es war Köhnke, mein Oberst in Demjansk.
Ich stellte den Sack auf den Boden, zögerte, sah mich ratlos um zu der schmalen Frau, und als sie näher kam, flüsterte ich: »Die Kinder? Wo sind die Kinder?«
»Wir haben keine Kinder«, antwortete sie leise, und unwillig: »Fangen Sie doch an.«
Immer noch zaudernd, öffnete ich den Sack, ratlos von ihr zu ihm blickend: Die Frau nickte, er schaute mich lächelnd an, lächelnd und sonderbar erleichtert. Langsam tasteten meine Finger in den Sack, bis sie die Schnur eines Pakets erwischten; das Paket war für ihn. »Ludwig!« las ich laut. »Hier!« rief er glücklich, und er trug das Paket auf beiden Händen zu einem Tisch und packte einen Pyjama aus. Und nun zog ich nacheinander Pakete heraus, rief laut ihre Namen, rief einmal »Ludwig!« und einmal »Hannah!«, und sie nahmen glücklich die Geschenke in Empfang und packten sie aus. Heimlich gab mir die Frau ein Zeichen, ihm mit der Rute zu drohen; ich schwankte, die Frau wiederholte ihr Zeichen. Doch jetzt, als ich ansetzen wollte zur Drohung, jetzt drehte sich der Oberst zu mir um; respektvoll, mir vorgestreckten Händen kam er auf mich zu, mit zitternden Lippen. Wieder winkte mir die Frau, ihm zu drohen – wieder konnte ich es nicht.
»Es ist Ihnen gelungen«, sagte der Oberst plötzlich, »Sie haben sich durchgeschlagen. Ich hatte Angst, daß Sie es nicht schaffen würden.«
»Ich habe Ihr Haus gleich gefunden«, sagte ich.
»Sie haben eine gute Nase, mein Sohn.«
»Das ist ein Weihnachtsgeschenk, Herr Oberst. Damals bekam ich die Nase zu Weihnachten.«

»Ich freue mich, daß Sie uns erreicht haben.«
»Es war leicht, Herr Oberst; es ging sehr schnell.«
»Ich habe jedesmal Angst, daß Sie es nicht schaffen würden. Jedesmal –«
»Dazu besteht kein Grund«, sagte ich, »Weihnachtsmänner kommen immer ans Ziel.«
»Ja«, sagte er, »im allgemeinen kommen sie wohl ans Ziel. Aber jedesmal habe ich diese Angst, seit Demjansk damals.«
»Seit Demjansk«, sagte ich.
»Damals warteten wir im Gefechtsstand auf ihn. Sie hatten schon vom Stab telefoniert, daß er unterwegs war zu uns, doch es dauerte und dauerte. Es dauerte so lange, bis wir unruhig wurden und ich einen Mann losschickte, um den Weihnachtsmann zu uns zu bringen.«
»Der Mann kam nicht zurück«, sagte ich.
»Nein«, sagte er. »Auch der Mann blieb weg, obwohl sie nur Störfeuer schossen, sehr vereinzelt.«
»Wunderkerzen schossen sie, Herr Oberst.«
»Mein Sohn«, sagte er milde, »ach, mein Sohn. Wir gingen raus und suchten sie im Schnee vor dem Wald. Und zuerst fanden wir den Mann. Er lebte noch.«
»Er lebt immer noch, Herr Oberst.«
»Und im Schnee vor dem Wald lag der Weihnachtsmann, lag da mit einem Postsack und der Rute und rührte sich nicht.«
»Ein toter Weihnachtsmann, Herr Oberst.«
»Er hatte noch seinen Bart um, er trug noch den roten Mantel und die gefütterten Stiefel. Er lag auf dem Gesicht. Nie, nie, habe ich etwas gesehn, das so traurig war wie der tote Weihnachtsmann.«
»Es besteht immer ein Risiko«, sagte ich, »auch für den, der Freude verteilt, auch für Weihnachtsmänner besteht ein Risiko.«
»Mein Sohn«, sagte er, »für Weihnachtsmänner sollte es kein Risiko geben, nicht für sie. Weihnachtsmänner sollten außer Gefahr stehen.«
»Eine Gefahr läuft man immer«, sagte ich.
»Ja«, sagte er, »ich weiß es. Und darum denke ich immer, seit Demjansk damals, als ich den toten Weihnachtsmann vor dem Wald liegen sah – immer denke ich, daß er nicht durchkommen könnte zu mir. Es ist eine große Angst jedesmal, denn vieles habe ich gesehn, aber nichts war so schlimm wie der tote Weihnachtsmann.«
Der Oberst senkte den Kopf, angestrengt machte seine Frau mir Zeichen, ihm mit der Rute zu drohen: Ich konnte es nicht. Ich konnte es nicht, obwohl ich fürchten mußte, daß sie sich bei Mulka

über mich beschweren und daß Mulka mir etwas von meinem Verdienst abziehen könnte. Die muntere Ermahnung mit der Rute gelang mir nicht.
Leise ging ich zur Tür, den schlaffen Sack hinter mir herziehend; vorsichtig öffnete ich die Tür, als mich ein Blick des Obersten traf, ein glücklicher, besorgter Blick: »Vorsicht«, flüsterte er, »Vorsicht«, und ich nickte und trat hinaus. Ich wußte, daß seine Warnung aufrichtig war.
Unten wartete der Kleinbus auf mich; sechs frierende Weihnachtsmänner saßen im Laderaum, schweigsam und frierend, erschöpft vom Dienst an der Freude; während der Fahrt zum Hauptquartier sprach keiner ein Wort. Ich zog das Zeug aus und meldete mich bei Mulka hinter der beschlagenen Glasvitrine, er blickte nicht auf. Sein Bleistift kreiste über den Stadtplan, wurde langsamer im Kreisen, schoß herab: »Hier«, sagte er, »hier ist ein neuer Einsatz für dich. Du kannst die Uniform gleich wieder anziehen.«
»Danke«, sagte ich, »vielen Dank.«
»Willst du nicht mehr? Willst du keine Freude mehr bringen?«
»Wem?« sagte ich. »Ich weiß nicht, zu wem ich jetzt komme. Zuerst muß ich einen Schnaps trinken. Das Risiko – das Risiko ist zu groß.«

Montag nach dem Dritten Advent

Psalm 85,2, s. S. 61

Gebet: Mein Gott, wie wunderbar ist die Kraft des Christfestes! Ich habe manchmal gedacht, daß ich nicht durchhalte.
Da ist die Sorge um den Arbeitsplatz. Da sind die eisglatten Straßen, die jeden bedrohen, der unterwegs ist. Da ist die Tochter, die sich in der Wirklichkeit so schwer zurechtfindet. Da ist unser Jüngster, der den Heiligen Abend bei seinen Freunden verbringen wollte.
Und nun sind sie doch alle beisammen. Wir sind alle gesund. Wir verstehen uns. Das Erleben der früheren Jahre ist wie ein unzerreißbares Band.
Ich falte meine Hände, denn mir geht ganz neu auf, was Weihnachten ist. Du sammelst das Zerstreute um den Brennpunkt deiner Liebe. Du verwan-

wandelst die Angst in unbeschreibliche Freude. Du läßt Jesus neu geboren werden im Stall meiner Unwürdigkeit. Mein Gott, ich danke dir. Amen.

Johannes Jourdan

Lied EKG 14, GL 111: Die Nacht ist schon im Schwinden, macht euch zum Stalle auf! Ihr sollt das Heil dort finden, das aller Zeiten Lauf von Anfang an verkündet, seit eure Schuld geschah. Nun hat sich euch verbündet, den Gott selbst ausersah.

Weihnachten will zeigen, daß wir von einer Entscheidung herkommen, die von Gott selbst – ohne uns, aber für uns – in Geltung gesetzt ist. Das können wir hören und verstehen. Und dies Weihnachten hat beabsichtigte Folgen. In trotzigem Gebrauch der zeitgenössischen Sprache von Politikern und Pädagogen damals wird stürmisch Hoffnung proklamiert. Da drängt alles aus dem Weihnachtszauber religiöser Sehnsucht in das Realnehmen der Entscheidung Gottes, und es wird in Stichworten gezeigt, daß und warum Gottes Epiphanie ausreicht für die Zeit, in der zwischen Kreuz und Ende eine tätige, unverzagte Christenheit ans Werk gehen soll.

Martin Fischer

Stefan Andres: Die beinah verhinderte Weihnacht

An den Tagen vor Weihnachten sollte man nicht reisen. Denn die Herbergen sind meist auch heute noch überfüllt wie zu den Zeiten der Heiligen Drei. Jedermann ist unterwegs, sich anzumelden, ein jeglicher in seiner Stadt, in seiner Familie.
Meine Weihnachtsreise ging in jenem Jahr durch ganz Italien gen Süden, wo in einem kleinen Felsennest am Mittelmeer meine Familie auf den Vater wartete. Mit neun Stunden Verspätung kam ich in Castellamare an. Jenseits des gewaltigen Berges, des Monte Sant' Angelo, warteten die Meinen auf mich, sehr nah und doch sehr weit, denn es fuhr kein Zug und kein Omnibus mehr. In zwei Stunden würden sie die tausend Treppenstufen des Dorfes hinab zur Mitternachtsmette steigen – ohne mich! Denn ich hatte noch genau anderthalb Stunden mit dem Auto zu fahren für den Fall, daß ich überhaupt eines auftreiben würde. Und das erschien mir aussichtslos.
In diesem Augenblick stand ein Mann vor mir, genau gesagt: ein Herr. Und er fragte mich – wirklich, warum ich derart traurig zum

Monte Sant' Angelo aufgeblickt habe. Ich sagte ihm: weil da hinter dem Berg meine Familie auf mich warte, ich hätte aber die Hoffnung bereits aufgegeben, in so später Nacht noch eine Fahrmöglichkeit aufzutreiben. Der Herr hörte aufmerksam zu, schloß die Augen und sagte dann lächelnd: »Sie sollen nicht vergebens Ihre Augen zu den hilfreichen Bergen aufgehoben haben. Kommen Sie!«

Er hieß mich mitten auf einem großen Platz warten. Die Cafés waren längst geschlossen, nur da und dort war ein Fenster erleuchtet. Ich betrachtete diese Lichter und zählte sie; mit jedem, das erlosch, schwand auch meine Hoffnung, noch in dieser Nacht heimzukommen, mehr und mehr dahin. Die Zeit kam mir endlos vor, und ich wartete doch erst einige Minuten. Da fuhr neben mir ein Mietwagen vor. Der freundliche weißhaarige Herr stieg aus, wies auf den Fahrer und sagte: »Ecco!« Ich dankte dem Unbekannten und malte ihm die Freude meiner Frau und der Töchter aus.

Er wandte sich mit leicht grüßender Hand schnell ab, ich blickte ihm geradezu erschrocken nach. Indem fuhr der Wagen mit einem scharfen Ruck an und warf mich gegen das Polster. Ich merkte, der Mann neben mir war nicht gut gelaunt. Der Preis, den er mir jetzt nannte, war nicht so hoch, wie ich befürchtete. Ich hatte mich auf den Platz neben ihm gesetzt, um mit ihm zu plaudern. Aber er antwortete auf meine Fragen nur mürrisch, blickte geradeaus und rauchte.

Als wir die Paßhöhe hinter uns hatten und an der Südseite des Gebirges fuhren, zu unserer Rechten in der Tiefe das Meer, zur Linken die meist steil aufsteigenden Kalkfelsen, stieß der dicke Mann neben mir plötzlich eine gewürgten Schrei aus – es klang so, als habe er seinen Zigarettenstummel verschluckt. Ich fuhr herum, hörte die Bremsen kreischen, und wie ich wieder nach vorn blickte, bemerkte ich im Scheinwerferlicht etwas auf dem Weg – etwas ...

Im letzten Augenblick hielt der Wagen. Ein richtiger kleiner Bergrutsch hatte, wie das auf dieser Küstenstraße oft geschieht, Schotter und Erde und auch einige zentnerschwere Felsbrocken auf den Weg geschüttet. Wir saßen fest. Denn auf einem derartig gewundenen Weg bis zur nächsten Stelle, wo der Wagen gedreht werden könnte, rückwärts zu fahren, das war nicht nur mühsam und gefährlich, sondern ohne starkes Rücklicht unmöglich.

Ich stieg aus, legte den Mantel ab und begann ohne ein Wort die größeren Steine, sofern ich sie bewegen konnte, auf die Seite zu rollen. Der in seinem Grimm erstummte Fahrer sah mir keine halbe Minute zu, da stand er neben mir, und wir wälzten größere Brokken, an denen ich vergeblich gerüttelt hatte, mit gemeinschaftlichem Hau und Ruck einen Meter nach rechts oder links. Bald hatte er den Befehl übernommen, wir schwitzten, und unsere einander anfeuernden Rufe wurden immer lauter und vergnügter.

Als wir den größten Brocken, den wir bisher, um nicht den Mut zu verlieren, übersehen und erst gar nicht angepackt hatten, endlich ins Auge faßten, merkten wir, daß er gar nicht zu bewegen war. Plötzlich lief mein dicker Mit-Arbeiter zu seinem Wagen und kam lachend mit der Winde wieder, mit der sonst der Wagen gehoben wird. Mit diesem unansehnlichen Werkzeug schoben wir den schweren Brocken so weit auf die Seite, daß uns der Weg schließlich notdürftig frei schien. Es kam nun nur noch darauf an, daß der Wagen auf der Masse aus Erde und Grießstein nicht seitlich abrutschte und über das Wegmäuerchen zur Rechten in die Tiefe kippte.

»Ich heiße übrigens Giuseppe«, sagte der dicke Mann, als wir zum Wagen gingen und einstiegen. Ich nannte meinen Namen. Wir lachten. »Eine schöne Nacht«, sagte Giuseppe und blickte in den wolkenlosen, ganz klaren Himmel. Ich hatte selten so viele Sterne auf einmal gesehen. Der Motor sprang an, und der Wagen nahm den breiten, unebenen Buckel des Hindernisses. Wir hörten die Steine gegen den Boden des Wagens schlagen, dann fuhren wir auf dem Asphaltband.

Giuseppe bat mich, ich solle ihm die Zigarette anzünden. Bei der Flamme blickte er mich mit einem verschmitzten Lächeln an und sagte:

»Aber zurück fahr ich doch über Gragnano, man soll Gott nicht zweimal auf derselben Stelle versuchen!«

Ich dankte ihm und begann nun in der Vorfreude des Wiedersehens, ihm von meiner Frau und den Töchtern zu erzählen.

Giuseppe erzählte von seinem ältesten Jungen, der dreizehn Jahre alt sei und ihm einmal, da er knapp zehn gewesen, mit dieser Karre hier ausgerückt sei. Wenn er dem Kleinen die Geschichte dieser Nacht erzähle, dann steige er, der Vater, gewaltig in der Achtung des Jungen.

Als wir Abschied nahmen, war es mir, als hätten wir uns schon seit langem gekannt. Zehn Minuten später trat ich durch den kleinen Garten in das weiße Haus auf dem Berge, gerade als die Glocken die Mitternacht verkündeten.

Dienstag nach dem Dritten Advent

Ps 85,3, s. S. 61

Gebet: In dieser Zeit deines Kommens, Herr, verwandelt sich die Welt, wird Krummes grad, Hohes niedrig, gelangen Mächtige zur Demut, Erniedrigte zum Stolz, werden Trauernde fröhlich, Hungernde satt. In dieser Zeit deines Kommens, Herr, sind meine Eitelkeiten nicht mehr verläßlich, verlieren meine Verzweiflungen an Gewicht, gehe ich aus dem Verlies meiner Gedanken heraus, lasse ich manche Gewohnheiten zurück. In dieser Zeit deines Kommens, Herr, wird aus meinem Leben, das in seiner Selbstzufriedenheit nahe am Verstummen war, ein neues Lied zu deiner Ehre. *Klaus Bannach*

Lied EKG 14, GL 111: Noch manche Welt wird fallen auf Menschenleid und -schuld. Doch wandert nun mit allen der Stern der Gotteshuld. Beglänzt von seinem Lichte, hält euch kein Dunkel mehr, von Gottes Angesichte kam euch die Rettung her.

Michael Zielonka: Weihnachtspsalm für fromme Atheisten und rationale Mystiker

Ein kreisender Kreis
kreist über weiteren kreisenden Kreisen
und ein Verrückter sagt,
schweig endlich,
wenn du mit mir sprichst, denn
das Wort stürzt um.

Ja, Vorsicht, das Wort stürzt um
und trotzdem wird gekündet,
daß das Wort sich unser Fleisch
nicht nur umgehangen,
sondern richtig angezogen hat:
Jesus Christus.

Dieses Wort ist zugleich
der Rand des Sagbaren,
das Zusammentreffen von Innen und Außen
über dem größt denkbarsten
Bruchstück des Nichts.

Ihr aber sagt in keinster Weise
noch und nöcher.

Dabei fließt in dieses Wort alles,
was ihr seid
oder doch – sein könntet.
Der Welttag absoluten Vorhandenseins
ist seine Geburt.

Dort wird der Zukunft
Zukunft zugesprochen, der Liebe Liebe.
Kopernisiert werden
kopernikanische Wenden.
Und dennoch gilt,
nur wer betroffen ist, der war gemeint.
Alles, was vorhanden ist,
wird nun zu Sprache.

Aus leerer Unendlichkeit
wird eine Zukunft für Menschen,
mit so viel Mitten wie Menschenherzen.
Denn er hat unser Fleisch
nicht nur umgehangen.
Er, der Liebhaber alles Menschlichen,
zog es an.

Mittwoch nach dem Dritten Advent

Ps 85,4, s. S. 61

Gebet: Gott, du willst kommen. Ich freu' mich schon. Was wird das für ein Fest, wenn du mich rufst! – Doch bitte, Herr, melde dich vorher an. Komm nicht, wenn ich nicht vorbereitet bin. Ich hab' soviel noch zu erledigen. So manche Händel sind noch zu begleichen, so manche Wünsche stehen offen. – Du bist mir sehr willkommen, Herr, doch – wie gesagt – ich brauch' noch Zeit. – Und wenn du kommst, dann mach es schnell, laß mich nicht allzulange leiden. Ruf du mich an, gewähre einen Augenblick, der mich Ordnung in meine Dinge bringen läßt – dann will ich gern dir folgen!
Du, Herr, du hast es anders gedacht. Du willst, daß ich jeden Augenblick bereit bin, dein Kommen hier in unsre Welt und auch zu mir mit wachem Herzen zu erwarten. *Winfried Glade*

Lied EKG 14, GL 111: Gott will im Dunkel wohnen und hat es doch erhellt! Als wollte er belohnen, so richtet er die Welt! Der sich den Erdkreis baute, der läßt den Sünder nicht. Wer hier dem Sohn vertraute, kommt dort aus dem Gericht. *Jochen Klepper*

Gott macht Frieden, damit auch wir Frieden machen. Frieden – das sollte keine Frage mehr sein – ist machbar. Nicht umsonst hat Jesus die Friedens-Macher selig gepriesen (Mt 5,9)! Wir können den Frieden nicht untätig erwarten wie ein nach Regentagen sich näherndes Hoch, wie ein Naturgeschehen. So wird der Friede niemals kommen, immer nur sein Gegenteil! Friede, gerade weil er wesenhaft Recht, Gerechtigkeit, Solidarität und Freiheit ist, muß von uns gemacht werden. Doch alle Engagements und Projekte nützen nichts, wenn sie nicht getragen sind von Menschen, die selber *befriedet* sind. Der Friede ist nicht nur politische oder sozialtechnische Manipulation – er ist eine Art Ansteckung, die sich zunächst von Mensch zu Mensch überträgt; aber Ansteckung mit innerer Gesundheit! Von innerlich befriedeten Menschen geht ansteckende Bejahung, geht Liebe, Hoffnung aus, etwas wie Glück und ein Frühlingshauch freier Menschlichkeit. In Jesus hat diese Ansteckung mit Gesundheit zum Frieden begonnen. *Kurt Marti*

Donnerstag nach dem Dritten Advent

Ps 85,5, s. S. 61

Gebet: Herr, du kamst zu uns, du kamst in diese Welt, du wurdest arm und ohnmächtig. Manchmal scheint es uns, als seist du zu ohnmächtig für diese Welt, in der sich Macht so durchgesetzt hat, in der Macht unser aller Leben bestimmt. Aber du hast Ohnmacht mit Würde und Souveränität gelebt, und seitdem haben Stärke und Macht ihr Gesicht verloren. Seitdem sind die Machtlosen mächtig, die Armen reich, die Verzagten mutig, die Gefangenen frei. Herr, so kamst du zu uns, und so sind wir Verzagten mutig, wir Gefangenen frei, wir Zerstreuten gesammelt, wir Wortlose beredt, wir Zornigen und Verletzten ein versöhnendes Licht in dieser Welt, in die du kamst, damit sie dein sei. Klaus Bannach

Lied EKG 3: Ihr lieben Christen, freut euch nun, bald wird erscheinen Gottes Sohn, der unser Bruder worden ist, das ist der lieb Herr Jesus Christ.

Hans Bender: Die Herberge

Rechts vom Pult, zwei und zwei hintereinander, saßen die Buben, links die Mädchen der ersten Klasse. Ich saß in der letzten Bank neben Edwin, den ich beneidete, weil er eine Federbüchse aus Amerika hatte.
Der Ofen glühte. Die Schritte und Räder vor den Fenstern dämpfte frisch gefallener Schnee. Es war vor Weihnachten. Lehrer Kuhn erzählte die Geschichte der Herbergssuche in Betlehem. In der Bibel stand nur ein Satz darüber, aber was machte Lehrer Kuhn daraus!
Er setzte sich mit gekreuzten Beinen auf das Pult, nahm die Pfeife aus den Zähnen und begann: Ja, damals kamen Maria und Josef auch durch unser Dorf. Es war schon dunkel, als sie die Straße von Echtersheim herzogen. Maria saß auf einem Esel, Josef ging voraus und suchte mit Stock und Laterne den Weg. Maria sagte: »Ich habe Hunger und bin sehr müde.« Josef sagte: »In der ersten Gastwirtschaft werden wir übernachten.«
Vor dem Gasthaus »Zum Adler« band Josef den Esel ans Treppengeländer, klopfte die Stiefel an der untersten Stufe ab und ging hinein. Babette – ihr kennt sie alle! – stand hinter der Theke und schwenkte die Gläser. Josef fragte: »Haben Sie ein Zimmer für zwei Personen? Nicht zu teuer?« Babette war an diesem Tag mit dem linken Fuß aufgestanden. Sie sagte kurz: »Wir haben eins, aber das ist schon belegt. Leider.«
Josef nahm den Esel am Halfter und zog ein paar Häuser weiter vor das Gasthaus »Zum Lamm«. Erschrocken blieb er unter der Türe stehen, denn an den Tischen saßen vornehme Herren mit weißen Kragen und weißen Manschetten. Das waren die Geometer, die das neue Bachbett vermessen sollten. Der Lammwirt sah Josef unter der Türe stehen und ging rasch zu ihm hin, weil er nicht wünschte, daß die Herren gestört würden.
»Nein, nein, mein Lieber, es geht nicht. Bei mir nicht. Aber frag doch in der ›Sonne‹ nach, die haben ein Extrazimmer für Handwerksburschen! Vielleicht kannst du da –.« Das mit dem Extrazimmer sagte er so laut, daß es die Geometer hören konnten.
Der Sonnenwirt und die Sonnenwirtin waren recht freundlich zu Josef. Sie sagten beide fast gleichzeitig: »Aber beim besten Willen,

es geht nicht! – Das Handwerksburschenzimmer ist schon voll. Dann ist unser Ältester in Ferien da, er studiert in Freiburg Theologie, sonst hätten wir recht gern sein Zimmer zur Verfügung gestellt.«
»Danke«, sagte Josef. »Gute Nacht, gute Reise!« sagten der Sonnenwirt und die Sonnenwirtin.
Auch im nächsten Gasthaus, in der »Reichspost«, hatten Maria und Josef kein Glück. Die Lichter waren schon gelöscht, und als Josef mit dem Knotenstock gegen das Tor schlug, fuhr der Kopf des Wirtes oben aus dem Fenster. »Was ist los? Ist das eine Manier?«
»Haben Sie ein Zimmer für meine Frau und mich? Meine Frau ist krank!« rief Josef hinauf. »Schert euch fort!« schrie der Wirt. »Ich vermiete meine Zimmer nicht an Vagabunden!« Klirrend schlug das Fenster zu.
Josef war traurig. Maria nahm den Schal über den Kopf und sagte: »Vielleicht gibt es noch ein Gasthaus im Dorf.«
Lehrer Kuhn sah zu mir. Alle Buben und Mädchen drehten die Gesichter zu mir. Sie wußten nämlich, das letzte Gasthaus, bevor das Dorf zu Ende war, war der Gasthof meiner Eltern, der »Badische Hof«.
Mir schoß das Blut in die Stirne, und ich wußte nicht, wohin ich blicken sollte. »Na, Hansel«, fragte Lehrer Kuhn, »was hättest du gemacht, wenn Josef bei euch um eine Herberge gebeten hätte?«
Ich stand auf und stotterte hervor: »O, Herr Lehrer, ... ich ... ich, ich hätte sie bestimmt aufgenommen.«
Die Wirkung der Erzählung war tief. In allen Gasthäusern, die Maria und Josef abgewiesen hatten, wurden in den kommenden Tagen die Fensterscheiben eingeworfen, dem Lammwirt aber, auf dem Weg zur Kirche, ein Knallfrosch am Rockschoß angezündet.
Seit der Erzählung waren zwei, drei Jahre vergangen. Es war Heiligabend. Meine älteren Geschwister und ich warteten in der Gaststube auf die Bescherung. Am Stammtisch saßen einige Männer, tranken Bier, Wein, Schnaps und sprachen über die uninteressantesten Dinge von der Welt. Jede neue Bestellung war eine Verzögerung unserer Weihnachtsfreude. Und schließlich sagte mein Vater: »Schluß! Feierabend! Geht nach Hause. Wir wollen wenigstens einen Abend im Jahr allein sein.«
Sie zahlten nacheinander und gingen.
Mein Vater wollte hinter dem letzten Gast den Riegel vorschieben, als auf der Straße ein Auto hielt und gleich darauf Schritte die Treppe hochkamen. Ein Herr und eine Dame standen unter der Türe und fragten: »Haben Sie ein Fremdenzimmer?« – »Ja«, sagte mein

Vater, »aber es ist Heiligabend.« – »Nehmen Sie uns trotzdem auf«, sagte die Frau. »Eigentlich wollten wir bis zur Stadt fahren, doch ich fühle mich nicht wohl.« Mein Vater sagte: »Schön, es wird sich machen lassen.«

Ich war verzweifelt. Ich wußte, was Gäste bedeuteten, eine neue, unendliche Verzögerung unserer Weihnachtsfreude. Essen mußte gekocht, die Betten mußten überzogen, die Krüge mit Wasser gefüllt, die Bettflaschen gewärmt werden. Und mein Vater sagte einfach »ja«, nahm keine Rücksicht auf den Heiligen Abend, auf mich! Ich lief in den zweiten Stock, schloß mich in mein Zimmer ein, warf mich auf das Bett und heulte in das Kissen, laut und herzzerreißend, wie nur ein Junge in seinem Trotz weinen kann.

Als kurz nachher meine Mutter an die Türe klopfte und bat, ich solle zur Bescherung kommen, gab ich keine Antwort. Dann hörte ich die Schritte meines Vaters die Treppe heraufkommen. Noch ehe er die Türklinke fassen konnte, hatte ich drinnen den Schlüssel umgedreht. Vor meinem Vater fürchtete ich mich. Er aber war ganz ruhig. Er legte mir die Hand auf den Kopf, der noch vom Schluchzen gestoßen wurde, und sagte: »Kennst du die Geschichte von Betlehem, als Maria und Josef Herberge suchten und niemand sie aufnahm?«

Natürlich kannte ich sie, und wie schämte ich mich, jetzt daran erinnert zu werden.

Als ich in die Gaststube kam, saß mein Bruder Hugo am Klavier und spielte das erste Weihnachtslied. Wir sangen dazu. Der Baum war angezündet. Auch die beiden Fremden standen davor. Es wurde ein richtiger Weihnachtsabend. Ich bekam einen Anker-Steinbaukasten, einen Farbkasten und den Robinson Crusoe. Wertvoller als alle Geschenke aber war die frühe Erkenntnis, wie schwer es ist, das Gute, von dem man gehört hat, auch zu tun.

Freitag nach dem Dritten Advent

Ps 85,6–8, s. S. 61

Gebet: Nirgends bin ich so arm als bei dir, nirgends beschenkter auf Erden als hier an deiner Krippe und unter dem Holz. Nirgends so arm: Denn du brichst meinen Stolz. Heiliger Richter und göttliches Kind, nimmer läßt du uns so, wie wir sind. Läßt nicht die Erde zerborsten und hart, dem Menschen nicht seine Sünde und Art. – Weil du mich neu willst, wirst du so klein, wirst mir zum Bruder in Nacht und in Pein. Nirgends bin ich so arm als bei dir, nirgends beschenkter: Du kamst ja zu mir. Helga Rasche

Lied EKG 2: Gottes Sohn ist kommen uns allen zu Frommen hie auf diese Erden in armen Gebärden, daß er uns von Sünde freie und entbinde.

Klaus Bannach: Er – das Licht der Welt

»Da redete Jesus abermals zu ihnen und sprach: Ich bin das Licht der Welt.« (Joh 8,12) Ich bin das Licht der Welt. Er. Er ist das Licht, das auch über diesen Tagen leuchtet, auf die sich – für unsere Augen – so viel Dunkel gelegt hat. Er ist das Licht, das wir aus diesen Tagen mitnehmen können in kommende Tage, Wochen, Jahre, auch wenn sich über ihnen das Dunkel für unsere Augen kaum lichtet. Er. Er ist das Licht. Das Licht in allen Lichtern und erst recht in allen Dunkelheiten. Gott mitten in dieser Welt, Gott nicht zu vornehm für diese Welt. Nicht zu erhaben für ihre Schatten und Finsternisse. Gott mitten in dieser Welt. Licht, das diese Welt und die Menschen darin zum Leuchten bringt. Denn Gott in menschlicher Gestalt, handgreiflich, nahe. Gott im Tun eines Menschen: Und wir sehen einen Menschen, der mit seinem Tun ganz übereinstimmt. Gott in der Gestalt eines Menschen. Und wir sehen einen Menschen, dessen Gesten in ihrer freundlichen Zuwendung zu anderen Menschen für andere Menschen heil, heilsam und heilend werden. Gott in der Menschlichkeit eines Menschen. Und wir sehen einen Menschen, der sich der Tränen um den verstorbenen Freund Lazarus nicht zu schämen braucht. Gott in der Gestalt eines Menschen. Und wir sehen einen Menschen, an dem es keine Unklarheiten gibt.

Gott: Licht im Leben eines Menschen: Und das Leben dieses Menschen wird hell und durchsichtig und klar, tritt aus allem Zwielicht heraus und leuchtet. »Ich bin das Licht der Welt.« Licht auch in unserem Leben, die wir Menschen sind, so oft im Zwielicht unserer Absichten, unseres Tuns und unserer Worte. Licht – damit wir heraustreten aus Täuschungen und Selbsttäuschungen, aus Halbheiten und Tarnverhalten, durch das wir so leicht für andere Menschen zu Masken oder Schemen werden, die niemand anzufassen wagt, weil niemand weiß, worauf er sich einläßt, wenn er uns anfaßt.
Ich bin das Licht der Welt.
Damit wir Menschen füreinander deutliche Menschen werden.
Und so haben wir mit diesem Licht viel mitzunehmen aus diesen Festtagen, die selber so sehr ins Zwielicht geraten sind, weil es so schwer geworden ist, *das Licht* von *den Lichtern* zu unterscheiden. *Das Licht*, das menschliches Leben zum Leuchten bringt – weil es Menschen wahrhaftig macht, und *die Lichter*, in denen wir uns so gerne sehen lassen, vor allem das an uns, was wir für sehenswert halten.
Das Licht können wir mitnehmen aus diesen Tagen. Licht, das uns das nächste Stück Wegs sehen läßt auf den verschlungenen Pfaden unseren Lebens mitten durch unsere Welt, der es ebenso sehr an Klarheit zu fehlen scheint, wie es unserem Leben an Klarheit fehlt. Und wo es an Klarheit fehlt, hört die Verläßlichkeit auf, weiß niemand, woran er mit dem anderen ist, woran er sich halten kann.
Und ich denke, dann sind doch unsere Fragen,
zu Weihnachten,
in jedem Jahr wieder:
Wie verläßlich ist unsere Welt noch? Wie verläßlich sind andere Menschen noch? Wie verläßlich sind wir selbst für andere Menschen noch? So, daß Menschen sich anfassen können, ohne befürchten zu müssen, sie könnten sich die Finger verbrennen?
Licht,
Licht, das Klarheit werden läßt, täte unserem Leben gut, wäre heilend und heilsam. Licht, das unser Leben zum Leuchten bringt.
Licht, das unsere Welt zum Leuchten bringt.
Ich bin das Licht der Welt.
Und er, der dies sagte,
wußte, was er sagte.

Samstag nach dem Dritten Advent

Ps 85,8, s. S. 61

Gebet: Ewiger, heiliger, geheimnisvoller Gott. Ich komme zu dir. Ich möchte dich hören, dir antworten. Vertrauen möchte ich dir und dich lieben, dich und alle deine Geschöpfe. Dir in die Hände lege ich Sorge, Zweifel und Angst. Ich bringe keinen Glauben und habe keinen Frieden. Nimm mich auf. Sei bei mir, daß ich bei dir bin, Tag um Tag. Führe mich, daß ich dich finde und deine Barmherzigkeit. Dir will ich gehören, dir will ich danken, dich will ich rühmen. Herr, mein Gott.

Lied EKG 1: Nun komm, der Heiden Heiland, der Jungfrauen Kind erkannt; daß sich wunder alle Welt, Gott solch Geburt ihm bestellt.

Weihnachten ist der radikale Einspruch, Widerspruch des »richtigen« Gottes gegen das, was wir rücksichtslos zu tun im Begriffe sind. Dem Menschen, der Gott sein will, stellt sich ein Gott entgegen, der Mensch wird.
Dem Menschen, der keine Grenzen respektiert, stellt sich ein Gott entgegen, der sich selber begrenzt.
Dem Menschen, der an ein unendliches Wachstum glaubt, stellt sich ein Gott entgegen, der sich beschränkt.
Dem Menschen, dessen Willen zur Macht vor nichts zurückschreckt, stellt sich ein Gott entgegen, der auf Macht und Gewalt verzichtet.
Die Geburt im Stall von Bethlehem ist der heilige Widerspruch zur unheiligen Wertordnung und Verhaltensweise unserer Zivilisation: Gott wird Mensch im Kind bescheidener Leute, das in enggezogenen Grenzen aufwächst und gerade in provinzieller Bescheidung schließlich seine weltweite Wirkung entfaltet.
Weihnachten ist Gottes Alternative zu unserem selbstmörderischen Größenwahn. Was folgt daraus für uns? Das eben ist die Frage! Es gilt, eine Antwort zu suchen, die persönlich verbindlich und gesellschaftlich verändernd ist – im Sinne der göttlichen Alternative Weihnacht. *Kurt Marti*

Klaus Bannach: Muß Maria noch erwachsen werden?

»Mir geschehe, wie du gesagt hast.« (Lk 1,38) Niemand würde heute noch so reden. Kein Teen – als welcher Maria, die diese Worte spricht, vorzustellen ist –, kein Twen, keine Mittvierzigerin, kein Greis.

Nicht einmal ein Kind, das die ersten Eierschalen abgestreift hat. »Mir geschehe, wie du gesagt hast.«
Worte solchen Sinnes oder auch nur solchen Klanges kommen nicht mehr von unseren Lippen. Wir haben sie verlernt. Denn wir verweigern unsere Zustimmung, wenn jemand so über uns verfügt, daß nur noch zu sagen wäre: »Mir geschehe, wie du gesagt hast.«
Wir nehmen unser Leben, unsere Zeit und unsere Welt lieber selbst in die Hand. Aus der Hand nehmen lassen wir uns nichts. Unser Leben nicht. Unsere Zeit nicht. Unsere Welt nicht. Unser Recht nicht. Unsere Meinung nicht. Und wahrscheinlich auch einmal unseren Tod nicht. Wir lassen uns nichts aus der Hand nehmen. Gar nichts. Auch nicht, wenn wir die Faust ballen und die Lippen zusammenkneifen müssen. Wir packen zu, um selbst unser Leben in Gang zu halten und selbst diesem Gang zu sagen, wohin er zu gehen hat.
Und das ist ja auch gut so. Denn die Mitläufer: Menschen, die alles mit sich machen lassen, kümmert kaum, nach wessen Weisung sie den Gang ihres Lebens gehen lassen, wessen Befehle sie befolgen oder nach wessen Melodie sie marschieren. Und nicht immer wird im Namen der Vorsehung so offensichtlich zu einem Marsch aufgespielt, der nur in einem Totentanz, der eine ganze Welt in Schutt und Asche legt, enden kann. Solche Art Marschmusik verrät sich nicht immer schon durch ihren Takt. Verführer von heute haben subtilere Mittel gelernt. Ihre Melodien schmeicheln dem Ohr. Und umso fügsamer bewegen sich die Mitläufer jetzt in dieser Zeit durch die Kaufhäuser. Vertraute Melodien wecken Sehnsucht und steigern so die Kauflust, da einmal geweckte Sehnsucht gestillt werden muß. – Mir geschehe, wie du gesagt hast?
Nein, solche Mitläufer sollten wir und sollen wir und wollen wir wohl auch nicht sein. Niemand darf uns die Melodie vorspielen, nach welcher sich der Gang unseres Lebens zu setzen hätte. Niemand darf so über unser Leben verfügen wollen. Maria, dieser sympathische junge Teenie (zum Verlieben sympathisch!), müßte erst wohl noch erwachsen werden, müßte durch die harte Schule der Emanzipation gehen, um Worte solchen Sinnes oder solchen Klanges zu verlernen. – »Mir geschehe, wie du gesagt hast.«
Wirklich? Muß Maria noch erwachsen werden?
Manchmal denke ich: Eben die Härte des Erwachsenseins und des Zupackenmüssens um jeden Preis ist es, die unser Leben so angestrengt und so unersprießlich und so freudlos, nach aller Erfahrung auch in der Adventszeit, macht. Und die Vermutung läßt mich nicht mehr los, wir müßten wieder hinter das Geheimnis der Worte kommen: »Mir geschehe, wie du gesagt hast.«

Wir müßten in ihren Sinn wieder eindringen, damit in unser Leben hin und wieder auch so etwas wie gelassene Freude einkehren kann. Denn Sehnsucht nach einem wahren – und das ist immer auch weites und freies – Leben flackert an den Rändern unserer Gesellschaft in immer neuen, sprachlosen Formen auf, läßt sich in dieser adventlichen Zeit bei vielen Menschen als dumpfer, ruheloser Mißmut vernehmen.

Niemand kann mehr stillhalten, / man ist dem Gang des Lebens hinterher, / mit geballter Faust und verkrampftem Herzen, / das für seine Sehnsucht / nach Überwältigung / durch das Geheimnis Gottes / keine Worte mehr hat. – »Mir geschehe, wie du gesagt hast.«

Darin artikulieren sich nicht Unterwürfigkeit oder Mitläufertum einer jungen Frau namens Maria. In diesen Worten hält sie vielmehr ihrer Sehnsucht nach Weite des Lebens still.

Und wo Menschen solcher Sehnsucht nach Weite des Lebens stillhalten, läßt Gott es nicht an Boten seines Geheimnisses fehlen.

Da sind dann die Engel zur Stelle.

Und beanspruchen Menschen für Gottes Weg in die Weite.

Worauf dann der Gang des eigenen Lebens seinen Gang gehen mag.

Denn da beginnt ein Mensch die ausgetretene Pfade seines Lebens zu verlassen. Seine Faust öffnet sich, sein Herz wird weit und findet für seine Sehnsucht die Worte: »Mir geschehe, wie du gesagt hast.«

Dann zeigt sich Advent an jeder geöffneten Hand, in jedem weit gewordenen Herzen, in jedem Haus, wo Nachbarn miteinander reden und singen und wissen: Der Engel steht vor der Tür.

Walter Habdank: Licht in der Finsternis

Farbholzschnitt aus dem Jahr 1976 in der Größe 44 × 54 cm (Blattgröße: 51 × 68 cm)

Reihenfolge der Abbildungen:

I.	Licht in der Finsternis
	Ausschnitte:
II.	Heilserwartung
III.	Gehandicapt
IV.	Der Gefangene
V.	Liebespaar
VI.	Sucht
VII.	Hilferuf
VIII.	Der Heiland

Meditationen von Klaus Bannach zu »Licht in der Finsternis« auf Seite 198 ff.

Habdank 76

Druck für Wolfgang Erk

Vierter Advent

Psalm 102:

17. Gott hat den Zion gebaut, dort ist er in seinem herrlichen Glanz erschienen.
18. Er wendet sich dem Gebet des Armen zu und behandelt seine Bitten nicht geringschätzig.
19. Das schreibe man auf für das kommende Geschlecht, damit ein erneuertes Volk Gott lobt.
20. Von der Höhe seines Heiligtums schaut Gott herab, vom Himmel zur Erde sieht er,
21. damit er das Stöhnen der Gefangenen hören und befreien kann die dem Tod Geweihten,
22. damit er auf dem Zion den Namen Gottes bekanntmacht und in Jerusalem seinen Ruhm,
23. wenn sich die Völker und Königreiche versammeln, um Gott zu dienen.

Gebet: Deiner warten wir, Herr, denn wir haben der Resignation, die umgeht, der Angst, die sich überall einnistet, der Sorge, die überall rechnet, dein Ja für den Menschen gegen die Resignation, gegen die Angst, gegen die Sorge entgegenzuhalten. Wir haben diesen unseren Tagen und dieser unserer Zeit in die Ohren Lärm zu schlagen mit deinen Verheißungen für uns und unsere Welt, damit diese Zeit ein anderes Lied und andere, laute und deutliche und klare Worte in die Ohren bekommt. Wir warten dein, o Herr, mit Gebet und mit Flehen und mit Lob und mit Tanzen und mit Werken der Gerechtigkeit, damit wir nicht selbst für das Lied dieser Zeit anfällig werden, das im Rhythmus zwischen Ja und Nein so unentschieden hin- und herschwankt, das Freude und Trauer, Leben und Tod für gleichberechtigt hält. Wir warten dein, o Herr, damit unser Lied von deinen Verheißungen in dieser Welt nicht mehr verstummt. *Klaus Bannach*

Lied EKG 10: Wie soll ich dich empfangen und wie begegn ich dir, o aller Welt Verlangen, o meiner Seelen Zier? O Jesu, Jesu, setze mir selbst die Fackel bei, damit, was dich ergötze, mir kund und wissend sei.

Rudolf Otto Wiemer: Die Kerze

Sieh mich an: Ich brenne
steil und ungespart.
Wo ich Licht bekenne,
bin ich aufbewahrt.
Furchtlos in die blinde
Finsternis entfacht –
nur indem ich schwinde,
schwindet auch die Nacht.

Wo ich dunkel bleibe,
weigert sich das Heil.
Bei versehrtem Leibe
wird mir Kraft zuteil.
Wo ich Glut verwehre,
dunkelt auch die Welt.
Daß ich mich verzehre,
bin ich hingestellt.

Daß ich Flamme heiße,
rein und aschelos,
stumm den Stern lobpreise
in der Nächte Schoß,
bald herabgesunken,
eigner Kron' beraubt,
hüte ich den Funken
über meinem Haupt.

Denn der mich entzündet,
weiß, warum ich loh,
ob auch unergründet
Schatten mich bedroh.
Der die Feuerzeichen
über uns erkannt,
bleibt, wenn wir erbleichen,
Strahlung unverbrannt.

James Krüss: Schildkrötengeschichte

Es war der 24. Dezember, und es schneite. Gleichmütig und gleichmäßig fiel der Schnee. Er fiel auf die Fabrik für künstliche Blumen, und sein frisches Weiß gab dem häßlichen Backsteinhaus etwas beinahe Heiteres. Er fiel auf die Villa des Fabrikanten, deren eckige Fassade er mit gefälligen Rundungen versah, und er fiel auf das Einfamilienhaus des Werkmeisters, aus dem er ein drolliges Zuckerhäuschen machte.

In den Hallen der Fabrik war um diese Zeit keine Menschenseele. Ein mißglücktes Veilchen aus Draht und Wachs sinnierte im Kehrichteimer vor sich hin, eine eiserne Tür zum Hof bewegte sich quietschend in den ausgeleierten Scharnieren.

In der Villa nebenan telefonierte die Gnädige zum viertenmal aufgeregt mit der Tierhandlung wegen der bestellten Schildkröte.

Im Einfamilienhaus schrieb das jüngste der elf Kinder, die kleine Sabine, zum viertenmal ihren Wunschzettel: »Lihber Weihnachtsman ich möchte, eine schildkröte hahben deine Sabine.« Die Gnädige erwartete die Schildkröte zur Suppe. Sabine erwartete sie als Spielgefährtin. Und der Zufall in Gestalt eines Botenjungen sprach die Schildkröte derjenigen zu, die sie verdiente.

Hier muß endlich bemerkt werden, daß die Villa und das Einfamilienhaus eine Kleinigkeit gemeinsam hatten: das Namensschild an der Tür. Auf beiden Schildern las man »Karl Moosmann«. Zwar las man bei dem Fabrikanten einen Buchstaben mehr, nämlich »Karl F. Moosmann«. Aber für derlei feine Unterschiede haben Zufälle und Botenjungen kein Auge.

So kam es, daß die Schildkröte nicht in die Villa, sondern in das Einfamilienhaus gebracht wurde, wo man sie freudig und arglos in Empfang nahm. Vater Moosmann glaubte weder an Engel, die als Botenjungen verkleidet kommen, noch an die Gaben guter Feen. Aber er glaubte daran, daß die kleinen Wünsche kleiner Kinder manchmal erfüllt werden, ohne daß man erklären kann, wie. Deshalb freute er sich, als der Zufall seinen Glauben bestätigte.

Sabine erhielt das unerwartete Geschenk schon vor der Bescherung. Die erste Begegnung mit dem Tier verlief für beide Teile etwas unglücklich. Die Schildkröte unterschied sich von der geliebten Bilderbuchschildkröte nämlich dadurch, daß sie zappelte, wenn man sie aufhob, und daß sie bei ungeschickter Berührung sogar fauchte. Das irritierte Sabine so heftig, daß sie das Tier fallen ließ. Zum Glück fiel es nicht tief. Sabine maß noch keinen Meter.

Das Mädchen konnte vor Schreck nur »plumps« sagen. Doch dann hob sie das Tier trotz der strampelnden Beine wieder auf, streichelte den hell- und dunkelbraun geschuppten Panzer und sagte: »Armer Plumps!« Und damit war das Tier getauft. Aus einer beliebigen Schildkröte war sie zu einer bekannten geworden, zur Schildkröte Plumps Moosmann.

Indessen telefonierte die Gnädige, die Frau Moosmann aus der Villa, zum fünftenmal mit der Tierhandlung, und ihre Stimme kippte zuweilen ein bißchen über: »... ist doch großer Unfug. Wie kann sie hier sein, wenn niemand sie gebracht hat? ... Bitte? ... Nein, Schildkrötensuppe! ... Was sagten Sie? ... Die letzte? Das wird ja immer heiterer! Ich habe sie doch zeitig genug bestellt! ... Ist denn der Bote noch nicht zurück? ... Wie? ... Also dann rufe ich in einer halben Stunde noch einmal an. Adieu!«

Der Hörer fiel scheppernd in die Gabel und die Gnädige in einen Sessel.

Erst jetzt bemerkte sie, daß ihr Sohn Alexander in der Tür stand.

»Bekomme ich auch eine Schildkröte zu Weihnachten, Mama?«

»Die Schildkröte ist für die Suppe, Alex! Vater wünscht sich eine echte Mockturtlesuppe zum Fest.«

Alexander zog eine Schnute, die ihm reizend stand, und wollte abziehen. Aber er besann sich anders, drehte sich noch einmal um und

äußerte betont beiläufig: »Sabines Schildkröte heißt Plumps. Sie wird nicht zu Mucketurtelsuppe verarbeitet.«
Dann wollte er endgültig gehen. Aber diesmal hielt die Mutter ihn zurück.
»Was ist das für eine Schildkröte, von der du sprichst, Alex?«
»Sabine hat heute nachmittag eine Schildkröte zu Weihnachten bekommen. Sie weiß nicht, von wem. Sie heißt Plumps.«
»Heute nachmittag, sagst du? Warte, bitte!«
Zum sechstenmal an diesem Nachmittag telefonierte Frau Moosmann, die von der Frau Moosmann nebenan die Gnädige genannt wird, mit der Tierhandlung. Der Bote war gerade zurückgekommen und berichtete, daß er das Tier bei Karl Moosmann abgeliefert habe.
Damit war die Sache klar: Sabine hatte versehentlich die Schildkröte bekommen, die in die Villa bestellt war. Also wurde Alexander ins Nachbarhaus geschickt, um den Irrtum aufzukären und die Schildkröte herüberzuholen.
Die Moosmannkinder nebenan waren allesamt rothaarig. Das Rot ihrer Schöpfe reichte vom blassen Gold bis fast zum Zinnober. Sie waren gerade dabei, sich für die Bescherung umzuziehen, als Alexander herübergestürmt kam. So traf der Bub nur Mieze, die Älteste, die in der Küche stand und kochte. Die kleine Sabine bemerkte er nicht; denn sie hockte mit ihrer Schildkröte hinter der halboffenen Küchentür.
»Du, Mieze, es ist unsere Schildkröte!« schrie er ohne jede Einleitung. »Wir brauchen sie für die Mucketurtelsuppe. Der Bote hat sie aus Versehen zu euch gebracht!«
»Mockturtlesuppe kocht man aus Kalbsköpfen und nicht aus Schildkröten«, bemerkte Mieze, denn sie besuchte eine Kochschule.
»Trotzdem ist es unsere Schildkröte. Wo ist sie?« Mieze zuckte mit den Schultern und schielte unauffällig zur Küchentür. Aber weder Sabinchen noch die Schildkröte waren zu sehen. Sie gab Alexander den Rat, im ersten Stock nachzuforschen.
Im Mädchenzimmer des ersten Stocks fingen vier Moosmannmädchen bei Alexanders Eintritt zu kreischen an. Sie probierten gerade drei gewaltige Petticoats. Das belustigte Alexander. Aber die Schildkröte fand er hier nicht.
Im Jungenschlafzimmer spielte er mit drei Moosmannbuben Domino. Das war aufregend. Aber die Schildkröte hatte er noch immer nicht.
Auf der Treppe lief er dem alten Moosmann in den Weg, der schon

von der Verwechslung gehört hatte und die Stirn krauste. »Wenn die Schildkröte euch gehört, muß Sabine sie zurückgeben«, meinte er. »Es gibt ja noch mehr Schildkröten auf der Welt. Sag deiner Mutter, wir brächten das Tier, sobald wir Sabine gefunden haben.«

Alexander raste mit dieser Nachricht in die Villa zurück, und zehn Moosmannkinder suchten Sabine mit ihrer Schildkröte.

Eine Stunde später suchte man das Schwesterchen immer noch. Schließlich wurde Mieze in die Fabrikantenvilla geschickt, um nachzuforschen, ob Sabine vielleicht schon dort sei. Aber auch dort war das Mädchen nicht.

Erst jetzt begriff Mieze, was geschehen war: Sabine hatte die Unterhaltung in der Küche belauscht und sich mit ihrer Schildkröte irgendwo versteckt, um das Tier behalten zu können. Aber wo steckt das Kind?

Mieze erzählte der Gnädigen von ihrer Vermutung und fügte hinzu: »Echte Mockturtlesuppe wird übrigens aus Kalbskopf hergestellt, obwohl man sie fälschlich auch Schildkrötensuppe nennt.«

»Sind Sie ganz sicher?« fragte die Gnädige.

»Ganz sicher«, antwortete Mieze. »Ich besuche einen Kochkurs. Außerdem können Sie es in jedem Lexikon nachlesen.«

»Danke für die Belehrung, mein Kind«, erwiderte die Gnädige. »Unter diesen Umständen erlaube ich Sabine, die Schildkröte zu behalten.«

»Vorausgesetzt, wir finden Sabine«, sagte Mieze und verließ die Villa.

Draußen schneite es noch immer. Es dunkelte schon, und die Stunde der Bescherung rückte näher. Aber im Haus der Moosmannkinder zeigte sich keine Sabine. Hin und wieder kam Alexander von der Villa herüber und fragte, ob das Mädchen gefunden sei. Aber er kehrte jedesmal ergebnislos zu seiner Mama zurück.

Gegen halb fünf zog die Gnädige ihren Pelzmantel an und ging selbst ins Nachbarhaus. Obschon sie für die heillose Verwechslung nichts konnte, fühlte sie eine Art Mitschuld.

Mutter Moosmann saß als ein Häufchen Elend in der Küche. Vater Moosmann donnerte sinnlose Befehle ins Haus und scheuchte seine Kinder in die entferntesten Winkel.

In diesem Wirrwarr verwandelte sich die nervöse Aufregung der Gnädigen plötzlich in erstaunlich Tatkraft.

»Frau Moosmann, bereiten Sie die Bescherung vor!« sagte sie in so entschiedendem Ton, daß Mutter Moosmann wirklich aufstand und sich am Küchentisch zu schaffen machte.

»Glauben Sie, wir finden Sabine?« Mutter Moosmann schluckte bei der Frage.
»Wir werden sie alle zusammen suchen«, antwortete die Gnädige. »Und ich bin sicher, wir finden sie.«
Unter Leitung der Gnädigen begann eine planmäßige Suche durch das ganze Haus, an der sich Vater Moosmann merkwürdig widerspruchslos beteiligte. Der Kloß in seiner Kehle wurde immer kleiner, als er eine Aufgabe hatte.
Aber der Kloß wuchs zur alten Größe an, als nach einer halben Stunde das Ergebnis der Suche feststand: Sabine war nicht im Haus.
Jetzt war die Gnädige nicht mehr so zuversichtlich wie zuvor. Aber sie zwang sich, es niemanden merken zu lassen.
»Sabine hat das Haus verlassen«, stellte sie mit betont sachlicher Simme fest. »Wir müssen die ganze Nachbarschaft durchkämmen. Ich habe einen Mann, einen Sohn und zwei Dienstboten. Die werden mitsuchen. Jeder bekommt ein Revier. Ich übernehme die Fabrik.«
Zunächst wurde von der Villa aus mit der Polizei telefoniert. Aber die hatte kein Mädchen mit Schildkröte aufgegriffen. Immerhin wollte sie die Augen offenhalten.
Dann schwärmte man, einschließlich Fabrikant und Hausmädchen, nach einem genau durchdachten Plan unter dem wirbelnden Schnee in die Häuser und Gassen der Nachbarschaft aus.
Die Gnädige schritt entschlossen in den Hof der Fabrik und entdeckte hier eine weit offenstehende Eisentür.
Als sie durch die Tür in die Fabrik trat und das Licht einschaltete, hörte sie aus einer entfernten Ecke der riesigen Halle ein Art leises Quieken. Sie wandte den Kopf und entdeckte rechts hinten in der Ecke ein ganz in sich zusammengekrümmtes Geschöpfchen: Sabine.
»Aber Kind, was machst du denn da?« Ihre Stimme hallte kalt und fremd durch den Raum. »Du kriegst die Schildkröte nicht!« schrie das Mädchen. »Plumps gehört mir!«
Erst jetzt bemerkte die Gnädige, daß Sabine auf dem Kehrichteimer hockte und die Schildkröte auf dem Schoß hatte.
Sie schritt quer durch die Halle auf das Mädchen zu, das noch mehr in sich zusammenkroch und ihr mit großen, ängstlichen Augen entgegensah.
»Du kannst die Schildkröte behalten, Sabine. Ich brauche sie nicht mehr.«
Das Kind umklammerte die Schildkröte. Ihr Augen verrieten Zweifel.

Die Gnädige war verwirrt und wiederholte: »Du kannst die Schildkröte behalten!«
Als sie fast vor Sabine stand, rief das Mädchen: »Du lügst! Du willst Suppe aus ihr kochen! Aber man kann die Suppe auch aus Kalbsköpfen kochen, sagt Mieze.«
Jetzt mußte die Gnädige lachen. »Du hast recht«, gab sie zu. »Die Suppe, die ich kochen will, macht man aus Kalbskopf. Deshalb brauche ich überhaupt keine Schildkröte.«
»Schwöre, daß es meine Schildkröte ist!«
Halb befremdet, halb belustigt, legte die Gnädige eine Hand auf das Herz, hob die andere zum Schwur und versicherte feierlich: »Ich schwöre, daß die Schildkröte mit Namen Plumps der Sabine Moosmann gehört.«
»Jetzt glaube ich dir.« Das Mädchen stand auf, setzte die Schildkröte zu Boden und sagte: »Nun zeige ich dir, wie schnell Plumps laufen kann.«
»Zeig es mir später, Sabine. Wir müssen heim. Ich glaube, du hast dich erkältet. Und Plumps muß auch in die Wärme zurück. Die meisten Schildkröten halten nämlich um diese Zeit ihren Winterschlaf.«
»Weiß ich«, sagte Sabine mit Kennermiene. »Ich muß eine Kiste mit Torf für Plumps besorgen.«
Plötzlich begann die Schildkröte heftig mit den Beinen zu strampeln, und Sabine fing an zu niesen. Da ergriff die Gnädige entschlossen die freie Hand des Mädchens und ging mit ihr durch den fallenden Schnee hinüber zum Haus der Moosmannkinder. Unterwegs meinte Sabine: »Wenn du keine Suppe aus Schildkröten kochst, könntest du dir eigentlich eine Schildkröte zum Spielen anschaffen.«
»Geht nicht, Sabine. Plumps war die letzte Schildkröte in der Tierhandlung. Die anderen liegen im Winterschlaf.«
Das kleine Mädchen blieb plötzlich stehen, zögerte einen kurzen Augenblick, blickte die Schildkröte an, die sich unter ihren Panzer verkrochen hatte, und legte sie sanft der Gnädigen in den Arm. »Ich schenk' sie dir zu Weihnachten. Es gibt ja noch andere Schildkröten. Ich bestell' mir eine im Frühjahr.«
Die Gnädige sah verwirrt auf die Schildkröte, die auf dem weichen Pelz des Mantels vorsichtig den Kopf vorstreckte.
»Es gefällt ihr bei dir«, sagte Sabine.
»Trotzdem glaube ich, daß du mehr Zeit für die Schildkröte hast als ich, Sabine. Ich gebe dir das Geschenk zurück.«
Wieder wechselte das verschüchterte Tier den Besitzer.

Sabine strahlte. »Du hast recht«, meinte sie. »Ich kann mich mehr um Plumps kümmern als du. Außerdem ist sie ja schon an mich gewöhnt. Du bist viel netter, als ich dachte. Vielen, vielen Dank und fröhliche Weihnachten.«
Die Gnädige schluckte ein bißchen und sagte: »Fröhliche Weihnachten, Sabine!«
Dann wanderten sie Hand in Hand weiter und wurden bald von den Flocken verdeckt, die gleichmäßig und gleichmütig auf Gerechte wie auf Ungerechte fielen.

Montag nach dem Vierten Advent

Ps 102,17, s. S. 89

Gebet: Bahne dir deinen Weg, Herr, zu uns in unser Haus, in unsere Stadt, in unser Land, in unsere Welt, denn unsere Wege scheinen nicht mehr zu dir zu führen. Wir haben uns verrannt auf Irr- und Umwegen, in den Sackgassen verplanter Zukunft, auf den Abwegen zur Mode gewordener Wahrheiten. Wir haben uns verrannt auf unseren Wegen, für die wir immer zu wenig Zeit haben, um Menschen, die zurückbleiben, zu bemerken oder um, was klein und unauffällig und doch freundlich am Wegrand liegt, noch wahrzunehmen. Wir haben uns verrannt auf dem Weg durch das Land unserer Wünsche und Träume, das so grenzenlos geworden ist, daß wir nirgendwo mehr Halt finden können. Bahne dir, Herr, deinen Weg in dieses Land und in diese Stadt und in unser Haus und jetzt in unser Herz.

Klaus Bannach

Lied EKG 10: Was hast du unterlassen zu meinem Trost und Freud, als Leib und Seele saßen in ihrem größten Leid? Als mir das Reich genommen, da Fried und Freude lacht, da bist du, mein Heil, kommen und hast mich froh gemacht.

Michael Benckert:

Jedes Jahr schleicht sich Weihnachten die Traurigkeit ein. Es ist nicht so bezaubernd, wie die aus Erinnerung geborene Hoffnung erwarten läßt. Es ist nicht so friedvoll, wie die Weihnachtsbotschaft behauptet. Fest der Familie? Die Liebe wird auf eine harte Probe gestellt. Alle streben der Heimat zu, die Gastarbeiter nach Italien und Jugoslawien, die Monteure und Reisenden, die Studenten. Aber die Enttäuschung ist vorhersehbar, wenn die Erwartung zu hoch gespannt war.
Aber kann denn die Erwartung überhaupt zu groß sein? Die Weihnachtsgeschichte aus dem Lukasevangelium ist doch eine Geschichte zum Hinhören und zum Ernstnehmen: »Euch ist heute der Heiland geboren. Christus, der Herr in der Stadt Davids.« Das ist die große Freude, die Engel den Hirten machen, die Windeln und die Krippe als Ort des Wunders erklärend. Wenn Gott mitteilt, der Heiland sei geboren, sei Mensch wie unsereins geworden, wie kann dann Hoffnung auf Heil, auf Liebe, auf Frieden jemals zu hochgeschraubt sein!
Ich bin fest überzeugt, daß Hoffnung auf eine fröhliche, selige, gnadenbringende Weihnachtszeit niemals zu hochgeschraubt ist, in sehr vielen Fällen aber durch eine falsche Hoffnung ersetzt wird. Deutlicher Hinweis ist die Unterwerfung der Weihnachtsbotschaft unter den Kommerz. Das ist ein selbstverständlicher Vorgang in einer Gesellschaft, die ja alles dem Geld unterwirft, nicht nur das Weihnachtsevangelium, sondern auch die Schöpfung, den Völkerfrieden auf Erden, den Menschen, die Zukunft. Ein anderer Hinweis für den Ersatz der Weihnachtshoffnung durch falsche Hoffnung, weniger deutlich, ist die Illusion, Heil käme aus einer anderen Quelle als aus dem Weihnachtsevangelium. Heil kommt nicht von der Familie, nicht aus der Erinnerung, nicht durch Aktivität. Das Bild mit dem Jesuskind, Maria und Josef, dem knienden Hirten, ist zu Recht zum Markenzeichen weihnachtlicher Hoffnung geworden: Gott allein erhält die gefährdete Familie, das bedrohte Kind, die über dem Abgrund schwebende Welt. Wer seine Hoffnung, seine Erwartung konzentriert auf die Menschwerdung Gottes richtet, bleibt vor falscher Hoffnung bewahrt. Er wird sehr handgreiflich daran erinnert, daß Gott seit der Heiligen Nacht in der Welt ist. Darum hat der Mensch seither eine Chance.

Gasub Sirchan: Der Engel

Ach, Mutter, im Traum
habe ich einen Engel mit weißen Flügeln gesehen,
der Gewehre zerlegt
und Kanonen zerschlägt,
sie alle in Brand setzt
und zu Asche werden läßt.

Ach, Mutter, im Traum
habe ich einen Engel mit weißen Flügeln gesehen,
er nahm die Asche in die Hand,
verstreute sie im ganzen Land.
Und plötzlich begann die Asche zu leben,
als Taube am östlichen Himmel zu schweben.

Ach, Mutter, im Traum
habe ich einen Engel mit weißen Flügeln gesehen,
und Moses und Mohammed mußten zum Zeichen
des Friedens einander die Hände reichen.
»Sünder«, donnert seine Stimme, »Sünder!
Eilt euch, eilt euch! Schnell, Sems Kinder –
dort kommt er, der Bote des Friedens,
und singt einen Psalm des Friedens!«

Dienstag nach dem Vierten Advent

Ps 102,17–19, s. S. 89

Gebet: Ehre sei dir, Gott, in dieser Zeit deiner Menschenfreundlichkeit, in dieser Zeit deiner Nähe, in dieser Zeit, da deine Anfänge und alle deine Zeiten menschliche Gestalt annehmen, da deine Ewigkeiten menschlich werden in der Gestalt deines Sohnes. Ehre sei dir, Gott, am Abend dieses Tages, am Abend dieser Woche, da in deiner menschenfreundlichen Nähe der Abend der Welt, da wir Trauernden getröstet und wir Müden fröhlich sind, schon da ist. Ehre sei dir, Gott, in dieser Zeit deiner Menschenfreundlichkeit. *Klaus Bannach*

Lied EKG 10: Ich lag in schweren Banden, du kommst und machst mich los; ich stand in Spott und Schanden, du kommst und machst mich groß und hebst mich hoch zu Ehren und schenkst mir großes Gut, das sich nicht läßt verzehren, wie irdisch Reichtum tut.

Paul Gerhardt

Rainer Maria Rilke: Gebet

Ich sprach von Dir als von dem sehr Verwandten,
zu dem mein Leben hundert Wege weiß,
ich nannte Dich: den alle Kinder kannten,
den alle Saiten überspannten,
für den ich dunkel bin und leis.

Ich nannte Dich den Nächsten meiner Nächte
und meiner Abende Verschwiegenheit, –
und Du bist der, den keiner sich erdächte,
wärst Du nicht ausgedacht seit Ewigkeit.
Und Du bist der, in dem ich nicht geirrt,
den ich betrat wie ein gewohntes Haus.
Jetzt geht Dein Wachsen über mich hinaus:
Du bist der Werdendste, der wird.

Waltraut Schmitz-Bunse: Ankunft unbestimmt

Daß die Einrichtung der Synagoge kurz und klein geschlagen wurde, und daß zwei alte, lamentierende Frauen gezwungen wurden, die Thorarolle ins Feuer zu werfen, in dem die Synagoge zusammenbrach, das ist alles schon sehr lange her. Manche können sich überhaupt nicht mehr daran erinnern.
Es sind auch zu viele verschwunden, zu viele Zeugen. Aber der alte Mann lebt noch. In dieser Stadt lebt er noch, es ist erstaunlich ... Wieso hat ausgerechnet dieser alte Mann das Ganze überlebt, und wieso ist er danach nicht verreist?
Er geht durch den glatten Wiederaufbau und trägt einen noch nicht einmal unsauberen Kaftan. Jemand scheint für ihn zu sorgen. Er ist ziemlich klein und dick; sein Gesicht ist rund, bartlos, und er zwinkert ständig mit den Augen, was ihn sehr freundlich erscheinen läßt. Man sieht ihm nichts an. Er scheint vollkommen unbeschädigt zu sein. Aber er leidet an fixen Ideen. (Manche leiden an überhaupt

nichts mehr, aber es ist sicher, daß auch sie nicht vom Tod verschont bleiben; Gott läßt seiner nicht spotten.) Man kann den alten Rabbiner – er geht nicht gern in die neue Synagoge, da ihn dort zu vieles an die alte erinnert – manchmal im Park treffen. Dort füttert er die Schwäne, manchmal auch die Enten, eigentlich sogar lieber die Enten. (Ich erzähle die Sache mit den Schwänen und Enten, weil sie beweist, daß der alte Herr wirklich nicht zurechnungsfähig ist. Und eben das zu wissen, wird uns alle davor bewahren, ihn ernst zu nehmen.)

Mit den Schwänen schimpft der Alte hin und wieder; er nimmt ihnen nämlich übel, daß sie ihre Schönheit nicht davor bewahrt, unbescheiden zu sein. Denn bekanntlich müssen alle Enten die Flucht ergreifen, wenn sich Schwäne unter sie mischen. Die herrische Gier der Schwäne ist groß. Es ist abscheulich zu sehen, wie ihre sanft gebogenen Hälse (derentwegen man sie ja wohl hauptsächlich schön nennt) aus dem entzückenden Bogen herausspringen und zu lächerlichen, überlangen Instrumenten der Gier werden – dann nämlich, wenn es darum geht, bescheidenen, braunen Enten ein Krüstchen wegzubeißen. Nun haben Schwäne keinerlei Begriff von Nächstenliebe, und also kann ihnen nur die Torheit ihr schlechtes Betragen übelnehmen. (Aber es bleibt schon merkwürdig, daß selbst den unschuldigen Tieren die schnelle, schlaue Raffgier nicht steht.) Die Kinder, welche dem alten, gutmütigen Mann nicht aus dem Wege gehen, zeigen mit strengen Fingern auf die Schwäne und sagen »böse«. Dazu nickt der alte Mann; er ist eben kindisch. Auch aus einem anderen Grund kann man ihm nicht übelnehmen, daß er sehr viel Zeit darauf verwendet, Brotkrusten unter das Entenvolk zu verteilen und den Schwänen übelzunehmen – er hat ja nichts zu tun, sein Leben wird aus einem Wiedergutmachungsfonds bestritten. Er hat viel Zeit, kleinen, leicht übersehbaren Vorkommnissen nachzusinnen. Zu welchen Ergebnissen er kommt, läßt sich nicht feststellen.

Er hat manches zu tun, aber es sind keine Sachen, die aufhorchen lassen. Es ist auch sehr laut in der Stadt.

Um aber nun zu der bedeutsamsten Gepflogenheit des alten Rabbiners zu kommen: Jeden Abend, Punkt halb acht Uhr, verläßt er sein Zimmer und geht zum Hauptbahnhof. Auf diesem Stück Weg sind schon viele an ihm vorübergegangen und haben einen kleinen, dikken Herrn bedauert, weil er auf der Straße singt. Er singt nicht gerade laut, aber deutlich; nicht bloß so zwischen den Zähnen. Die Lieder und Melodien sind hier kaum bekannt, es sind alte, jüdische Weisen, auch Psalmen, hauptsächlich Psalmen.

Er geht durch die schmucke, vorzüglich wiederaufgebaute Bahnhofshalle, und wenn man ihn anstößt, was um diese Zeit leicht passieren kann, entschuldigt er sich mit sanftem Lächeln. Er hält es ja nicht mit den Schwänen.

Für die Absicht unseres alten Herrn ist es gut, daß der Bahnhof ein Kopfbahnhof ist; saubere Schienenkorridore, übersichtlich geordnet, alle auf den queren Riegel der Halle zulaufend. Um viertel nach acht, wenn der erste Abendfernzug einläuft, steht der Alte an der Sperre von Gleis sieben. Der Fernzug kommt aus dem Norden und hört hier auf.

Wenn die Lokomotive mit gezügeltem Einlauftempo in das vorgeschriebene Gleis einfährt, fängt der alte Mann schon an, den Hals zu recken und sich aufgeregt zu benehmen. Seine Augen reißt er auf, bis sie tränen. Das Doppelkinn gerät in heftige Bewegung, er drückt die Hände gegeneinander. Freude und Angst jagen über sein einfaches Gesicht. Während die Maschine ächzend verschnauft, während die sich öffnenden Türen die glatte, dunkelgraue Zugschlange auflösen, ist der kleine Alte kaum noch zu halten. Mit beiden Händen umklammert er die abgewetzte Querstange des Eisengitters, welches die Gleiszugänge verbindet. Er starrt auf die wogende Unordnung, auf dieses verheißungsvolle Knäuel aus Koffern, Trägern, Reisenden. Und jeden einzelnen, der sich aus dem Gewirr herauslöst und dem Ausgang zustrebt, blickt er groß und forschend an. Manch einer stutzt über diesen großen Blick und fragt sich, ob er etwa von einem dicken, kleinen Herrn erwartet werden könne.

Schwer, den Ausdruck des unglücklichen Menschen hinter dem Eisengitter zu beschreiben; dieses Gesicht, das sich nur wenig über die Eisenstange erhebt – obwohl das Sperrgitter nicht sehr hoch verläuft –, hat alle Möglichkeiten zu einer großen Freude, daß man auch ohne weiteres annehmen kann, es werde sich zu einem schüttelnden Weinen verziehen. Hin und wieder stößt einer der Ankommenden einen anderen an und sagt: »Guck mal, der da!«

Sie müssen es sich alle gefallen lassen, von den flehenden, sehnsüchtigen Augen geprüft zu werden. Bis die Reisenden beim Beamten sind, dem sie ihre Fahrkarten abliefern, hat der Blick des Alten sie schon wieder fallengelassen, um sich rasch, mit der gleichen Sammlung, dem nächsten Ankömmling zuzuwenden. Ungeheure Anstrengung! Wie viele Leute kommen doch an! Und nur einer unter ihnen ist der, auf den der Mann wartet!

Gegen acht Uhr fünfundzwanzig ist das Gleis sieben vollkommen leer. Dann geht der alte Rabbiner weiter zu einem anderen Gleisausgang. Manchmal muß er auch laufen, weil die Fernzüge in der Abendzeit rasch aufeinanderfolgen. Schon mancher mußte über den kurzbeinigen Alten lachen, obwohl Feinfühlige, die ihn trafen, bemerkten, wie peinlich ein ungeschickt laufender Greis wirkt.

Um acht Uhr fünfzig hat er bereits fünf Züge abgenommen, dann kommt eine stille Zeit bis neun Uhr zwanzig. In dieser Zeit taucht der sonderbare Alte im Wartesaal dritter Klasse auf, nimmt in der Fensterecke Platz und sitzt ganz still. Im Sitzen sieht er gar nicht so klein aus. Er hat blaue Augen, runde, blaue Scheiben, kaum getrübt. Er hat immer einen steifen schwarzen Hut auf dem Kopf. Die Kellner grüßen ihn, er ist ein alter Bekannter. Er grüßt zurück, aber es ist zuviel Flehentliches in seinem Blick, als daß man ihm standhalten könnte. Und die Kellner haben alle Hände voll zu tun.

Punkt neun Uhr fünfzehn steht er auf und geht mit rasch schneller werdenden Schritten aus dem erleuchteten Saal. Er geht zu Gleis 11, von dort zu Gleis 15. Auf Gleis 15 läuft der D-Zug aus Ostende ein, der hat häufig Verspätung, denn er muß den Dampfer von Dover abwarten. Verspätungen bereiten dem alten Mann große Sorgen; sie können es bewirken, daß sich wichtige Auskünfte überschneiden.

Wenn zwei Züge dank der gut funktionierenden Lautsprecheranlage gleichzeitig gemeldet werden, jagt der Alte hin und her und macht einen außerordentlich verwirrten Eindruck. Aber der Versuch, die Ankommenden mehrerer Züge in einem vor der Bahnhofshalle abzupassen, ist ohne Sinn. Denn es gibt Nebenausgänge, auch halten sich manche Reisenden noch auf dem Bahnsteig auf. Außerdem treten aus dem breiten Portal auch Leute heraus, die nicht von einer Reise kommen.

Kein Mensch hilft dem alten Mann; er muß mit seiner fixen Idee allein fertig werden. Keiner zeigt ihm eine wirklich erschöpfende Möglichkeit, mit den vielen Schwierigkeiten, die seiner Hoffnung die Kraft rauben, fertig zu werden. Um es kurz zu machen: Der alte Mann wartet auf die Ankunft des Messias! (Eine wirklich fixe Idee, wenn man sich vor Augen hält, daß auch tagsüber Fernzüge eintreffen ...)

Wenn der Ostexpreß gegen zwölf Uhr ankommt, rafft sich der arme Mensch noch einmal auf, er ist ja schon sehr müde von den tausend Enttäuschungen; er krampft die Hände um die Eisenstange und tastet die Gesichter ab. Dann sackt er zusammen und torkelt weg. Er singt jetzt nicht mehr. Er schlurft durch die glänzenden Straßen mit den vielen hübschen Lichtreklamen; er bemerkt nicht die angenehme Wirkung des geschickt angestrahlten gotischen Domes; er geht durch die hellen Straßen, als seien sie dunkel. Und er findet sich in den dunklen zurecht. Er muß es. Er wohnt darin.

Mittwoch nach dem Vierten Advent

Ps 102,20–21, s. S. 89

Gebet: Herr, daß du den Himmel zerrissest und führest herab in unser Leben, das am Verstummen ist, weil wir nicht fortgehen können aus unserer gewohnten Welt, die immer enger wird, immer bedrängender. Herr, daß du den Himmel zerrissest und führest herab in alle Bedrängnisse unserer Ohnmacht, in der wir immer uns nur selbst antreffen, in der andere unsere Worte, unsere Gedanken, unser Gesicht haben müssen, damit wir zu Hause sein können. Herr, daß du den Himmel zerrissest und führest herab, kämest zu uns in diese Stadt, in jedes Haus, verwehrtest uns die Geschäftigkeit mit uns selbst, befreitest uns zu neuem Hören, zu neuem Sehen, zu neuen Wegen, zu neuer Freiheit, zu neuer Stille jetzt, vor dir … Herr, daß du den Himmel zerrissest und führest herab. *Klaus Bannach*

Lied EKG 12: O mächtiger Herrscher ohne Heere, gewaltger Kämpfer ohne Speere, o Friedensfürst von großer Macht! Es wollen dir der Erde Herren den Weg zu deinem Throne sperren, doch du gewinnst ihn ohne Schlacht.

Heinrich Albertz:

Wort zum Sonntag – am 20. 12. 80 – Sender Freies Berlin. – Liebe Zuhörer, warum sage ich nun heute abend nicht einfach, in vier Tagen ist der Heilige Abend. Alles andere ist unwichtig. Nur auf dies eine wollen wir uns freuen, unbeirrt. Auf den Geburtstag des Sohnes der Maria, Jesus, der für viele von uns Christus ist, der geliebte Sohn Gottes. Im Elend ist er geboren, aber die Engel singen über dieser Geburt vom Frieden auf Erden. Ein winziges Kind ist er, wie du und ich es waren und in dieser Nacht Kinder geboren werden, quer durch die Welt. Aber eben hier halte ich ein.
Die Bilder tauchen wieder auf, die Millionen Deutsche im Magazin »Report« sahen: Kinder im nördlichen Uganda, verhungert und verdurstet nach vierjähriger Trockenheit, Kinder mit riesigen Köpfen und glänzenden Augen, über die die Fliegen laufen. Und die Mütter dazu. Wie versteinert, mit schlaffen, hängenden Brüsten, weil sie nicht einmal mehr weinen können. Vor vierzehn Tagen

habe ich hier von Problemen gesprochen, die wir mit unseren Kindern und Enkeln haben. Wie winzig werden sie! Die schwarze Mutter in der Sahelzone kennt keine Aggressionen ihres Kindes mehr. Es ist zu schwach. Es wird gleich sterben. Das Kind in Uganda oder Somalia oder in den Slums von Bombay oder Rio hat keine Last mit seiner Mutter. Sie ist durch Hunger selbst so schwach, daß sie ihr Kind nicht einmal mehr streicheln kann.

Hier bei uns geht es um Einkommen und Auskommen, hat der Bundeskanzler gesagt, dort um Leben und Tod. Recht hat er. Nur wann und wie soll sich das ändern? Warum wird nicht weitergedacht und -gefragt? Wer trägt die Verantwortung für diese sterbenden Kinder? Wer läßt sie sterben? Wer mordet sie? Vielleicht wir? Wir, mit den Milliarden, die wir für Waffen ausgeben statt für die Hilfe in die Dritte und Vierte Welt? Wir, die wir zynisch an einer Weltwirtschaftsordnung festhalten, die diese Kinder umbringt, aber uns immer reicher macht? Reicher und satter und selbstgefälliger.

Aber das Kind Jesus ist ein Bruder dieser Sterbenden. Wir können seine Geburt nicht feiern und ihren Tod verdrängen. Weihnachten ohne Wissen um unsere Schuld an diesem Kindermord ist pure Heuchelei. Aber was können wir tun? Schreiben können wir. Das tue ich jetzt und hier.

Laut sagen, daß längst vorgeschlagen wurde, was zu geschehen hat. Etwa in dem Bericht der Nord-Süd-Kommission unter dem Vorsitz eines deutschen Friedensnobelpreisträgers, Willy Brandt. Wehren müssen wir uns auch auf den Straßen gegen die sinnlose Vergeudung von Geld und Kraft und Verstand für immer neue Waffen in Ost und West.

Aber heute in diesen Tagen am Heiligen Abend? Bitte drückt euch nicht mit dem Argument des Tropfens auf den heißen Stein! Wenn von Millionen Kindern ein paar tausend Kinder durch unsere Hilfe überleben können? Wäre das nichts? Darum gebt alles, was ihr übrig habt, am Heiligen Abend in den Gottesdiensten für ›Brot für die Welt‹, für ›Misereor‹, und wenn ihr in keine Kirche geht, für das ›Rote Kreuz‹.

Darum laßt den Unfug, Silvester mit Lärm und Gestank das neue Jahr zu begrüßen. Gebt, was ihr spart, den Sterbenden, daß sie überleben. Tut es um Gottes willen, um des Kindes Jesu willen, um euretwillen, damit ihr überlebt und eure Kinder.

Donnerstag nach dem Vierten Advent

Ps 102,20–22, s. S. 89

Gebet: Hab Dank, Herr, in dieser Zeit der Erwartungen für dein Wort, das außer Kraft setzt, was uns gestern bedrängt hat, das uns neu anfangen heißt morgen und jeden neuen Tag. Hab Dank, Herr, für dieses Wort, das tröstet, weil es unsere Erwartungen an unsere nächsten Stunden und Tage bindet, so daß unsere Worte zueinander freundlich werden und geduldig, so daß die Erwartungen, die wir aneinander richten, unseren Kräften und unserem Vermögen angemessen sind und wir uns nicht mit zu großen Ansprüchen einander ständig überfordern. *Klaus Bannach*

Lied EKG 12: O Herr von großer Huld und Treue, o komme du auch jetzt aufs neue zu uns, die wir sind schwer verstört. Not ist es, daß du selbst hienieden kommst, zu erneuen deinen Frieden, dagegen sich die Welt empört.

Werner Bergengruen: Kaschubisches Weihnachtslied

Wärst du, Kindchen, im Kaschubenlande,
Wärst du, Kindchen, doch bei uns geboren!
Sieh, du hättest nicht auf Heu gelegen,
Wärst auf Daunen weich gebettet worden.

Nimmer wärst du in den Stall gekommen,
Dicht am Ofen stünde warm dein Bettchen,
Der Herr Pfarrer käme selbst gelaufen,
Dich und deine Mutter zu verehren.

Kindchen, wie wir dich gekleidet hätten!
Müßtest eine Schaffellmütze tragen,
Blauen Mantel von kaschubischem Tuche,
Pelzgefüttert und mit Bänderschleifen.

Hätten dir den eignen Gurt gegeben,
Rote Schuhchen für die kleinen Füße,
Fest und blank mit Nägelchen beschlagen!
Kindchen, wie wir dich gekleidet hätten!

Kindchen, wie wir dich gefüttert hätten!
Früh am Morgen weißes Brot mit Honig,
Frische Butter, wunderweiches Schmorfleisch,
Mittags Gerstengrütze, gelbe Tunke,

Gänsefleisch und Kuttelfleck mit Ingwer,
Fette Wurst und goldnen Eierkuchen,
Krug um Krug das starke Bier aus Putzig!
Kindchen, wie wir dich gefüttert hätten!

Und wie wir das Herz dir schenken wollten!
Sieh, wir wären alle fromm geworden,
Alle Kniee würden sich dir beugen,
Alle Füße Himmelswege gehen.

Niemals würde eine Scheune brennen,
Sonntags nie ein trunkner Schädel bluten, –
Wärst du, Kindchen, im Kaschubenlande,
Wärst du, Kindchen, doch bei uns geboren!

Ingeborg Drewitz:

21. Dezember. Geburtstag meines Vaters. Ein Fest war es nie, so drei Tage vor Weihnachten, oder nein, so ohne Freunde wie er war. Sohn eines Dienstmädchens, Vater unbekannt, später von einem alten Mann adoptiert, den er in den wenigen gemeinsamen Jahren geliebt haben muß. (Jedenfalls hat er, alt geworden, von dem Adoptivvater erzählt, und freudig). Seine Mutter später Trinkerin und auf Männer angewiesen und für ihr »Seelenheil« Anhängerin der Mathilde Ludendorff. Ende durch Leuchtgas.
Ein Lebenslauf, der so anders hätte sein können, wenn er den Mut (oder die Chance) gehabt hätte zu lernen, die Geduld gewagt hätte, mit anderen Menschen umzugehen, die Menschenverachtung in sich abzutöten. Aber konnte er das? Konnte er das noch? Hatte der alte Mann nicht seine Kraft zur Zuwendung aufgezehrt? Hatte die Mutter nicht vergessen, daß sie die Mutter war? Und hatten die Jugendjahre im Schützengraben nicht seine mitmenschliche Phantasie gelähmt? Nein, ein Fest war es nie so drei Tage vor Weihnachten, aber meine Mutter hatte immer eine Torte auf dem Tisch, noch im letzten Jahr des Zweiten Weltkrieges und in der Nachkriegshungerzeit, Abgespartes von der Ration; und immer hatte sie Tan-

nenzweige auf dem Tisch, auch als wir aus dem Luftschutzkeller hochkamen, erschöpft, und es schon spät war, aber die Torte noch nicht angeschnitten.
21. Dezember. Mal kam er an dem Tag mit verschmiertem Mantel nach Haus, hatte einem verunglückten Malermeister beigestanden. Mal kam er betrunken nach Haus, hatte erfahren, daß er zu denen gehörte, die am 24. Dezember gekündigt werden sollten. Und als er 60 wurde, war unsere Mutter am Tag vorher gestorben, hatte noch am Abend Glückwünsche für ihn auf einen Zettel geschrieben. Der lag auf dem Krankenhaustischchen neben dem Wasserglas.
Ein Fest war es nie, der Geburtstag meines Vaters. Oder doch? Wegen der Torte? Und daß wir um den Tisch gesessen haben, von der Geduld unserer Mutter wachgehalten nach der Bombennacht? Und auch an diesem 60. Geburtstag, wortlos vor Schmerz? Ein Fest unserer Mutter, die ihn ausgehalten hatte, wenn er wütend zuschlug oder um sich schrie oder dasaß mit dem zuckenden Hohn im Gesicht, wenn wir Kinder drei Tage später unsere Weihnachtsgedichte aufsagten. Mit der zuckenden Angst im Herzen. Torte und Tannenzweige. Vielleicht eine Lüge.
Nein. Nein. Sie hatte ihn angenommen, obwohl seine Lebensspur gegenläufig war zu der des anderen, dessen Geburtstag am 24. Dezember gefeiert wird. Wie spät haben wir Kinder das ohne aufzubegehren begriffen?!

Freitag nach dem Vierten Advent

Ps 102,18, s. S. 89

Gebet: Nun kommst du zu uns, Herr, und willst du eines jeden Menschen Leben, das sich so oder so zur Last geworden ist, mittragen, willst es aus Bruchstücken von Schuld und Vergeßlichkeit zu einem Ganzen machen, so daß sich eines jeden Menschen Leben sehen lassen kann. So laß uns, Herr, in diesen Tagen deines Kommens wollen, was du willst, werden, wozu du uns machst: zu dem Stück Frieden in dieser Welt, das versöhnt und heilt und sättigt. *Klaus Bannach*

Lied EKG 12: O laß dein Licht auf Erden siegen, die Macht der Finsternis erliegen und lösch der Zwietracht Glimmen aus, daß wir, die Völker und die Thronen, vereint als Brüder wieder wohnen in deines großen Vaters Haus. *Friedrich Rückert*

Elisabeth Langgässer: Das Krippenlied Pans

In diesem starken Scheine,
entwallend einem Kind,
knie' dunkel ich am Raine,
bei Esel und bei Rind.
O klare Augen, heute
uns Tieren aufgetan,
es grüßt euch voller Freude
der arme Pan.

Noch einmal tönet leise
die trunkene Schalmei
uralte Hirtenweise,
daß still die Erde sei,
und während, zart errötet,
mein braunes Volk sich eint,
verklingt sie, endgeflötet
und ausgeweint.

Hoch über mir und andern
brennt schön der Wüstenstern,
und meine Schafe wandern
zu ihrem guten Herrn.
Der jede Kraft will flößen
zu Hügel, Tal und Hohl,
er wird auch mich erlösen.
Ich weiß es wohl.

Heiligabend

Psalm 2:

1. Warum toben die Völker und Nationen murren Unsinn? Heimlich versammeln sich die Könige der Erde,
2. und die Würdenträger beraten miteinander gegen Gott und gegen seinen Gesalbten:
3. »Zerreißen wir doch ihre Fesseln, ihre Stricke werfen wir ab.«
4. Der im Himmel sitzt, lacht; der Herr verspottet sie.
5. Doch dann wird er zornig zu ihnen sprechen, mit seinem Grimm sie erschrecken:
6. »Ich habe eingesetzt meinen König auf dem Zion, meinem heiligen Berg.«
7. Gottes Beschluß will ich jetzt bekanntmachen: Er hat zu mir gesagt: »Mein Sohn bist du, heute habe ich dich gezeugt.
8. Fordre von mir, dann gebe ich dir die Völker zum Erbe und die Welt zum Besitz.
9. Schlagen kannst du sie mit eisernem Stock, wie alte Tontöpfe in Stücke hauen.«
10. Und nun, ihr Könige, habt Verstand, laßt euch belehren, ihr Herrscher auf Erden.
11. Dient Gott mit Furcht, küßt ihm mit Zittern die Füße, daß er nicht zürnt und ihr umkommt am Weg.
12. Denn beinahe ist sein Zorn entbrannt. Wohl allen, die bei ihm ihre Zuflucht suchen.

Gebet: Herr, allmächtiger Gott, in der Geburt Jesu hast du dein Licht in die Welt gesandt. Gib, daß dein Glanz uns zum Glauben erleuchte und weiterleuchte in unserem Tun, dir zur Ehre und den Menschen um uns zum Heil. Durch unseren Herrn Jesus Christus, deinen Sohn, der mit dir in der Einheit des Heiligen Geistes lebt und wirkt von Ewigkeit zu Ewigkeit.

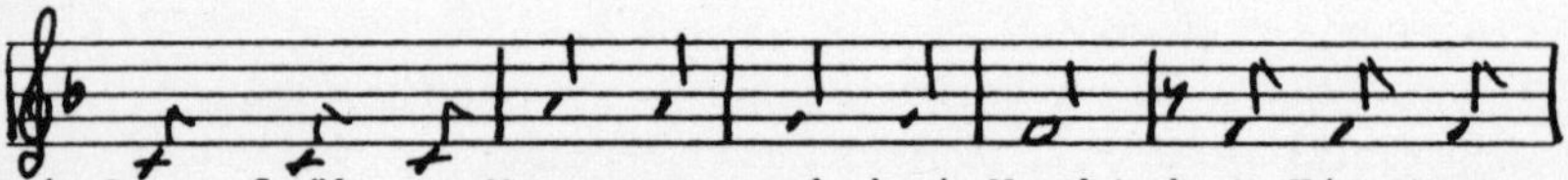

1 Ganz früh am Mor-gen, noch bei Nacht, hat Hir-ten-

2 O zweif-le nicht an die-sem Wort, denn auch am

3 Du kannst nicht schweigen, du mußt schrei'n, Die En-gel

1 volk den Ruf ge-bracht, der schon die Engel hat er-

2 fin-stren Kreuzesort er-fuhrn die Seinen in der

3 wälzten weg den Stein, es dringt die Kunde in das

1 freut : Christ ist ge-bo - ren heut ! Wir ha-ben es

2 Nacht: "Mein Werk, das ist vollbracht !" Wir ha-ben es

3 Land, daß Je-sus auf-er-stand ! Wir ha-ben es

1 gesehn, wir haben es gesehn, wir haben es gesehn: Chris

2 gesehn, wir haben es gesehn, wir haben es gesehn, daß

3 gesehn, wir haben es gesehn, wir haben es gesehn, daß

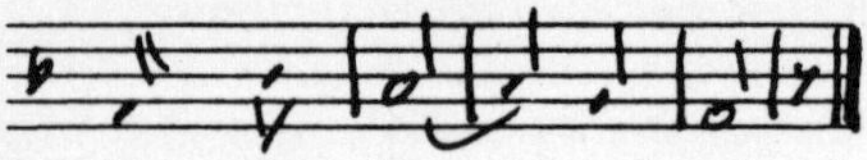

1 ist ge- bo - ren heut !

2 Je-sus starb für uns !

3 Je-sus auf - er-stand !

Aus Kamerun (Duala)

Übertragung :

Irmhild Lyonga

Dieter Trautwein

1979

Die Weihnachtsgeschichte, Lk 2,1–20, in verschiedenen Übertragungen:

1. nach Martin Luther:

Es begab sich aber zu der Zeit, daß ein Gebot von dem Kaiser Augustus ausging, daß alle Welt geschätzt würde. Und diese Schätzung war die allererste und geschah zur Zeit, da Kyrenius Landpfleger in Syrien war. Und jedermann ging, daß er sich schätzen ließe, ein jeglicher in seine Stadt.

Da machte sich auf auch Joseph aus Galilea, aus der Stadt Nazareth in das jüdische Land zur Stadt David, die da heißt Bethlehem, darum er von dem Hause und Geschlechte David war, auf daß er sich schätzen ließe mit Maria, seinem vertrauten Weibe, die war schwanger. Und als sie daselbst waren, kam die Zeit, daß sie gebären sollte. Und sie gebar ihren ersten Sohn und wickelte ihn in Windeln und legte ihn in eine Krippe, denn sie hatte sonst keinen Raum in der Herberge.

Und es waren Hirten in der selbigen Gegend auf dem Felde bei den Hürden, die hüteten des Nachts ihre Herde. Und siehe, des Herrn Engel trat zu ihnen, und die Klarheit des Herrn leuchtete um sie, und sie fürchteten sich sehr. Und der Engel sprach zu ihnen: Fürchtet euch nicht, siehe, ich verkündige euch große Freude, die allem Volk widerfahren wird. Denn euch ist heute der Heiland geboren, welcher ist Christus der Herr, in der Stadt Davids. Und das habt zum Zeichen: Ihr werdet finden das Kind in Windeln gewickelt und in einer Krippe liegend. Und alsbald war da beim Engel die Menge der himmlischen Heerscharen, die lobten Gott und sprachen: Ehre sei Gott in der Höhe und Friede auf Erden und den Menschen ein Wohlgefallen.

Und da die Engel von ihnen gen Himmel fuhren, sprachen die Hirten untereinander: Lasset uns nun gehen gen Bethlehem und die Geschichte sehen, die da geschehen ist, die uns der Herr kundgetan hat. Und sie kamen eilend und sie fanden beide, Maria und Joseph, dazu das Kind in der Krippe liegen. Da sie es aber gesehen hatten, breiteten sie das Wort aus, welches zu ihnen von diesem Kind gesagt war. Und alle, vor die es kam, wunderten sich der Rede, die ihnen die Hirten gesagt hatten. Maria aber behielt alle diese Worte und bewegte sie in ihrem Herzen. Und die Hirten kehrten wieder um, priesen und lobten Gott und alles, das sie gehört und gesehen hatten, wie denn zu ihnen gesagt war.

2. Einheitsübersetzung:

In jenen Tagen erließ Kaiser Augustus den Befehl, alle Bewohner des Reiches in Steuerlisten einzutragen. Dies geschah zum erstenmal; damals war Quirinius Statthalter von Syrien. Da ging jeder in seine Stadt, um sich eintragen zu lassen. So zog auch Josef von der Stadt Nazaret in Galiläa hinauf nach Judäa in die Stadt Davids, die Bethlehem heißt; denn er war aus dem Haus und Geschlecht Davids. Er wollte sich eintragen lassen mit Maria, seiner Verlobten, die ein Kind erwartete. Als sie dort waren, kam für Maria die Zeit ihrer Niederkunft, und sie gebar ihren Sohn, den Erstgeborenen. Sie wickelte ihn in Windeln und legte ihn in eine Krippe, weil in der Herberge kein Platz für sie war.

In jener Gegend lagerten Hirten auf freiem Feld und hielten Nachtwache bei ihrer Herde. Da trat der Engel des Herrn zu ihnen, und der Glanz des Herrn umstrahlte sie. Sie fürchteten sich sehr, der Engel aber sagte ihnen: Fürchtet euch nicht, denn ich verkünde euch eine große Freude, die dem ganzen Volk zuteil werden soll: Heute ist euch in der Stadt Davids der Retter geboren; er ist der Messias, der Herr. Und das soll euch als Zeichen dienen: Ihr werdet ein Kind finden, das, in Windeln gewickelt, in einer Krippe liegt. Und plötzlich war bei dem Engel ein großes himmlisches Heer, das Gott lobte und sprach: Verherrlicht ist Gott in der Höhe, und auf Erden ist Frieden bei den Menschen seiner Gnade.

Als die Engel sie verlassen hatten und in den Himmel zurückgekehrt waren, sagten die Hirten zueinander: Kommt, wir gehen nach Bethlehem, um das Ereignis zu sehen, das uns der Herr verkünden ließ. So eilten sie hin und fanden Maria und Josef und das Kind, das in der Krippe lag. Als sie es sahen, erzählten sie, was ihnen über dieses Kind gesagt worden war. Und alle, die es hörten, staunten über die Worte des Hirten. Maria aber bewahrte alles, was geschehen war, in ihrem Herzen und dachte darüber nach. Die Hirten kehrten zurück, rühmten Gott und priesen ihn für das, was sie gehört und gesehen hatten, denn alles war so gewesen, wie es ihnen gesagt worden war.

3. Schwäbisch – von Uwe Kynast:

Wia onser Heiland uff d' Welt komme isch

En sellre Zeit, wo oiner, der Kyrenius gheisse hot, so a Art Minischterpräsident em syrische Teil von Paläschtina gwä isch, hot dr remische Kaiser Auguschtus befohle, daß älle Leit zom ällererschte Mol en Schteierlischte uffgnomme on regischtriert werre sollet. On jeder hot en die Schtadt gange müasse, von wo er on seine Vorfahre hergschtammt henn.
Au dr Josef – seine Leit sen em Lauf dr Zeit noch Galiläa omzoga, nuff noch Nazareth – hot sich uff dr Wäg gmacht nonder ens Judäische en d' Schtadt vom David, Bäthlehem heißt se, äba weil seller David siebnezwanzig Generatione vorhär am Josef sei Urohn gwä isch. Zamme mit seiner Braut, dr Maria, die om etliche Jährle jönger gwä isch als er sälber, hot 'r sich en di Lischte eitrage lasse wella. Jeden Dag henn se drmit rechne müassa, daß ihr erschts Kend uff d' Welt kommt. On wo se noh endlich z' Bäthlehem ohkomme sen, do war's noh soweit. A Biable isch's gwä, on se hot's noh glei sälber en a baar Diacher eigwicklt on hot's en a Fuaderkrippe neiglegt, weil se wege dera Volkszählong sonscht koin gscheida Blatz zom Schlofa meh gfonde henn, bloß no emma Schdall hentreme Gaschthaus.
Außerhalb vom Schtädtle, drussa uff de Fälder, senn Hirta gwä on henn ihber Nacht ihr eipferchts Vieh ghiadet. – On denket noh, uff oimohl isch bei denne rauhe Gsella, wo uff ihre Kia on Ochse on Schäfla on Geißa uffbaßt henn, a ganz helle Gschdalt erschiene, daß mittle en dr Nacht älles om se rom gleichdet hot. A gottsallmächdige Angscht henn se kriagt, abr der fremde Moh hot zo ehne gsagt: »Ihr brauchet gar koi Angscht hann! Denket, i derf eich a jesesmäßige Freid ohkendiga, di älle Leit uff dr ganze Wält ebbes ohgoht; grad heit isch der uff d' Welt komme, der eich helfa koh, hier, em David seinra Schtadt! Ihr werret's do droh märke, daß enra Fuaderkrippe a neigebohres Biable liggt, wo en Windla eigwickelt isch.«
Uff oimohl senn zu dem schtrahlende Moh no viel meh sodde helle Gschdalte drzuakomme, on dia henn ganz feierlich on beschdimmt on ihbrzeigend gsagt: »D' Mensche henn bloß ihrn Herrgott ihber sich, mir brauchet koine weltliche Fihrer verähre. Uff dr Erde sollet sich älle vertraga, ihberall, em Oschde on em Weschde, em Sihde on em Norde, en älle Lender, en jedem Haus. On wem-

mer so läbet, noh senn mir onserm Herrgott scho recht!«
On wo ihne des klar worra isch, war die Erleichdong, wo se grad noh ghett henn, vorbei, on älles isch widder gwäh wie vorhär, on dia Hirta henn zoanander gsagt: Jetz welle mer abber glei noch Bäthlehem neiganga on gugga, was des mit sellra Sach uff sich hot, dih ons doh so siadich heiß uffgange isch.
On wo se noh dapfer nokomma senn, henn se datsächlich d'Maria on dr Josef gfonda on des Biable, wo en a Fuaderkrippe hot neiglegt werra müassa.
Wia se noh feschtgschdellt ghett henn, daß des schtemmt, on se des mit ihre eigene Auge gsäh henn, no henn se 's ihberall weiterverzehlt, was ihber des Kend gschwätzt worre isch. On älle, wo 's erfahra henn, waret arg verwondert ihber selle Gschicht von denne Hirta.
Abber d' Maria hot jedes Wörtle bhalte on hot ganz ernscht drihber nochdenkt.
Die Hirta senn noh widder omkehrt on waret ihrm Herrgott aus tiefschter Sähl raus dankbar, daß se ab jetz a sodde Hoffnung hann dirfet.

4. Hessisch – von Günter Törner:

Die Geburt vo'm Heiland

Es woar genau en der Zeit, wu de Kaiser Augustus de Befeähl goab, doas jerer vo ois sich entra losse soll. Doas woas eschte moal, doas es so woas ewwerhäbt gegewe hoat, un es woar en däre Zeit, wu de Quirinius des Sa en Syrien hat. Un es sei all lusgegange, im sich entra se losse, jerer en sei Stoadt. Un Joseph ging ach lus vo de Stoadt Nazareth aus, dej leit en Galiläa. Un er ging noch Bethlehem, woas die Stoadt Davids woar, un dej leit en Judäa, un er ging desweje dohie, weil e ewer ener voa Davids woar. Un e ging sesomme met Maria dohie, im sich entra se losse. Maria, sei Verlobte, dej hat ach woas Klenes se griehe. Un wej se do woarn, do woas schu so weit, des se schu gleich es Klene griehe sollt. Un es Kend kom wahrhaftig, un Maria hoats goat en Lombe gepackt un hoats en de Foarerdrog gelägt, weil se sost keen Platz fiers harre. Un im se rim woarn Hirte oaf'm Fäeld, dej dere groat of ehre Schoaf oacht gäwe. Doa kom de Engel voam Herr God zoa en, un wejs of ehmol ganz helle im se rim wern dert, doa hu se ganz schie Engst gekritt. Do säht de Engel zoa en: Ihr bracht kee Engst se hu, weil doas, woas ich ach sa do, es woas Schienes, un doas gelt fier die ganze Leu ewerall. Hau es kämlich de Heiland geborn, der de Christus es, de Herr en de Stoadt Davids. Un des ihr mer's gläbt, sa ich euch woas: Ihr doat e Kend fenne, doas en Lombe gepackt em Foarerdrog leie doat. Un ofemol woarn bei dem ene Engel en ganze Hofe Engel, dej dere de Herr God lowe und dere sa: Ehr em Herr God en de Hie un Friere bei dene, hej onne dej de Herr God gern hoat. Un wej dej Engel foat woarn, do dere dej Hirte zoenaner sa: Loast ois hie gie noach Bethlehem un doas, woas passiert es un woas de Herr God ewe gesäht hoat, ohgucke. Un doa sei se hurtig lusgegeange un hun Maria un Joseph un es Kend, doas em Foarerdrog leie därt, gefonne. Un wej se's geseh harre, do dere se doas verzehn, woas se ewer doas Kend gehoat harre. Un dej ganze Leu, dej's hirn derre, dej hu sich verwonnert ewer doas, woas dej Hirte sa derre. Die Maria ower dej hoat all doas, woas gesät woan es, behale un hoats en eärm Herz getrah. Un dej Hirte, dej sei sereck gegange un hun em Herr God gedankt un hu en gelobt fir doas, woas se gehirt un geseh hu, weil's so woar, wejs en gesäht woan woar.

5. *Plattdeutsch – von Rudolf Muuß:*

Jesus warrd boren

Dat weer to de Tiet, do leet de Kaiser Augustus den Befehl utgahn: All de Inwahners in dat römische Riek schullen in de Stüüerlist inschreeben warrn. Disse Aart Inschrieben to en Stüüer weer wat Niees, un se worr maakt, as Cyrenius den Kaiser sien Stattholer in Syrien weer. Un all de Lüüd güngen hen un leeten sik inschrieben, jedereen in sien Heimatstadt. Ok Joseph maak sik domals op de Reis ut de Stadt Nazareth in Galiläa hen nah de Davidstadt Bethlehem in Judäa; denn he weer ut David sien Huus un Familie. Dor müß he sik inschrieben laten tosamen mit Maria, de em antruut weer. Un se schull bald Mudder warrn. Un denn keem dat so: As se dor ankamen weren, do weer dat so wiet, un ehr sware Stünn keem. Un se kreeg ehren eersten Söhn. Un se wickel em in Winneln un legg em in en Krüff. Denn anners harrn se keen Platz in de Harbarg. Un in desülwige Gegend weren Harders op't Feld. De hardern ehr Veeh bi de Nacht. Un een vun Gott sien Engels treed vör ehr hen. Un de Herrn sien Licht strahl üm ehr rüm, un se verfehren sik öwer de Maten. De Engel awers sä to ehr:

»Weest nich bang! Höört to: Ik segg ju en grote Freud an, un de gellt för dat ganze Volk. In David sien Stadt is vundaag ju Heiland to Welt kamen, de Messias, de Herr Christus. Un dit is dat Teeken för ju: Ji finnt dat Kind in Winneln inwickelt un in en Krüff liggen.« Un denn weer miteens dat ganze Himmelsheer bi den Engel. Un de löövten Gott un sungen: »Ehr wees Gott in de Hööchde un Freeden op de Eerd bi de Minschen, de goden Willen hebbt!« Un denn, as de Engels wedder torüchkehrten nah den Himmel, do sään de Harders een to enanner: »Laat uns gau nah Bethlehem hengahn un nahsehn, wat dor passeert is nah den Herrn sien Woord!« Un so gau as se kunnen, leepen se hen. Un se funnen Maria un Joseph un dat Kind; dat leeg in de Krüff. Un as se dat sehn harrn, do vertellen se, wat se öwer dit Kind to hören kreegen harrn. Un all de Lüüd, de dat hören dään, de wunnern sik, wat de Harders ehr vertellen dään. Maria awers kunn all disse Wöörd nich vergeeten, un se leet se sik jümmer wedder dörch't Hart gahn. Un de Harders güngen wedder torüch nah ehr Veeh. Un se löövten Gott för allens, wat se sehn un wat se hööört harrn. Dat weer jüst so ween, as de Engel ehr dat anseggt harr.

6. Rheinisch-Bergisch – von Waltraut Schmitz-Bunse:

Dat Evangelium vun dem Jesus seein Jeburt, su ähnlich wie dat dä Lukas vetould het.

Also dat wor su: Dä Kaiser Aujustus vun Rom dä heter ne Befehl jemackt, so wie dat su ne Kaiser donn mott. Dä Befehl wor, dat all die Lück, die in denem singen Reeich lebten, motten aufjeschreven werden.

Et wor dat ierschte Mol, dat die do hengen in Rom auf so nen Jedanken jekomen woren. Un do worer ne Kääl, der hiess mit Namen Cyrinus, dat wor su ne Art Unter-Herrscher und zwar vun Syrien – dä sollten dat alles arrangieren. Un so kom et, dat die janzen Lück, die im Römischen Reich wohnten, wohin jehen mossten, wo se fröher jeboren worden woren. Dä Josef, jo, dä wohnten in nem Dorf oder su in Jaliläa, dat Dorf hiess Nazareth, also dä Josef mossten aus Jaliläa in ne janz angere Jejend jonn, nämlich no Judäa rüber, jenauer jesacht no Bethlehem, wo dä Josef auch jeboren wor. Bethlehem, dat hatte bei dä Juden ne janz lange Tradition, weil ut Bethlehem, do stammten auch den Juden ihren eeijenen Könich her, dä David. Un de Josef wor irjendwie weitläufig mit dem oulen David verwandt. Nu jing de Josef also no Bethlehem; et wor joh jet schwierig, weil dem Josef singe Frau, dat Maria, schon ziemlich fortjeschritten in angeren Omständen wor. Dat Maria mossten aber mitjonn, weil et auch aufjeschreven werden mossten, et wor ja dem Josef sin Frau, joh. Un wie et so ess, jenau als die beiden do ankomen, do wor et soweeit. Dat Maria kregten Ping un et mossten sich schnell jet lejen, weil dat Kenk wor am komen. Also dat Maria kregte ne Sohn, et wor dä ierschte Sohn, joh, und dat Maria hat dat Kenk nett in Windeln un so eeinjewickelt un hatt et in ne Krippe jelecht. Die Krippe stung in ner Art Stall und et wor joh irgendwie ne Schande – se hatten in Bethlehem keein einzijes Hotelzimmer kriejen können. Et wor alles belecht. Un se hatte auch niet viel Jeld. Obwohl dä Josef mit dem Könich David verwandt war – se woren rechtig arme Lück, joh. Wie et manchmal im Leben su ess.

In de Jejend, wo dat Maria sich mit singem Mann und dem neuen Kenk niederjelassen hatte, joh, in deeiser Jejend woren Hirten, die mossten des Nachts Wache halten bei denen ihre Schafe, wejen Diebe un so. Joh. Un auf eeinmol, da wor da janz plötzlich ne Engel, mit Flüjeln un su, dä wor direkt vom Himmel jekohmen oder jefloren, man weeiss et net jenau wie. Jedenfalls kohm dä Engel derekt vom Hemmel, joh. Dä kohm von Jott persönlich und dä Engel wohr janz hell, joh. Un om dä Engel herum, do wohr et auch janz hell. Un die Hirten, joh, die stungen do, dat Licht, dat hat se irjendwie jeblendet, se verstungen nit rechtig, wat eeijentlich los wohr, joh, und do krechten se natürlich wat Angst. Et war auch alles ziemlich schnell jejangen. Jedenfalls hat dä Engel zu denen jesacht, se bruckten keein Angst haben, im Jejenteil, et wär wat Erfreuliches und zwar niet nur für die Hirten, nee, für die Lück auf der janzen Welt. Dä Engel hat jesacht: »Hück ess en der Stadt Davids dä Heiland jeboren, dä Christus und dat jeht euch alle an. Weil et der Herr ess. Un damit ihr an meeinen Worten auch niet an zu zweifeln fangt, jebe ech euch en Zeichen: Ehr werdet eein neujeborenes Kenk finden, dat ess in Windeln einjewickelt und et lecht in ner Krippe.«

Un dann jing et ierscht rechtig los mit den Engeln, do woren auf eeinmol hungerte und vielleicht noch mih Engeln, dat janze Feld wor voll met Engeln. Et wor ne Engelkompanie, oder ne Armee, joh, un se alle komen derekt ut em Hemmel vun Jott dem Herrn. Un se hielten sech

dran met Singen und se lobten Jott em Hemmel un wat se jejen Ende jesungen haben, joh, dat versuch ech en janz perfektem Hochdeutsch zu saren. Et jing su: Ehre sei Gott in der Höhe und auf Erden Frieden den Menschen guten Willens.«
Su wor dat.
Amen.

7. Berlinerisch – von Michael Fischer:

Zu jenau die Zeit hat Kaiser Aujustus 'n Jesetz jemacht, wat besachte, dat nu alle Leute Steuer zahlen solln. Det wa det erstemal un passierte, wie Cyrenius in Syrien Chef vons janze war. Wejen dem jingen alle in die Stadt, wo se jeborn warn. So hat det ooch Joseph aus Galiläa jemacht, der jing von Nazareth Richtung Bethlehem in Judäa, wo David seine Familie herstammte. Da sollta sich melden mit Maria, seine Braut, die jing schwanga. Und wie se da anjekomm'n sind, war't soweit, dat se det Jör kriejen sollte. Und so bekam se denn 'nen Sohn, wikkelte ihn und packte ihn inne Krippe, weil wo anders keen Platz nich war.
Janz inner Nähe warn Hirten, die inne Nacht uff'm Feld vor de Schafe ufjepaßt habm. Und kiek ma, da taucht plötzlich Jottes Engel uff, un justemang war't tachhell, un da krichten se't mit de Angst. Un der Engel sachte: »Nu ma keene Bange nich! Wat ick zu sajn hab', läßt bei euch und alle andere jroße Freude ufkomm'n. Det ist näm'ich so: Da is heute inner Stadt vom David eener jeborn wor'n, den nennen se Christus und det is 'n janz besonderer. Den erkennta daran, dat er denn jewickelt inner Krippe liecht.« Und dann kam noch 'n janzer Haufen Engels, die hab'n Jott jelobt un haben alle zusamm'n jesungen: »Ehre sei Jott inne Höhe un Friede uff Erden und 'n Menschen een Wohljefalln!«
Wie de Engels dann wieda wegjeflojen sind, sachte een Hirte zu den andern: Komm, laßt uns ma kieken jehn, ob det ooch wah is, wat die uns da erzählt hab'm. Un da kam'n se ooch schon eilich jeloofen und trafen ooch uff Maria un Joseph mit ihr'm Kleenen, wat unjelogen inne Krippe lach. Un wie se't jesehn hatt'n, da ha'm se det weiterjesacht, wat se von det Kind jehört ha'm. Und die Leute, den se't jesacht ha'm, ha'm sich nur jewundert über dat, wat se so von'n Hirten jehört hab'm. Un Maria war mächtich jerührt und hat viel drüber jegrübelt. Zu juter Letzt sind de Hirten wieda nach Hause jejangen, haben'n lieben Jott jepriesen und jelobt für allet, wat se jehört un jesehn ha'm, so wie et ihn'n jesacht wor'n war.

Heiner E. Kappel: Warum eigentlich Weihnachten ist

Frage: »Ich möchte gern mal wissen, warum eigentlich Weihnachten ist und so viele schöne Geschenke daliegen.«
Antwort: »Vor vielen, vielen Jahren – es sind schon fast 2000 – geschah in einem Land, das weit weg liegt von hier und Palästina heißt, etwas ganz Besonderes. –
Die Kakteen standen im Sand wie immer, die Palmen warfen ihre Schatten, und die Sonne schien am Himmel auf den glitzernden Fluß, der Jordan heißt und viele Bogen macht.
In diesem Land und in vielen anderen Ländern herrschte ein großer Kaiser, der den Namen Augustus hatte.
Augustus hatte viele Soldaten – und weil er immer etwas befehlen mußte und ihm gerade nichts Besseres einfiel, befahl er, alle Leute in seinem Reich zu zählen.
Die Soldaten standen stramm – und dann eilten sie in alle Himmelsrichtungen und begannen ihre riesige Arbeit.
Alle Leute mußten dorthin gehen, wo sie geboren waren, um in die richtigen Bücher eingeschrieben zu werden.
Ein Mann namens Joseph und seine Frau Maria machten sich deshalb auch auf den Weg.
Sie wohnten in dem Dörfchen Nazareth und mußten einen langen Weg zurücklegen in das Städtchen Bethlehem.
Maria saß auf einem Esel und Joseph ging den langen Weg vorneweg.
Und noch etwas –
Maria erwartete ein Baby und zwar schon in den nächsten Tagen.
Kaum waren Maria und Joseph in Bethlehem angekommen und hatten gerade noch einen Raum in einem Stall bekommen, da war auch schon das Baby geboren.
Es muß ein schönes Kind gewesen sein, denn Maria und Joseph und sogar die Tiere im Stall freuten sich, als sie es sahen.
Jesus nannten die Eltern das Kind, und sie hofften, daß ihr Sohn einmal ein guter Mensch werden würde.
Weit weg in einem anderen Land hatten an diesem Tag Männer von der Geburt des Kindes erfahren. Sie konnten die Sterne deuten. –
Und als sie einen neuen Stern am Himmel sahen, sagten sie: ›Heute ist ein ganz besonderer Mensch geboren.‹
Dann setzten sie sich auf ihre Kamele und ritten immer hinter dem Stern her bis nach Bethlehem.
Auch in der Nähe von Bethlehem hatten Hirten, die auf dem Feld bei ihren Schafen waren, von der Geburt des kleinen Jesus gehört.

Schnell gingen sie in den Stall und brachten von den Dingen, die sie hatten, etwas mit.
Es muß dann eine schöne und frohe Nacht für alle gewesen sein. Und es war eine besondere Nacht – denn das Kind, das geboren war, wurde ein Mann, der allen Menschen, die Schmerzen hatten, die von Sorgen geplagt wurden oder die Not litten, helfen wollte. Viele sind zu ihm gekommen, und er hat keinen fortgeschickt. Und weil auch heute noch alle, die Not leiden, zu ihm kommen dürfen und er ihnen hilft, feiern wir fröhlich seinen Geburtstag.«
»Ja«, sagte der Junge und strahlte über das ganze Gesicht. »jetzt verstehe ich, warum wir Weihnachten feiern.«

Sklaven waren unsere Vorfahren

Zwei Feste – Zwei Kinderbriefe

Bernd wohnt in Köln. Er ist 11 Jahre alt. Sein Freund ist Dan. Dan ist ein Israeli und wohnt in Tel Aviv. Beide schreiben sich regelmäßig. Im letzten Brief hat Dan nach Bernds Lieblingsfest gefragt. Bernd antwortet mit einem langen Brief:

Lieber Dan!
Mein Lieblingsfest ist Weihnachten. Da gibt es viele Geschenke. Heiligabend gehen wir in die Kirche. Dort ist es schön feierlich. Ein großer Tannenbaum mit vielen brennenden Kerzen steht vorn am Altar. Zusammen mit den anderen Leuten singen wir Weihnachtslieder. Am liebsten singe ich »Ihr Kinderlein, kommet«. Kennst Du das auch? Ich schreibe es Dir mal auf, weil Bethlehem drin vorkommt. Vater sagt, Bethlehem ist gar nicht so weit entfernt von Tel Aviv.

Ihr Kinderlein, kommet, o kommet doch all,
Zur Krippe her kommet in Bethlehems Stall,
Und seht, was in dieser hochheiligen Nacht
Der Vater im Himmel für Freude uns macht.

Die Geschichte zu diesem Lied liest der Pfarrer dann vor: Maria und Josef mußten nach Bethlehem gehen wegen einer Volkszählung. In Bethlehem war aber kein Platz mehr in den Herbergen, weil so viele Leute dorthin gekommen waren. So mußten Maria und Josef in einem Stall übernachten. In diesem Stall hat Maria ihr Kind geboren: Jesus. In der Nähe waren Hirten auf dem Felde und hüteten in der Nacht ihre Schafe. Sie erschraken sehr, als es auf einmal ganz

hell wurde und ein Engel sagte: »Fürchtet euch nicht, denn ich verkündige euch große Freude: Euch ist heute der Heiland geboren, Christus der Herr, in der Stadt Davids!« Dann kamen noch viele Engel und sangen: »Ehre sei Gott in der Höhe und Frieden auf Erden!« Der Engel hatte gesagt, daß das Kind in einer Krippe liegt, und so fanden es die Hirten auch. Maria wunderte sich über alles, was die Hirten von ihrem Kind sagten.
Mir gefällt die Geschichte, aber ich weiß nicht, ob es Engel gibt. Was meinst Du? Gibt es welche?
Wenn der Gottesdienst aus ist, gehen wir nach Hause. Wir Kinder müssen vor der Weihnachtstür warten, bis es klingelt. Dann kommt der schönste Augenblick: Die Tür öffnet sich, wir gehen hinein. Die Kerzen am Baum erleuchten das Zimmer. Wir singen Weihnachtslieder. Dann gibt es die Geschenke. Weil ich der Jüngste bin, bekomme ich sie zuerst.
Nun kennst Du mein Lieblingsfest. Schreibst Du mir auch mal von Deinem Lieblingsfest?
Herzliche Grüße von Deinem Bernd

– Der nächste Brief von Dan läßt ein wenig auf sich warten.

Lieber Bernd!
Heute will ich Dir endlich von meinem Lieblingsfest schreiben. Es ist das Pessach-Fest.
Mutter fegt und putzt vorher das ganze Haus. Jede Ecke wird gesäubert, denn es darf kein Krümelchen von gewöhnlichem Brot im Hause sein. In der Pessach-Zeit dürfen wir nämlich nur ein ganz besonderes Brot essen, ein Brot, das ohne Sauerteig und Hefe gebacken wird. Wir nennen es Mazze.
(Vater sagt, in manchen Geschäften bei Euch kann man Mazzen kaufen. Du kannst ja mal probieren, wie sie Dir schmecken.)
Am Pessach-Abend ziehen wir uns schön an. Auf dem Tisch brennen Kerzen. Mutter hat Geschirr auf den Tisch gestellt, das sie sonst das ganze Jahr nicht deckt. An jedem Platz stehen vier Becher. In der Mitte des Tisches steht eine dreistöckige Schüssel. In jedem Fach liegt eine Mazze. Dazu ist sie mit seltsamen Dingen gefüllt: da liegen ein gerösteter kleiner Knochen mit etwas Fleisch daran, Bitterkräuter, Frühlingsgemüse; dann stehen da noch ein Topf mit Salzwasser und eine kleine Schüssel mit bräunlichem Brei aus süßen Äpfeln, Mandeln, Rosinen, Zimt, Zucker und etwas Wein.
Zuerst trinken wir alle einen Becher Wein, wenn Vater über seinem Becher einen Lobpreis für Gott gesprochen hat. Dann spricht Vater einen Lobpreis über eine Mazze und bricht sie durch. Die eine

Hälfte verteilt er an uns, die andere braucht er am Ende der Feier. Dann wird er das Dankgebet darüber sprechen. Wir Kinder passen genau auf, wo er sie hinlegt. Du wirst noch sehen, warum. Bevor wir den zweiten Becher Wein trinken, muß ich Vater Fragen stellen. Immer der Jüngste muß fragen:
»Was unterscheidet diese Nacht von allen anderen Nächten? Warum essen wir in dieser Nacht ungesäuerte Brote? Warum essen wir in dieser Nacht bittere Kräuter? Warum tauchen wir in dieser Nacht unsere Kräuter in Salzwasser?«
Als Antwort erzählt Vater eine Geschichte: »Sklaven waren unsere Vorfahren im Lande Ägypten. Der Pharao bedrückte sie hart. An diese bittere Zeit denken wir, wenn wir jetzt die Bitterkräuter essen, und an die vielen Tränen, wenn wir das Gemüse in Salzwasser tauchen.
Wir denken so daran, als wenn wir selbst dabeigewesen sind. Wir mußten Ziegel aus braunem Lehm formen. An diesen Lehm erinnert uns der braune Brei. Immer wieder schickte Gott einen Mann zum Pharao, den Mose. Mose sagte zum Pharao: ›Gott will, daß du sein Volk freiläßt. Laß uns fortziehen!‹ Aber der Pharao hört nicht auf Mose. Im Gegenteil: Er ließ uns noch härter arbeiten. Wir schrien in unserer Not zu Gott. Er befreite uns und den Pharao, und die Ägypter bestrafte er hart. Das geschah in dieser Nacht, in der Pessach-Nacht. Mose sagte uns Bescheid: ›Heute nacht haltet euch bereit. Jede Familie soll ein Lamm schlachten und in dieser Nacht aufessen. Das Blut des Lammes streicht an die Pfosten eurer Haustüren. In jedem Haus, an dem kein Blut zu sehen ist, wird ein furchtbares Unglück geschehen.‹
Wir schlachteten ein Lamm, bestrichen mit seinem Blut die Türen, blieben in unseren Häusern und aßen das Lamm. Jede Familie für sich. Alle Ägypter traf in dieser Nacht ein harter Schlag: In jeder Familie starb der älteste Sohn. Da merkten die Ägypter: Das ist Gottes Strafe. Sie bekamen schreckliche Angst. Jetzt konnten wir fort. Wir hatten unsere Sachen gepackt und den Wanderstab schon in der Hand. Ganz schnell mußte es nun gehen! Damit wir unterwegs zu essen hätten, nahmen wir in Schüsseln und in Tücher gehüllt den rohen Brotteig mit, der noch nicht mit Sauerteig vermischt war. Wenn wir eine Pause machten, müde und hungrig, dann buken wir aus dem Teig Brote und aßen sie. Es waren ungesäuerte Brote, Mazzen. Seitdem essen wir immer, wenn wir am Pessach an den Auszug aus Ägypten denken, ungesäuerte Brote. Und seht, der Knochen da auf der Schüssel, der erinnert uns an das Lamm, das unsere Väter damals geschlachtet und gegessen hatten.«

Dann gibt es das Festessen. Den ganzen Abend wird gegessen und getrunken, erzählt und gesungen. Wenn wir fröhlich miteinander feiern, machen wir Kinder noch einen besonderen Spaß: Wir verstecken die übrige Hälfte von der Mazze, die Vater am Anfang zerbrochen hatte. Dann muß Vater suchen. Das Fest kann ja nicht aufhören, bevor Vater das Dankgebet über diesem Stück Brot gesprochen hat. Wir verstecken es so gut, daß er es nicht finden kann. Wir geben es ihm erst wieder, wenn er uns verspricht, etwas Schönes zu schenken. Das macht Spaß! Vater sagte zu mir: Zur selben Zeit, wenn wir Pessach feiern, feiert Ihr Ostern.
Viele Grüße und Schalom, Dein Dan

Hildegard Wohlgemuth: Wer nach Bethlehem gehen will

Wer nach Bethlehem fliegen will
in den Stall
und wer meint,
dort ist auf jeden Fall
der Frieden billig zu kriegen,
der sollte woanders hin fliegen.

Wer nach Bethlehem reisen will
zu dem Sohn
und wer glaubt,
dort ist die Endstation
mit Vollpension für die Seelen,
der sollte was anderes wählen.

Wer nach Bethlehem gehen will
zu dem Kind
und wer weiß,
daß dort der Weg beginnt,
ein jedes Kind nur zu lieben,
der könnte es heute schon üben.

kurtmartin magiera: das wort wird fleisch

du bethlehem
land juda
unter den fürstenstädten gewiß nicht die kleinste
aus dir kommt der herrscher meines volkes
der hirte

so kommt der hirte

der vater
vor den leuten ein tischler
die mutter ein junges mädchen aus nazaret
aus itabira
mit einem esel unterwegs nach betlehem
nach potosi
weil irgend so ein wildgewordener beamter
die leute zählen läßt
jeden in seiner vaterstadt
was das heißt für die leute
für die armen besonders
der mann hat nicht mal geld
um den wirten was zuzustecken
ich laß mich nicht lumpen
dafür ist doch immer ein zimmer frei
nichts da
es ist alles besetzt
geht in den stall
die sind doch dran gewöhnt
und die viecher machen's warm
und zahlen vorher
ist hier so üblich
neinnein
keine schikane
schwanger sind hier viele

ein stall in betlehem
in la mota
weißgottwo
die tür schließt nicht
die nacht ist kalt
es zieht überall rein
josé hält die hand der maria
die sagt
es geht los
wird schon schief gehen
sagt josé
hilflos wie nie
kennt ja hier keine menschenseele

später
ja
die haben gut singen
und konnt' ja kaum selber die finger biegen . . .

er legt die gefütterte jacke unter marias rücken
die sagt
ich zerbreche
es ist soweit
josé nabelt das kind ab
ja
es ist ein junge
wischt ihn ab mit einem sauberen handtuch
und gibt ihn maria unter die decke
die versucht zu lächeln
josé
sagt Maria
jesús
sagt josé

jesús

in einem stall in ibimirim
in einer wellblechhütte am stadtrand von volta
im lagerschuppen
der genossenschaft der campesinos in santa fé
jesús
in einer holzkiste
auf einer bastmatte
in einer hängematte
auf einem weizensack made in usa
ein junge schaut herein
was soll's
nur ein neugeborenes
seine mutter ist auch bald wieder soweit
erzählt's aber weiter
und andere schauen nach dem rechten
eine kleinigkeit hat jeder
eine tasse brühe für die mamma
ein hemdchen von einer
die sagt
ich hab' sieben

kinderchen
fragt maria

jaja
sagt die frau
und ihr mann lädt josé
zu einem selbergebrauten
zuckerrohrschnaps ein
wirst's brauchen nach dieser nacht

so wird der
der DAS WORT heißt
mensch

nicht mehr furchterregend im grollen des donners
nicht mehr nur unsichtbare gegenwart im tempel
nicht nur im buchstaben des gesetzes

der DAS WORT heißt
lebt mitten unter uns

Wenn die Weihnachtsworte (Lk 2,15) keine leere Formel bleiben sollen, wenn wir sie verbindlich hören, können wir es dann länger geschehen lassen, daß unsere Rüstungsindustrie Waffen vor allem in Länder der Dritten Welt verkauft, so wie sie Waffen nach Biafra, nach Pakistan verkauft hat? Darf unser Land am Waffengeschäft verdienen auf Kosten von Kriegsopfern, für die wir dann handkehrum wieder sammeln?
Kann man die Weihnachtsbotschaft ernst nehmen, das Wort »Frieden« im Sinne Jesu zu seinem eigenen Wort machen, zugleich jedoch die weitere Waffenausfuhr, damit weitere Biafras und Bengalen in Kauf nehmen, weitere solcher Fälle, wo unter anderem auch Schweizer gegen Schweizer stehen: Schweizer, die am Waffengeschäft verdienen, gegen andere Schweizer, die den Opfern dieser Waffen zu helfen versuchen? Werden wir so nicht vor der Welt, aber auch vor uns selber unglaubwürdig? Erst recht unglaubwürdig, wenn wir dabei das Wort »Frieden« aussprechen?
Weihnachten verpflichtet uns doch wohl zur Solidarität mit den Opfern. Sie allein ist christlich. Deshalb müssen uns Kriegsopfer und Flüchtlinge näher stehen als die beredt vertretenen, reichlich propagierten Interessen unserer Rüstungsindustrie. *Kurt Marti*

Heinrich Albertz: Eine andere Weihnachtsgeschichte

Es muß 1951 gewesen sein. Wir hatten ein Haus in einem Vorort von Hannover bezogen. Ein wahrer Glücksfall, sechs Jahre nach der Flucht aus Schlesien nun ein Haus, mit einem großen Garten, eigenen Zimmern für die Kinder, unvorstellbar nach der Enge zuvor. Und es war Weihnachten. Der Morgen des Heiligen Abends, für die Kinder die Stunde größter Ungeduld, für die Frau die Hetze letzter Vorbereitungen auf das große Fest.
Sie mußte noch einmal in die Stadt. Da liegt frierend und mit bettelnden Augen ein völlig verhungerter junger Hund vor der Haustür. Er möchte ins Haus, fressen und trinken. Er wird eingelassen und bekommt, was er will, gierig, völlig verhungert stürzt er sich auf den Freßnapf, umringt von den Kindern. Sie wollen ihn behalten. Aber nun – zu drei Menschenkindern noch ein Hund, und noch dazu dieser, verdreckt, ein Mischung aus Terrier und Pudel, – und wem ist er entlaufen? Außerdem muß meine Frau in die Stadt.
So wird er wieder hinausgeführt. Aber er läuft mit, immer hinter der Frau, als gehöre er schon dazu, bis zur Haltestelle. Die Straßenbahn kommt, er will mit einsteigen. Er darf es nicht. Er bleibt zurück, ein Häufchen Elend, frierend und schmutzig.
Meine Frau ist wohl eine kleine Stunde in der Stadt geblieben. Aber als sie – zurück mit den letzten Einkäufen – wieder aussteigt, sieht sie ihn wieder: Er hat diese Stunde gewartet, auf seine letzte Hoffnung: daß er aufgenommen würde ins Warme und Menschliche. So kommen sie beide zusammen wieder an, jubelnd von den Kindern begrüßt. Der Vater wird gefragt: Ja, am heiligen Abend müssen wir ihn wohl aufnehmen. Im Stall von Bethlehem war sicher auch ein Hund. Auf den alten Bildern ist er immer wieder zu sehen. Er sieht dem kleinen Heimatlosen sehr ähnlich.
So ist er geblieben. Er blieb 14 Jahre. Er war ein treuer Hund. Er zog mit uns nach Berlin und wurde der unbestrittene Herr ganzer Straßen in Lichterfelde. Er zeugte unzählige Kinder. Noch heute sind sie in Enkeln und Urenkeln zu erkennen, schwarzweiß, sehr preußisch. Er kämpfte mit allen Artgenossen, todesmutig. Er wartete Stunden vor den Gartentoren läufiger Hündinnen, und fror einmal beinahe im Eise an. Er war Liebling und Held, sehr robust, fast ordinär, aber zuverlässig und uns allen unbeirrbar zugetan. Er starb 1965. Er hieß Fips.
Wäre es nun nicht der Heilige Abend gewesen, damals in Westerfeld, hätten wir ihn je geschenkt bekommen?

Joachim Ringelnatz: Einsiedlers Heiliger Abend

Ich hab' in den Weihnachtstagen –
Ich weiß auch, warum –
Mir selbst einen Christbaum geschlagen,
Der ist ganz verkrüppelt und krumm.

Ich bohrte ein Loch in die Diele
Und steckte ihn da hinein
Und stellte rings um ihn viele
Flaschen Burgunderwein.

Und zierte, um Baumschmuck und Lichter
Zu sparen, ihn abends noch spät
Mit Löffeln, Gabeln und Trichter
Und anderem blanken Gerät.

Ich kochte zur heiligen Stunde
Mir Erbsensuppe mit Speck
Und gab meinem fröhlichen Hunde
Gulasch und litt seinen Dreck.

Und sang aus burgundernder Kehle
Das Pfannenflickerlied.
Und pries mit bewundernder Seele
Alles das, was ich mied.

Es glimmte petroleumbetrunken
Später der Lampendocht.
Ich saß in Gedanken versunken.
Da hat's an die Türe gepocht,

Und pochte wieder und wieder.
Es konnte das Christkind sein.
Und klang's nicht wie Weihnachtslieder?
Ich aber rief nicht: »Herein!«

Ich zog mich aus und ging leise
Zu Bett, ohne Angst, ohne Spott,
Und dankte auf krumme Weise
Lallend dem lieben Gott.

Johannes Bobrowski: Unordnung bei Klapat

Da kommt man nach Hause, da ist einfach Weihnachten. Ist wohl gar nichts passiert? Frohes Fest oder gesegnetes und in die Kirche, da kann sein, was will.
Klapat, sagt die Frau, du redst und redst. Wir sind doch immer gegangen, Karfreitag, Weihnachten, Totensonntag. Hör mir auf mit dem Totensonntag, sagt Klapat. Dafür ist der Bruder vielleicht gefallen, sechzehn, daß der da auf die Kanzel kriecht und krakeelt, die Gedenktafel muß raus. Haben wir doch gelernt: Niemand hat größere Liebe denn die, daß er sein Leben lässet für seine Freunde. Und deshalb, sagt er, soll die Tafel raus aus der Kirche. Weil das draufsteht. Weil das nicht gesagt ist auf deinen Vater und auf meinen Bruder, und wenn der Junge, aber er hat doch geschrieben, daß er lebt, wenn der aber auch – da hat man also gar nichts, bloß die Frechheiten von dem Kerl. Klapat, sagt die Frau und bindet die Schürze ab, du ißt jetzt erst, du ärgerst dich immer. Der Karl-Heinz denkt, daß wir den Baum geschmückt haben und daß wir in die Kirche gehn, nachher.
Haben wir ja auch, den Baum, sagt Klapat. Wie die alten Germanen. Essen ist immer gut, also sagt Klapat: Gehen wir meinetwegen auch in die Kirche, ich zieh Uniform an, und wenn er wieder mit so etwas anfängt, gehn wir raus.
Noch ein bißchen, sagt die Frau und säbelt am Gebratenen herum. Schöne Erfindung, so tote Sau, muß man sagen. Sagt auch Klapat und hält den Teller hin. Und jetzt fällt ihm ein, daß sie den ganzen Vormittag im Büro von Weihnachten geredet haben. Der Prellwitz immer von Weltesche und so was. Soll man also den Baum an die Decke hängen und unten drunter einen Apfel, am Bindfaden, das ist dann die Erde.
Gar nicht so zum Lachen, sagt Klapat verweisend, weil Lina einfach Quatsch sagt und abwinkt.
Aber wer hängt schon den Baum an die Decke, dann lieber gar keinen, Klapat legt Messer und Gabel hin, kreuzweise über den Teller, und fängt an zu erzählen.
Was Horstigall gesagt hat. Also die hatten zu Hause so einen drehbaren Fuß, wo sie den Baum immer reinsteckten. Der spielte Weihnachtslieder. Im Drehen.
Ist ja zum Lachen, sagt die Frau.
Nein, gar nicht, sagt Klapat, überhaupt nicht. So ein Kasten, verstehst du. Blech und außen bemalt. Und der Schlüssel wurde versteckt jahrüber, damit ihn keiner aufzog. Bloß Weihnachten. Und

red mir nicht immer zwischen, und eines Weihnachten, na ja, da haben sie ihn wohl überdreht oder so was, jedenfalls: erst dreht er sich ganz richtig und sie sitzen da und singen mit, und sein Vater, sagt er, kaut schon an Steinpflaster und Katharinchen, da geht es aber los, da dreht sich der Kasten immer schneller, da fliegen schon die Kugeln, klatsch, gegen die Wand, klatsch-klatsch, der Kater reißt aus, die Kinder hinterher, schöne Bescherung. Klapat lacht, daß ihm die Augen tränen. Na was denkst du, fröhliche Weihnachten.

Und nun fällt ihm ein, was der Neumann gesagt hat: Letzte Weihnachten war schön, waren die Jungens zu Hause, er hat drei Stück beim Militär, einer ist Feldwebel, da haben sie gesoffen, war sehr gemütlich.

Möchtest du das machen, Klapat, sagt Lina vorwurfsvoll.

Aber na ja, die Frau vom Neumann ist tot, dieses Jahr kommt keiner auf Urlaub, der alte Mann sitzt da. Soll er in die Kirche gehn. Aber Neumann ist ja wohl Dissident, wie man früher sagte, die glauben an kein höheres Wesen, bloß an solche, die einen befördern können, so ein Beamtenglauben. Und nun sitzen Klapats also in der Kirche, Klapat in SA-Uniform, Lina im Schwarzseidenen. Lina denkt, wie wird's ihm bloß gehen, dem Kind?

Der Herr Eschenbach spielt oben seine Orgel, erst schnell und dann langsam, und klingelt immer ein bißchen dazwischen. Hat den Zimbelstern eingeschaltet, sagt Klapat, hört sich gut an. Und dann reckt Klapat den Hals, weil Hochwürden die Kanzelstiege hinaufklettert.

Und was sagt er da, der Herr Dompfarrer? Erst einmal, daß die Gemeinde Stille Nacht zu Hause singen soll, nicht in der Kirche.

Der will bloß jedem querkommen. Aber mir nicht. Heute nicht. Hier sitz ich, Klapat, in Uniform, Beamter, Frontkämpfer, EK II, und mein Sohn ist im Felde. Soll er bloß wieder anfangen von Soldaten und Krieg, soll er bloß wieder anfangen, der Mensch, wird schon sehen, was dann ist.

Na was denn, Klapat?

Dann steh ich auf und geh raus. Und die Lina mit.

Aber Hochwürden redet nicht von Krieg, sondern von Frieden, je länger Klapat hinhört, desto verdächtiger hört sich das an. Wieso Frieden, wo wir jetzt Krieg haben. Aber soll er denn von Krieg reden? Also doch von Frieden? Soll er oder soll er nicht? Auf jeden Fall aber: Was er da oben redet, ist ja wohl nicht das, was man sich anhören kann, jetzt im Krieg und in Uniform: daß die Friedfertgen die Friedenmacher sind und nicht solche, die mit dem Frieden fertig geworden sind.

Und Stille Nacht auch nicht. Weltesche will man ja schon nicht verlangen. Aber wenigstens Stille Nacht.
Dies ist das Buch von der Geburt Jesu Christi, so fängt das Neue Testament an, sagt Hochwürden, und gleich danach heißt es: Die Geburt Christi war aber also getan. Getan, meine Freunde, also: Gott tut etwas, mit dieser Geburt, an seiner Welt.
Das nächste weiß Klapat nun wieder. Aber dieses Getan und daß das ganze Testament von Anfang an über Weihnachten redet – na ich weiß nicht, da kommt ja wohl noch mehr, Heilige Drei Könige, Karfreitag, Ostern, Erster Mai, nein, der nicht, Himmelfahrt, Pfingsten. Und Reformationsfest und Bußtag. Haben außerdem alles die alten Germanen erfunden, sagt Prellwitz. Ist ja vielleicht wahr, mußte ja erst mal geboren sein, das Christkind, aber so meint er das wohl nicht, jedenfalls nicht so einfach: geboren und dann weiter wie bekannt.
Und Lina sitzt da, lange Haare, kurzer Sinn, aber dafür gleich immer am Wasser gebaut. Soll sie. Besser jetzt als nachher unterm Baum, man ist auch nur ein Mensch.
Das ganze Testament. Nein, Klapat ist nicht fertig damit. Direkten Grund zum Aufstehen hat es nicht gegeben, höchstens vorhin wegen dem Frieden, jetzt im Krieg, aber man geht doch wohl Weihnachten in die Kirche, weil Weihnachten ist: etwas Altes also, das man kennt, an das man nur erinnert zu werden braucht, um gleich vor Augen zu haben: wie es früher zu Hause war und wie wir immer den Baum klauen gingen, in der Schonung, und ein Jahr hatte der Förster Kiuppel alle Bäume gezeichnet, und dann kam er auf Besuch, Zweitfeiertag, aber gesagt hat er nichts, bloß uns draußen an die Ohren genommen, uns Jungens. Und dann Kriegsweihnachten, siebzehn, da haben wir geheiratet. Und jetzt: Das ist das Buch von der Geburt. Da wird etwas getan: Frieden, wo jetzt Krieg ist. Paßt alles nicht, hinten und vorne nicht, denkt Klapat.
Da liegt er im Bett, nachts, und es ist alles vorbei.
Nein, aufgestanden sind sie nicht. Erst nachher, wie es sich gehört, als die Kirche aus war. Dann haben sie gesungen, zu Hause, die beiden Klapats, und sind sich alt vorgekommen. Und er hat die Geige vorgeholt, soviel kann er noch. Und einen Brief haben sie geschrieben an den Jungen. Und Klapat hat noch einmal angefangen von Horstigalls Drehfuß, der Lieder spielte, aber er hat bald aufgehört, nur ein bißchen Radio und um zwölf die Glocken.
Kein Wort mehr davon. Aber sind denn solche Feste dazu da, daß man durcheinander kommt? Daß man daliegt und nicht schläft? Das weiß ich nicht.

Hermann Hesse:

Als ich ein Knabe war, in Weihnachtszeiten,
Wie war ich selig da und unersättlich,
Im Duft der Kerzen mit dem neuen Spielzeug
Zu spielen unterm Tannenbaum: dem Roß,
Dem Bilderbuch, der Eisenbahn, der Violine!
Und wenn auch jedes Spielzeug bald erlosch
Und Alltag wurde, jeder Weihnachtsbaum
War wieder neu, war Fest und Wunder,
Umfing mich wieder mit dem Zaubernetz.

Heut weiß ich keine neuen Spiele mehr,
Erschöpft ist Glanz und Lust, der lange Weg
Liegt hinter mir, zerbrochenen Spielzeugs voll,
Die Scherben klirren. Doch die Sehnsucht malt
Mir einen letzten, höchsten Zauber noch
In holden Farben aus: das letzte Fest,
Den Ausgang aus der Spiel- und Kinderwelt,
Den Eingang in die nächste, tief ersehnt.

Dein denk ich, wenn die leergewordene Welt
Um mich mit ihren farbigen Scherben flirrt,
Dein denk ich, letztes Spiel, geliebter Tod!
Aufglänzen wird noch einmal Kinderlust,
Noch einmal wird der dürre Christbaum blühn
Und Wunder strahlen, daß im dunklen Schacht
Das Herz vor neuer Wonne bang erquillt.
Und zwischen Kerzenglanz und Tannenduft
Und all dem Wust zerbrochener Spielerei'n
Wird aus dem wonnevollen Dunkel
Die ferne Stimme meiner Mutter rufen.

Manfred Hausmann: Martin entdeckt den Weihnachtsstern

Da der Winter mit den funkelnden Sternennächten vor der Tür steht, haben Christoph und Görge sich einen Linsensatz für zwei Mark sechzig kommen lassen und sind allen Ernstes dabei, ein Himmelsfernrohr zu erbauen. Martin geht einige Tage mit den Händen in den Taschen um die Arbeitenden herum und fragt sie hin und wieder etwas. Dann zieht er sich in sein Kämmerchen zurück.

»Christoph und Görge«, sagt er eines Abends beim Essen, »glaubt ihr, daß ich hiermit einen Stern erkennen kann?« Er holt, sich auf dem Stuhl zur Seite neigend, eine leere Zwirnrolle aus seiner Tasche, hält sie vors Auge und richtet sie auf die Lampe über dem Tisch.
»Das soll nämlich mein Fernrohr sein.«
»Zeig mal her!« sagt Christoph lachend.
»Und hier habe ich eine Linse vorgemacht. Glaubst du, daß ich da einen Stern mit erkennen kann?«
Christoph blinzelt hindurch. »Natürlich kann man damit einen Stern erkennen. Alles kann man damit erkennen. Nicht ganz so gut wie mit dem bloßen Auge, aber immerhin.«
Der Vater möchte gern wissen, um was für eine Linse es sich handelt. Christoph reicht ihm die Rolle. Die Linse besteht aus einer kleinen dreieckigen Glasscherbe, die Martin mit Blauköpfen vor die Öffnung der Rolle genagelt hat. »Das ist ja ein wunderbares Fernrohr«, sagt der Vater, indem er ein Auge zukneift und gleichfalls die Lampe betrachtet.
»Glaubst du, daß ich damit einen Stern erkennen kann?«
»Jeden Stern kannst du damit erkennen. Komm, hier hast du dein Fernrohr wieder.«
Aber die Mutter bittet darum, es auch einmal ausprobieren zu dürfen. Nachdem sie es von allen Seiten bewundert hat, sieht sie hindurch.
»Kann ich eigentlich den Mond da auch mit erkennen?« fragt Martin.
Görge wirft ein, heute abend gebe es keinen Mond.
»Aber Sterne?«
»Sterne genug.«
»Dann will ich mal zwei Sterne ... drei Sterne will ich mal mit meinem Fernrohr erkennen.«
Sowie das Abendbrot beendet ist, läuft Martin auf die Terrasse und sucht den Himmel mit seiner Zwirnrolle ab.
Nach einer Viertelstunde schiebt er sich in die Bibliothek und wartet, daß der Vater, der dort die Zeitung liest, einmal aufblickt.
»Na, Martin?«
»Leider kann ich da doch keinen richtigen Stern mit erkennen.«
»Warum denn nicht?«
»Ne. Ich kann nur Punkte erkennen.«
»So sehen die Sterne eben aus. Wie Punkte.«
»In mein Bilderbuch sehen sie aber ganz anders aus. Weißt doch, mit so Zacken herum und so.«

»Die gewöhnlichen Sterne sehen tatsächlich wie Punkte aus. Und wenn du durch Christophs und Görges Fernrohr guckst, dann sehen sie immer noch wie Punkte aus. Da hilft nichts. Etwas anderes ist es wohl mit dem Weihnachtsstern. Der hat wohl diesen herrlichen Glanz und die Strahlen und alles.«

»Kann ich den Weihnachtsstern denn mal mit meinem Fernrohr erkennen?«

»Ich glaube nicht, Martin. Er scheint in unserer Zeit nicht mehr am Himmel. Ich hab' ihn jedenfalls noch nie gesehen.«

»Wie schaade!«

Un dann kommt der Abend, an dem Christoph und Görge ihr Fernrohr zum ersten Male im Freien aufstellen, um die Wunder der Himmelswelt zu erforschen. Es ist inzwischen bitterkalt geworden, bald wird Weihnachten sein, der frisch gefallene Schnee glitzert im Sternenlicht. Die übrige Familie nimmt, in Mäntel gehüllt, an dem Ereignis Anteil. Aber Christoph und Görge haben vor lauter Leidenschaft nicht einmal ihre Jacken an. Sie wollen versuchen, die Monde des Jupiter zu beobachten.

»Welcher ist denn der Jupiter?« fragt Martin.

»Das ist er.«

Martin zieht den Mantel hoch und kramt in seiner Hosentasche herum. Dann setzt er sein Fernrohr an, beugt den Kopf zurück und sucht den Jupiter. Mit einem Male sagt er leise zu sicher selber: »Oh!« Und noch einmal wie erschrocken: »Oh!« und dann ganz überwältigt: »Oh!«

»Was ist denn?« fragt der Vater.

»Ich erkenne den Weihnachtsstern«, flüstert Martin, ohne die Zwirnrolle von seinem Auge zu nehmen.

»Wirklich? Wie sieht er denn aus?«

»Mit lauter so darum herum aus Gelb und Grün und Golden.«

Da muß der Vater doch auch einmal durch Martins Fernrohr sehen. Und wirklich, es gleißt und schimmert um den Jupiter herum, daß es nur so eine Art hat. Aber der Vater erkennt auch gleich, wie das Feuerwerk zustande kommt. Auf der Glasscherbe sitzt ein fettiger Fingerabdruck über dem andern, und in den zarten Rillen bricht sich der Sternenschein, glänzt auf und versprüht zu farbigen Strahlen.

Der Vater legt das Fernrohr wieder in Martins ausgestreckte Hand und sagt, daß er noch nie in seinem Leben einen so zauberhaften Stern erblickt habe wie diesen.

»Komm, Mutti soll sich auch einmal daran erfreuen.«

»Haben Christoph und Görge ihn auch erkannt?«

»Nein. Das Fernrohr von Christoph und Görge ist nur für gewöhnliche Sterne bestimmt.«
»Wem sein Fernrohr findest du besser, meins oder Christoph und Görge seins?«
»Ein besseres Fernrohr als das, womit man den Weihnachtsstern erblicken kann, dürfte es wohl nirgends auf der Welt geben.«
»Oh!« sagt Martin.

Werner Wollenberger: Janine feiert Weihnachten

Wann ist Weihnachten? Man sagt, am 24. Dezember, am 25. vielleicht. Das habe ich auch immer geglaubt, bis jene Geschichte passierte, die ich jetzt erzählen möchte. Seither bin ich nicht mehr so sicher.
Die Geschichte nahm ihren Anfang im Sommer des Jahres 1958 in einem kleinen Juradorf. Das Juradorf war wirklich sehr klein – ein paar Häuser, ein Bäcker, zwei, drei Wirtschaften, eine kleine Schule, eine Kirche und ein paar Familien über die Hänge verstreut. Eine dieser Familien bestand aus einem jungen Ehepaar und einem achtjährigen Mädchen, nennen wir es Janine.
Janine war ein fröhliches Mädchen, aber in diesem Sommer begann es zu kränkeln. Es wurde apathisch, es war immer müde, es nahm nicht mehr an den Spielen seiner Gefährtinnen teil; es begann Kopfweh zu haben, es wollte morgens nicht mehr aufstehen; es war krank. Zuerst schien die Sache nicht sehr besorgniserregend; aber nachdem Janine immer mehr zu klagen begann, ging die Mutter zum Arzt des nächsten größeren Dorfes. Der Arzt untersuchte sie und kam der Krankheit nicht auf die Spur.
So fuhr die Mutter denn eines Tages im September nach Basel und ließ Janine von einem berühmten Professor an der Universitätsklinik untersuchen. Der Bescheid, den Janines Mutter bekam, war erschreckend. Janine hatte Leukämie, eine Blutkrankheit, gegen die es auch heute noch kein Mittel gibt und die binnen kurzer Zeit zum sicheren Tode führt. Der Professor gab Janine höchstens noch zwei Monate zu leben. Die Mutter war verzweifelt. Sie beschwor den berühmten Arzt, sie bat ihn, sie fragte, was sie tun könne, und dem Arzt blieb nichts übrig, als ihr zu sagen, das einzige, was sie für Janine noch unternehmen könne, sei, ihr die letzten Wochen ihres Lebens so schön wie immer möglich zu machen.
Janines Eltern waren nicht reich, aber es ging ihnen nicht schlecht, und sie beschlossen, für Janine zu tun, was immer nur zu tun sei: mit

ihr zu reisen, ihr die Schweiz zu zeigen, die Welt zu zeigen; sie mit Geschenken zu überschütten.

Aber Janine wollte von all dem nichts wissen. Sie wollte nicht reisen, sie wollte keine Geschenke haben. Sie hatte nur einen einzigen Wunsch, und das war: Weihnachten zu feiern. Sie wollte Weihnachten haben, und zwar wunderschöne Weihnachten, wie sie sich ausdrückte, Weihnachten mit allem, was Weihnachten zu Weihnachten macht. Das war der einzige Wunsch, der Janine nicht zu erfüllen war. Dezember rückte näher, der Vater wurde immer verzweifelter, und in seiner Verzweiflung vertraute er sich einem Freund, nämlich dem Lehrer des Dorfes, an. Zusammen kamen die Männer auf eine Idee. Der Vater ging nach Hause, mit gespielter Begeisterung erzählte er Janine, daß Weihnachten ausnahmsweise in diesem Jahre früher stattfinden werde, und zwar bereits am 2. Dezember. Janine war ein gescheites Kind und glaubte die Geschichte zunächst nicht; das heißt, sie hätte sie gerne geglaubt, aber sie konnte das gar nicht fassen. Nun, der Vater sagte, mit Ostern sei es ja auch so, und genauso sei es nun eben einmal mit Weihnachten. Die Idee schien dem Vater sehr gut; er hatte nur etwas dabei vergessen: Weihnachten ist ein Fest, das man nicht alleine feiern kann. Zu Weihnachten gehören die Weihnachtsvorbereitungen, das Packen der Paketchen, der Geschenke. Zu Weihnachten gehört als Vorbereitung, daß in den Geschäften die Geschenke ausgestellt sind, daß die Christbäume auf dem Dorfplatz aufgerichtet werden. Zu Weihnachten gehört die ganze Zeit vor Weihnachten, und zu Weihnachten gehört vor allem, daß alle es feiern.

Der Nächste im Dorf, der ins Vertrauen gezogen wurde, war der Bäcker. Und der Bäcker beschloß, seine Lebkuchenherzen dieses Jahr schon früher zu backen. Er beschloß auch, sein berühmtes Schokoladenschiff, das er jedes Jahr ausstellte, dieses Jahr schon früher ins Fenster zu stellen und aus den Schloten des Schiffes die Watte dampfen zu lassen. Und nun begannen die anderen Geschäftsleute des Dorfes, die sich zunächst gesträubt hatten – denn Weihnachten ist für Geschäftsleute nicht nur ein Fest, sondern eben auch ein Geschäft –, die Leute, die sich zunächst gesträubt hatten, begannen auch, ihre Weihnachtsvorbereitungen zu treffen.

Der Plan setzte sich immer fester in den Köpfen der Leute des kleinen Juradorfes. In der Schule wurde gebastelt; im Kindergarten wurde gebastelt; den Kindern wurde eingeschärft, daß Weihnachten dieses Jahr früher sei als in anderen Jahren, und es wurde überall gemalt, gebacken. Die Hausfrauen machten mit; die Väter gingen auf den Dachboden, holten die Lokomotiven und die Eisenbähnchen und begannen, sie neu zu bemalen oder auszubessern; die Puppen wurden in die Puppenklinik gebracht. In dem kleinen Dorf setzten schon Mitte November ganz große Weihnachtsvorbereitungen ein. Der letzte Widerspruch, der zu überwinden war, war der des Pfarrers: konnte er denn die ganze Weihnachtsliturgie vorwegnehmen? Er konnte es. Er setzte Weihnachten für den 2. Dezember fest.

Der 2. Dezember kam, und es wurde ein wundervolles Weihnachten für Janine, ein Weihnachtsfest wie in anderen Jahren. Die Sternsinger kamen, verteilten ihre Lebkuchen, ihre Nüsse, ihre Birnen, und sogar aus dem Radio kam weihnachtliche Musik, kam »O du fröhliche«, kamen die Schweizer Weihnachtslieder, und daran war nicht das Radio schuld, daran war ein kleiner Elektriker im Dorf schuld, der eine direkte Leitung in das Haus Janines gelegt hatte und vom Nebenhaus her Platten abspielte, deren Musik nun direkt aus dem Lautsprecher kam.

Es war ein wundervolles Weihnachtsfest, und zwei Tage später starb Janine. Am 24. Dezember 1958 wurde in diesem kleinen Juradorf nicht mehr Weihnachten gefeiert.

Mascha Kaléko: So um Dezember ...

(Für Lee)

Weißt du noch ...? In zarten Wattetupfen
Schüttete der Himmel ersten Schnee.
Puttel tat der Hals ein bißchen weh,
Und du hattest den Dezemberschnupfen.

Weißt du noch, es war so still im Zimmer.
Schularbeiten waren längst gemacht.
Überm Frost lag sanft Lamettaschimmer.
Beckers unten übten »... Stille Nacht!«

Weißt du noch, wir solltens noch nicht wissen:
Aus dem Schubfach rochs nach Marzipan ...
Und wir »staunten« – schurkenhaft gerissen –
Als wir dann die »Überraschung« sahn.

Deine »Tilda« hatte echte Haare!
– Ach, und Pu, mein süßer Elefant,
Der so lang im Kaufhausfenster stand.
Mein war Pu! Und ich war sieben Jahre.

Nächsten Tag um vier war Schulaufführung,
Und ich machte mit beim Elfentanz.
Und ganz vorne saß der Onkel Franz
Und der sah mich in der Goldverschnürung!

Mutti lachte über die Frisur.
Vater brummte nur: »... Du eitle Ratte!«
Doch er sagte nichts zu der Zensur,
– Wo ich doch 'ne Vier in Rechnen hatte.

Abends gab es dann noch Tee mit Rum
Und das Glück im Märchen-Grimm zu lesen.
– Damals hieß man uns noch klein und dumm.
... »Groß« und »klug« ists nie so schön gewesen.

Erster Weihnachtstag

Psalm 96:

1. Singt Gott ein Lied, das noch nie dagewesen ist, die ganze Welt soll mitsingen.
2. Singt Gott, preist seinen Namen. Macht Tag für Tag bekannt, daß von ihm Hilfe kommt.
3. Erzählt den Völkern von seiner strahlenden Größe, allen Nationen von seinen Wunderwerken.
4. Groß ist Gott und sehr gerühmt, allen Göttern weit überlegen.
5. Denn alle Götter der Völker sind Götzen, aber Gott hat den Himmel gemacht.
6. Hoheit und Glanz leuchten vor ihm her, in seinem Heiligtum Kraft und Pracht.

Gebet: Herr, du kennst alles, was uns bewegt und was uns umtreibt. Darum bitten wir dich: Laß uns in diesen Tagen froh und von Freude erfüllt sein, weil du deine Liebe sichtbar gemacht hast, damit sich unser Leben ändern kann und Liebe unter uns ist und wir überallhin den Frieden bringen können.
Wir bitten dich für die Menschen, die in diesem Jahr zu Weihnachten krank und einsam sind. Sei du ihnen nahe, wenn sonst niemand nahe ist. Sei du ihr Leben, wenn nirgends mehr anderswo Leben sein kann.
Wir bitten dich für die Menschen, die in diesem Jahr zu Weihnachten traurig sind und Leid tragen. Tröste du, wo niemand mehr trösten kann und mach ihnen das Leben wieder licht.
Wir bitten dich für alle Menschen, die mit sich selbst oder in ihrer Familie schwere Probleme haben. Hilf du, wo niemand mehr helfen kann.

Lied EKG 33, GL 144: Sehet dies Wunder, wie tief sich der Höchste hier beuget; sehet die Liebe, die endlich als Liebe sich zeiget: Gott wird ein Kind, träget und hebet die Sünd! Alles anbetet und schweiget.

Weihnachten ist das Fest, das uns wieder zum Bewußtsein bringt: Gott ist anders; er kennt keine Gewöhnung: seine Wege sind immer neu; er ist jung; er kommt zu uns, wie er will. Somit feiern wir an Weihnachten auch das Fest der Unberechenbarkeit Gottes.

Gottes Zuneigung erschien unter uns als Mensch. Sein Wort war: »Kommt zu mir alle! Ihr werdet Ruhe finden bei mir!« (Mt 11,28). Die Begegnung mit einem solchen Gott ist immer eine Erschütterung. Er »verdirbt die Weisheit der Weisen, und den Verstand der Verständigen macht er zunichte« (1 Kor 1,19). Dieser menschliche Gott darf von uns verlangen, daß wir menschlich zueinander seien ... *Ladislaus Boros*

Gott ist gekommen. Er ist da. Und darum ist alles anders, als wir meinen. Die Zeit ist aus dem ewigen Weiterfließen verwandelt in ein Geschehen, das mit lautloser, eindeutiger Zielstrebigkeit auf ein ganz bestimmtes Ende hinführt, darin wir und die Welt vor dem entschleierten Antlitz Gottes stehen werden. Wenn wir sagen: Es ist Weihnacht, dann sagen wir: Gott hat sein letztes, sein tiefstes, sein schönstes Wort im fleischgewordenen Wort in die Welt hineingesagt, ein Wort, das nicht mehr rückgängig gemacht werden kann, weil es Gottes endgültige Tat, weil es Gott selbst in der Welt ist. Und dieses Wort heißt: Ich liebe dich, du Welt und du Mensch.

Karl Rahner

Das Licht, dies zeigen die Evangelisten und ihre Interpreten, die Maler und Schriftsteller, ist ständig bedroht – durch Herrschaft, Krieg und Massaker. Die Idylle wird nicht vorausgesetzt, sie will erobert sein. Der Stall, als Haus des Friedens, hat solange nur Vorschein-Charakter und ist noch nicht, hier und heute, Realität, als nebenan die Selektion durchgeführt wird: die Opferung jener Kinder, die sterben müssen, weil das Licht nicht weit genug dringt.

Walter Jens

Wir können aufrecht gehen, weil er gekommen ist, weil er kommt, weil er kommen wird. Anfang und Ende in einem, Vergangenheit, Gegenwart und Zukunft in einem. *Heinrich Albertz*

Wer schreibt die erste Strophe eines neuen Psalmgedichtes angesichts der Tatsache, daß Gott der Allmächtige ist, dessen letztem Eingriff und Urteil wir alle, ja alle ausgeliefert sind? »Singet dem Herrn ein *neues* Lied; singet dem Herrn, *alle Welt*«. Wer fängt damit unter den Christen des Ostens, Südens oder Westens an?

Friedrich Winter

Walter Dirks: Weihnachten

Einer der besten von den frommen Weihnachtsartikeln, die ich gelesen habe, trug den Titel »Fest in trüber Zeit«. Das kann man wohl sagen! Wir sind mitten drin, in beiden, im Fest und in der trüben Zeit. Reden wir nicht von dieser; es wäre nicht passend, mitten im Fest, zumal da Sie wohl schon etwas müde sind und weil Sie vor diesen Tagen viel gelesen und gehört haben, sind Ihnen die schlimmen Wörter Arbeitslosigkeit und Inflation, Hunger und Folter, Selbstzerstörung der Erde im Kopf, vielleicht sogar im Herzen – als gewichtiges Syndrom namens Krise. Reden wir lieber vom Fest. Wie steht es mit dem dubiosen und kuriosen Fest, das uns trotz trüben Zeiten wieder kräftig in Trab gebracht hat? Viele haben es aus ihrem Kalender streichen wollen, teils mit zeitkritischen, teils mit theologischen Begründungen. Solcher Abwärtsbewegung könnte eine nostalgische Wiederaufwärtsbewegung entgegenlaufen. Eine dritte Bewegung nennt sich »ein anderes Weihnachten« oder schicker »Alternativ-Weihnacht«. Wollen wir die Frage stellen, ob die christlich progressive und gesellschaftskritische Antiwelle stärker ist, oder die nostalgische und die sozusagen neuchristliche Prowelle, dann müßten wir natürlich bedenken, daß Weihnachten keineswegs eine einfache, einheitliche Struktur ist, sondern, um es genauso modisch wie in Sachen Krise auszudrücken, ein Syndrom.

Da wäre vieles zu registrieren. Um mit dem heißen Kern anzufangen: Wie steht es mit dem Glauben an die Heiland-Geburt? Sodann: Welchen Stellenwert hat das 13. Monatsgehalt? Ganz demonstrativ im Vordergrund des Syndroms steht der Weihnachtsbaum, mit oder ohne Krippe, mit oder ohne Lametta, das ist eine Stilfrage, aber nie ohne Lichter. Die Kerze verdient auch als selbständige Erscheinung genannt zu werden, ebenso der Stern: der von Bethlehem, der aus Messing oder Goldpapier ausgestanzte oder der Zimtstern. Vieles Weihnachtliche muß sich essen lassen, selbst das Christkind aus Marzipan. Alkohol. Frau Barbara bittet in der »Zeit« besonders dringlich. Die Christmette, nachts, eine Märchenszene oder ein Gottesdienst. Das große Geschenk, das Geschenk des Jahres. Liebe. Der Anteil, den das Weihnachtsgeschäft am gesamten Jahresumsatz hat, unentbehrlich in der Bilanz. Kinderjubel, auch Kindertränen, Kinderschlaf. Die gebratene Gans, allerdings nicht in allen Schichten vorfindlich beziehungsweise erschwinglich. Erwartungen, Erfüllungen, Enttäuschungen, Sehnsüchte. Drei, oder, wenn es gut fällt, vier freie Tage. Stress: Käuferstress, Verkäuferstress, Hausfrauen- und Hausmännerstress. Päckchenberge – eines hat übrigens der Verkehrsschutzmann an der Kreuzung bekommen. Gott ist Mensch geworden. Der Christstollen. Die Gerüche – duftendes Wachs oder nicht so gut riechendes Paraffin und ein paar versengte Fichtennadeln, Weihrauch und das Duftgemisch von Braten und Gebäck. Ein Element schließe ich aus, den Weihnachtsmann: der ist mir als Ersatz fürs Christkind zu billig, gestohlen der christlichen Legende vom heiligen Nikolaus, aber der hat, das sollten wir wissen, sein Dezemberfest lange gehabt. Undsoweiter undsofort.

Die Elemente des Syndroms ließen sich nach zwei Polen hin ordnen: hier Christgeburt, dort Herzenslust. Die Zweideutigkeit der Herzenslust gehört zur Sache: Sie ist ja selber zweipolig, so wie der Name es andeutet, hier das Herz, dort die Lust. Der geradezu heidnische Pol einer Lust, die das Herz verrät, steckt in der Weihnachts-Devise: »Wer hat, dem wird gegeben«. Mit dem Haben und seinem Gehabe steigen ja auch die Ansprüche an die Liebhaber und die Geldgeber. Carlo Levi erzählt da in seinem autobiographischen Roman »Christus kam nur bis Eboli« eine bittere Geschichte: Jenseits von Eboli im ländlichen Kalabrien, dort, wohin Christus und also die humane Zivilisation eben nie gekommen sind, bringen am Weihnachtsfest die Armen den Reichen ihre Geschenke. Auch bei uns kommt es vor, daß die Gabe in Wahrheit ein Tribut ist. Doch haben wir die Geschichte von den Hirten, die ihren Schafskäse bringen, und den mit Gold, Weihrauch und Myrrhen beladenen Magiern nicht so radikal umgestülpt, sondern sie unserer Gesellschaft angepaßt. Reich beschenken die Reichen die Reichen, und Gott sei Dank die Armen, wenn auch arm, die Armen; auch kommt es erfreulicherweise vor, daß das Geschenk solche Grenzen nicht nur redlich überwindet, sondern geradezu aufhebt, zunichte macht. Denn Liebe ist zwar nicht *die* Chiffre von Weihnachten, gehört aber doch zum Syndrom. Fazit: Die Kluft bleibt erheblich zwischen dem Festgegenstand: »Gott schenkt der Welt ihren Befreier« und der Art, wie wir dessen Geburtstag feiern. Es muß daran liegen, daß wir das mit der Befreiung nicht so recht ernstgenommen haben.

Denn das darf man nicht vergessen, auch das christliche Weihnachten für sich genommen ist nicht ganz ohne Probleme. Nicht nur Ostern, sondern auch das Fest der »Erscheinung des Herrn«, das wir Dreikönigsfest nennen, standen liturgisch bis in unsere Zeit hinein höher im Rang als das Weihnachtsfest. Es ist nicht einmal ein Doppelfest, denn morgen feiern wir nicht den zweiten Weihnachtstag, sondern Sankt Stephan, den ersten Märtyrer. Darin dürfte sich

widerspiegeln, daß die frühen Christen anders als die heutigen die biologische Geburt Jesu nicht so wichtig nahmen wie vieles andere, zum Beispiel deren Voraussetzung, die Menschwerdung neun Monate vorher, wie seine Erscheinung vor den Menschen, seinen Tod und seine Auferstehung. Ein Fest der Bergpredigt haben sie allerdings vergessen. Aber den Titel »Unbesiegte Sonne«, welchen die Römer am Fest der Wintersonnenwende proklamierten, und den eines Tages die römischen Kaiser dem Gott gestohlen und für sich beschlagnahmt hatten, haben die Christen diesen ziemlich spät wieder abgenommen und auf die Geburt des Lichtbringers Jesus bezogen. Seitdem gibt es statt der Wintersonnenwende Weihnachten. Den richtigen Energiestoß gab ihm erst der arme Mann aus Assisi, als er die Krippen in die Kirchen stellte, um den Armen klar zu machen: Christus, dessen Fresko so riesengroß, so triumphal, so angsterregend von den Apsiden der romanischen Basiliken aufs Volk herniederschaute, hat als armes Kind im Stall zu leben angefangen. Seine Krippe geriet dann dem Barock reichlich ins Barocke, die Deutschen erfanden die Poesie, im Salzburgischen Land das Lied »Stille Nacht« – wie konnte ich es in der Syndromliste vergessen –, im Elsass der Weinachtsbaum, und so haben wir denn die Bescherung. Ein Fest der Bergpredigt dagegen haben wir auch heute noch nicht.
In solchen Erscheinungen wittern kritische Theologen die Einseitigkeit einer Theologie, die nur die Erlösung von unserem Sündenelend im Auge hat und sich deshalb auf die heilige Dreiheit Inkarnation, Sühnetod und Auferstehung konzentriert. Heute entdeckt man neu, und auch das hat Konsequenzen für die Art, wie die Christen und mit ihnen die Humanisten Weihnachten feiern können, seine Botschaft vom anbrechenden Reich eines sehr realen Friedens und einer sehr realen Liebe, von einem Reich, das jeden Tag mitten unter uns und zwischen uns neu Macht gewinnen kann, in großartigen Taten, wenn einer dieser fähig werden sollte, und im bescheidenen Tun der Tage unseres Lebens.
Ich komme auf jenen Artikel zurück, der »Ein Fest in trüber Zeit« hieß, aber nicht, um weiterhin geistlich zu reden, wie in den letzten Sätzen, sondern weltlich. Der Autor macht nämlich plausibel, wie sinnvoll, ja wie notwendig auch das weltliche Fest zu jeder Zeit und deshalb selbst in trüben Tagen ist. Nicht um Trübes hell zu machen – das gewiß auch –, sondern um Allzumenschliches menschlich zu machen. Der Theologe sprach also hier als Anthropologe, und wann sollte das berechtigter sein als an dem Tag, da davon gesprochen wird, Gott sei Mensch geworden. Anthropolo-

gisch also warb er um den Mut zum Feste-Feiern. Die anthropologisch interessierten Völkerkundler werden ihm zustimmen, die zeitgenössischen Soziologen haben das Fest und seinen Stellenwert noch nicht alle bemerkt. Die Weltrevolution mag dringend sein; noch dringender ist, daß die Menschen, die unterwegs zu ihr oder anderswohin sein mögen, nicht unterwegs ihre eigene Menschlichkeit verlieren. Auch sie brauchen Rastzeiten auf ihrem langen Marsch durch die Institutionen, durch die Köpfe und die Herzen, und am richtigen Rasttag ist ein Fest fällig, auch für uns andere in der Tretmühle.

Aber was für ein Fest? Matthias Claudius berichtet von seiner Lust, neue Feste in der Familie zu erfinden. »Hurra, hurra, der erste Zahn ist da!« Aber das war noch vor dem Biedermeier, lange vor dem Biedermeier. Wir dagegen leben nach dem Biedermeier, lange nach dem Biedermeier. Große Feste, allgemeine Feste werden selten neu gestiftet. Der 1. Mai ist ein nicht sehr großartiges Beispiel für ein junges Fest. Es ist erst hundert Jahre alt. Feste sind im allgemeinen vorgegeben, das ist das eine, und man soll seine Spontaneität darein geben, das ist das zweite. Die erste Bedingung erfüllt bei uns im Land doch tatsächlich wohl einzig und allein das Weihnachtsfest, als kurios geistlich-weltliches Syndrom. Ostern und Pfingsten werden im Grunde nur von den Gläubigen gefeiert. Der Fastelovend, der Fasching oder die Fastnacht oder Fasnet, schon ihre verschiedenen Namen bezeugen das, sind regionale Feste, wenigstens so lange, als gewisse Landschaften noch fernsehresistent sind. Silvester ist ein Festklecks nebenbei, nicht viel dran. Aber Weihnachten gilt, überall und fast unangefochten, und wie meine Hinweise zeigen, scheint auch die umfassendste Kritik seiner problematischen Elemente es nicht umbringen zu können.

Es wäre zu überlegen, ob wir nicht einfach dabei bleiben sollten. Dann müßten wir allerdings mitfeiern, sonst stirbt das Vorgegebene, das wahrhaft problematisch, aber immerhin erstaunlich reich Vorgegebene, doch noch in trüben Zeiten ab, mangels unserer Spontaneität. Wir müßten dann akzeptieren, daß es sich um ein christlich-heidnisches Fest handelt, oder sagen wir schonender: um ein Fest der Gläubigen und Weltleute. Wir sollten einander in dieser Hinsicht gelten lassen. Gelten lassen ist mehr als Tolerieren. Das gilt übrigens nicht nur Weihnachten. An diesem Tag geschieht es ohnehin, denn als ich Elemente des Weihnachtssyndroms aufzählte, habe ich bewußt eine wichtige Sache für den Schluß ausgespart: das Wohlwollen. Was da kurz vor dem Fest aufbricht und im allgemeinen dann bis zum Neujahrstag hält, kann man doch so nennen. Der

Virus der ansteckenden Krankheit Weihnachten heißt Wohlwollen. Ist das wenig, ist das viel? Am christlichen Maß der Liebe, die alle umfaßt, und am menschlichen Maß einer realen Liebesbeziehung gemessen ist es wenig. Aber man kann das Wohlwollen auch mit anderen Haltungen vergleichen: mit der Glut der Hassenden und der Eiseskälte der Verachtenden, vor allem aber mit ihrer grauen Schwester, der wahrhaft tödlichen Gleichgültigkeit. Nicht Wohlwollen regiert die Geschichte, aber insoweit wir Menschen geblieben sind und bleiben wollen, ist das Wohlwollen, wenn es nicht herablassend oder anbiedernd ist, sondern ehrlich, als kleine Münze und kleiner Schein von der Gold-Währung Liebe voll gedeckt. Wären wir reich im Reiche der Empfindung und der Phantasie, so ließen sich ganz andere Feste feiern. Ich wage es nicht, sie vor ihrer Einbildungskraft erstehen zu lassen. So lange uns Armen nur die Vision dieses ganz großen Festes vor Augen steht, von dem Schiller und Beethoven im Lied von der Freude träumen, ist Wohlwollen schon etwas. Man braucht nicht zu Verhungern, wenn man statt Liebe wahres Wohlwollen annehmen kann; man ist nicht völlig ohne Gabe, wenn man es schenken kann.

Sehen wir das Weihnachtsfest so, dann können wir es weiterhin zwischen Christen und Weltleuten in der Schwebe halten. Es hat ja ohnehin in seinen besten Momenten etwas Schwebendes, – als kostbaren Rest und, wo es gelingt, als Vorschein freierer Feste.

Was ist Licht? Ich habe einmal als Strafgefangener in den Kasematten der Festung Glatz in einem Keller gesessen, mehr gestanden als gesessen – er war für 20 Leute gebaut und hundert waren in ihm eingesperrt, acht Tage. Acht Tage gab es kein Licht. Sie wollten uns damit mürbe machen. Aber wenn man genau hinsah, konnte man tagsüber durch die Ritzen der schweren Tür einen blassen Schein sehen. Und wenn wir zum Essenfassen herausgeführt wurden, waren wir wie geblendet. Seitdem – und noch einmal seit dem Tage, als über dem Flugplatz von Aden 1975 die Sonne aufging – weiß ich, was Licht ist. Licht erkennt man immer erst, wenn man die tiefste Finsternis erfahren hat. Licht ist dann Befreiung, ist dann das Leben. Und genau davon redet die Weihnachtsgeschichte.

Heinrich Albertz

Siehe, wie gar schlicht und einfältig die Ding zugehen auf Erden, und doch so groß gehalten werden im Himmel. Auf Erden gehet es also zu: Da ist ein arm junges Weiblein, Maria, zu Nazareth, gar nicht geachtet und unter den geringsten Bürgerinnen der Stadt gehalten. Da wird niemand gewahr des großen Wunders, das sie träget; sie schweiget auch stille, hält sich für die Geringste, sie machet sich auf mit ihrem Hausherrn Joseph, haben vielleicht keine Magd noch Knecht, sondern er ist Herr und Knecht, sie Frau und Magd im Haus, haben also das Haus lassen stehen oder andern befohlen. Da sie nun gen Bethlehem kommen, zeigt der Evangelist, wie sie die Allergeringsten und Verachtetsten sind gewesen, sie haben jedermann müssen räumen, bis daß sie in einen Stall geweiset, mit dem Viehe eine gemeine Herberg, gemeinen Tisch, gemeine Kammer und Lager haben müssen annehmen, indes mancher böser Mensch, im Gasthaus obenan gesessen, sich hat einen Herrn ehren lassen. Da merket noch erkennet niemand, was in dem Stall Gott wirket, läßt die großen Häuser und köstliche Gemach leerbleiben, läßt sie essen, trinken und guten Mut haben; aber dieser Trost und Schatz ist in ihnen verborgen.
O welch eine finstere Nacht ist über dem Bethlehem damals gewesen, die eines solchen Lichts nicht ist inne worden! Wie zeiget Gott an, daß er so gar nichts achte, was die Welt ist, hat und vermag; wiederum die Welt beweiset auch, wie gar sie nichts erkennet noch achtet, was Gott ist, hat und wirket. *Martin Luther*

Fritz Grashoff: Von all den vielen Sternen

Von all den vielen Sternen,
die wir nie zählen lernen,
der schönste kam zur Welt.
Wir sahn das Sternlein steigen,
das Gott uns gab zu eigen
bei dunkler Nacht im Feld.

Es wies uns still die Wege
durch Hecken und Gehege,
die waren tief verschneit.
Wir gingen in die Hütte.
Das Kind lag auf der Schütte.
Erfüllet war die Zeit.

Und Ochs und Esel kamen,
die Blinden und die Lahmen,
die Spinne und die Maus.
Und waren froh der Stunde.
Der Wind auf seiner Runde
trat leise in das Haus.

Marie und Joseph standen
am Kripplein, das wir fanden,
und waren arme Leut.
So schenk', o Herr, uns Armen
dein Lieb und Allerbarmen
in kalter Winterzeit.

Zweiter Weihnachtstag

Psalm 96:

7. Auf, ihr Völker, zu Gott! Erkennt seine strahlende Macht an und die Leuchtkraft seines Namens!
8. Bringt Geschenke und kommt zu seiner Wohnung!
9. Verneigt euch tief vor seiner heiligen Pracht, vor seinem Angesicht bebe die ganze Welt!
10. Verkündet den Völkern: König ist Gott. Das Land hat er befestigt, daß es nicht wanken kann. Den Völkern verhilft er zuverlässig zum Recht.
11. Es freue sich der Himmel und die Erde jauchze, das Meer stimme tosend zu und alles, was darin lebt.
12. Jubeln soll das Feld und was darauf wächst. Alle Bäume des Waldes sollen jauchzen,
13. weil Gott gekommen ist. Denn er kam, die Erde zu regieren. Die Erde regiert er gerecht, alle Völker mit Zuverlässigkeit.

Gebet: Herr, du warst bei den Hirten in der Nacht. Du hast sie licht gemacht, als sie dunkel waren. Du hast sie reich gemacht, als sie arm waren. Du hast sie froh gemacht, als sie elend waren. Du hast sie munter und fröhlich gemacht, da sie müde und niedergeschlagen waren. Du hast ihre Welt und ihr Leben mit dem Glanz deiner Herrlichkeit erfüllt. Komm so auch zu uns in dieser Zeit. Wir bitten dich. Komm zu uns, in denen es dunkel ist, und mache uns licht. Komm zu uns und mache uns reich: reich mit Liebe füreinander. Komm zu uns und mache uns froh im Hause und mit jedermann über deine Gaben in dieser Welt. Komm zu uns und laß deine Herrlichkeit auch über uns leuchten hier und in aller Welt. Bei allen Einsamen und Kranken, allen Gequälten und Friedlosen. Komm zu uns und in alle Welt mit deiner Herrlichkeit, o Gott, damit wir dich hier und in aller Welt loben können.

Lied EKG 28, GL 141: Ich lag in tiefster Todesnacht, du warest meine Sonne, die Sonne, die mir zugebracht Licht, Leben, Freud und Wonne. O Sonne, die das werte Licht des Glaubens in mir zugericht', wie schön sind deine Strahlen!

Die realistische Erzählung von der Geburt im Stall und seiner Vorgeschichte: Das ist Verheißung und Warnung zugleich. *Walter Jens*

Das Heil der Welt, das Heil meines eigenen Lebens wird verbunden mit einem winzigen, hilflosen, sprachlosen Säugling, angewiesen auf die Wärme seiner Mutter, wie jeder von uns, als sein Dasein begann. Und genau dieses Kind ist der, der Christus sein soll – so singen es die Engel –, der, der heil macht, was zerbrochen und kaputtgegangen ist in der Welt, in meinem eigenen Leben. Der Sohn Gottes ist ein Menschensohn, kein strahlender Halbgott, sondern von Anfang an und bis an sein bitteres Ende einer wie du und ich. »In Windeln gewickelt« – und dann erwachsen werdend, auf den Straßen seiner Heimat, mit seinen Gefährten, hungrig, durstig, traurig, fröhlich, verzweifelt, erschöpft, sterbend – wie wir. Der Herr wird ein Bruder und der Bruder unser Herr. Gott wird ein Mensch, und der Mensch darf Gott erkennen, den Unsichtbaren, Unnennbaren – nun sichtbar in ihm, heute dem Kinde, morgen dem Mann Jesus, von einer Frau geboren – wie wir. *Heinrich Albertz*

Weihnachten bedeutet für mich: Ich brauche nicht zu resignieren vor dem Unfrieden. Ich kann an den Mauern rütteln und sie durchbrechen. Grenzen sind nicht so endgültig, wie sie erscheinen. Versöhnung und Vergebung sind stärker als Haß und Mauern. Der Friede ist mächtiger, die Liebe ist bleibender, denn Er wird der Friede sein. *Rudolf Gebhardt*

Waltraut Schmitz-Bunse: Weihnachten im Krankenhaus

Ich bin schon lange hier. Ein im Grunde harmloses Leiden, nur daß es sich hinzieht, sagen die Ärzte.
Die Betten sind knapp. Sie würden mich nicht dabehalten, wenn das Leiden harmlos wäre. Aber ich habe es mir abgewöhnt, mißtrauisch zu sein. Was ändere ich schon. Ich hatte mir internistische Fachliteratur besorgt, um mir meine eigene Diagnose stellen zu können. So unrecht hat der Doktor nicht, man stirbt nicht ohne weiteres an dieser Sache. Man kann nur nicht leben. Ab und zu ermahnt mich Schwester Albertina zur Geduld; sie tut das meistens, wenn sie den Nachmittagskaffee bringt; dann hat sie etwas mehr Zeit als sonst – für das Menschliche, wie sie sagt. Schwester Albertina hat sanfte Augen und ein energisches Kinn. Ich bin dankbar, daß sie die Station betreut. Es ist allerdings schon lange nicht mehr nötig, daß sie mich bittet, um Gottes willen Geduld zu haben, ich

habe mich auf unbestimmte Zeit hier eingerichtet. Ich bin gewissermaßen aus Vorsicht geduldig. Zur Panik bin ich zwar des öfteren aufgelegt, doch das verschlimmert das Leiden. Ruhe ist die erste Bürgerpflicht.

Mitte Oktober befand ich mich tagelang in einem Zustand angenehmen Gottvertrauens. Die Fenster wurden um die Mittagszeit geöffnet, der Himmel war blau, die Sonne golden, und braune, riesengroße Sonnenblumenköpfe standen im Ausschnitt des Fensters. Ich habe ein Zimmer zum Garten hin. Es waren schöne Tage, und ich betete regelmäßig für die Anliegen der Kirche und auch für meine eigenen Anliegen. Leider wurden die Tage dunkler, das Wetter trüber, der Lauf des Jahres vollendet sich im Finstern. Ich griff zu Büchern, Schwester Albertina hat mir eine prächtige Leselampe besorgt.

Ich mag nicht immer lesen, ich möchte mit jemandem sprechen. Doch werden die Besuche seltener, der eine oder andere kommt noch, um eines der Werke christlicher Barmherzigkeit treu zu erfüllen; ich nehme es gern an, denn meine Verlassenheit ist ziemlich groß.

Die richtige Demut habe ich bisher noch nicht gelernt. Immer wieder drängt sich mir der unverschämte Wunsch auf, es möchte einer meiner Freunde kommen, weil ich ihm wichtig bin, nicht aus edler Absicht.

Die jungen Schwestern haben die Adventszeit über zweimal wöchentlich ein Singen veranstaltet, unten im Flur, es wurde durch die Lautsprecher, die auf allen Gängen des riesengroßen Hauses angebracht sind, übertragen. Ich habe die Tür öffnen lassen, denn ich hoffte, der Frieden und die geheimnisvolle Freude, die noch Mitte Oktober in mir wohnten, könnten vielleicht zurückkehren. Doch inzwischen bitte ich Schwester Albertina mit Hilfe unseres Klingelzeichens darum, die Tür zuzumachen. Sie versteht das nicht. Sie meint, ich wolle trotzig den von diesem Hause organisierten Trost für kranke und einsame Menschen aussperren. Inzwischen kommt sie nicht mehr darauf zu sprechen, wenn sie den Kaffee bringt. Ich glaube, sie schüttelt in der Küche den Kopf über mich. Ich glaube aber auch, daß sie für mich betet. Zum Kuckuck, ich habe mein Leben nicht Gott geweiht, nicht auf diese bestimmte, geregelte Weise. Ich habe keine Übung und keine Erfahrung darin, wie man seine Leiden für die Ungläubigen aufopfert, für die hungrigen Kinder in der Welt, für die Kommunisten. Manchmal versuche ich es, den mir immer noch peinlich unangenehmen Nadelstich der täglichen Injektion und das anschließende harte Brennen in eine Beziehung zu Gott dem Herrn zu bringen, ein Geschenk daraus zu machen, eine Gabe. Werde ich es jemals lernen, den unfreiwilligen Schmerz sauber in das echte Gold der Freiwilligkeit umzuschmelzen? Bei mir liegt in solchen Versuchen immer ein Bodensatz, ich bin der geborene Falschmünzer; mein Heroismus nährt sich von der Eitelkeit, meine Sehnsucht nach reiner Existenz enthält die schlaue Spekulation auf Gesundheit und Wohlergehen, nach gehaltvoller, vergnüglicher Frömmigkeit.

Wie soll ich erklären, daß ich den Trost deswegen ausschließe, weil jeder Trost meine mühsamen Bewegungen auf Gott hin korrumpiert? Ich halte an, mich fortzubewegen, und nehme die sanften Stimmen der Mädchen, die reizvollen alten Gesänge mit ihren wie gestochenen Synkopen erleichtert für den Sinn meines sinnlosen Lebens.

Wäre ich weniger hungrig nach den vollen Klängen des Lebens, dann würden mich die kleinen Adventskerzen, die Lieder der jungen Schwestern, der Tannenduft, der sich in den letzten Tagen gegen den Geruch nach Bohnerwachs durchgesetzt hat – wäre ich weniger verhungert nach dem Leben in Glück, würden mich die kleinen christlichen Aufmerksamkeiten zufrieden machen. Auf die Kinderstation ist Sankt Nikolaus gekommen, der gutmütige Assistenzarzt. Vorher hat er bei mir eine Zigarette geraucht, im Ornat. Er freute sich wie ein Kind auf die Freude, die Bewunderung, die entzückte Erregung der kranken Kinder. Ich bin eben kein Kind, sonst würde ich mich um die Zeit dieses Festes im Krankenhaus wohlfühlen, geradezu heimisch. Denn mit allen Kräften ihrer Phantasie versuchen die Schwestern, den Kranken das »Christkind« zu bringen.

Gleich wird ein Weihnachtssingen stattfinden. Dann werden zwei Kinder – soviel ich weiß die Kinder des Chefarztes unserer Station – als Engel verkleidet über die Flure gehen und vor jedem dritten Zimmer haltmachen, um ein Gedicht zu sagen. In der Nische neben dem Treppenaufgang brennt eine mächtige Kerze vor einer Krippe. Das hat mir Schwester Albertina erzählt. Ob ich nicht aufstehen wolle, sie würde mich gern mit dem Rollstuhl hinfahren, wenn ich mich zu elend fühlte, um die zehn Meter zu gehen. Ob denn nicht heute die Tür geöffnet werden solle, um die Engelkinder zu sehen. Sie habe auch noch ein kleines Bäumchen übrig, denn der alte Herr von Zimmer 45 sei letzte Nacht überraschend gestorben. Ob ich nicht ein winziges Weihnachtsbäumchen in meinem Zimmer haben wolle? Ein alter Gast des Hauses wie Sie hat doch Rechte, sagt sie sanft, ohne mich anzuschauen.

Ich habe ihr nicht geantwortet. Ich habe mich zur Seite gedreht. Da ist sie leise hinausgegangen. Sie dachte sicher, die Rührung habe mich übermannt, die Rührung geht um in allen Zimmern der Krankenanstalten, sie hätte ja auch mich erwischen können. Ich hatte mich gegen den Ansturm der weihnachtlichen Empfindungen, gegen diese Woge genügend weit zurückgezogen. Diese Woge treibt nicht nur das klare Wasser der Freude hoch, es ist viel Schlamm darin, viel von dem trüben Untergrund unseres Gemütes, viel Schaum, den der scharfe Wind des Leidens sehr schnell vernichtet.
O Gott, mit wie gemischten Empfindungen warten wir auf deine Ankunft. Nichts ist hergerichtet. Du hast mich zur Armut bestimmt, obwohl ich die Empfindungen liebe, obwohl ich ein Fest für dich vorbereiten möchte – das schönste Fest, das es geben kann, mit tausend Kerzen und herrlichen Gesängen, mit duftenden Blumen und kreisenden Sonnen, mit Heerscharen von fröhlichen Kindern, mit einer Liebe, die beständig brennt. Doch du bist es, der gibt, und was mich angeht, diese unnütze Person mit einem Leiden, das zum Tode nicht reicht und auch nicht zum Leben, so habe ich mich noch lange nicht genug von mir selbst befreit, um dir reinen Herzens wie ein Kind anzugehören. Ich bitte dich voll Inbrunst, laß dich von meiner Leere anziehen. Die Erde ist ein erloschener Planet, doch du hast den Weg ins Dunkel gewußt, so komm denn.
Du verstehst, warum ich meine Zimmertür nicht öffne, um die fromme Rührung hereinzubitten. Du weißt alles, du weißt auch, daß ich dich liebe.

Marianne Dirks: Zum Fest des heiligen Stephanus

Ein friedlicher Tag, dieser Zweite Feiertag heute: Die Spannungen und Stimmungen des Heiligen Abends und des Ersten Weihnachtstages sind abgeflaut, man ist angenehm müde und meist auch etwas übersättigt; man genießt die Ruhe oder macht Verwandtenbesuche. In katholischen Gegenden heißt er auch Stephanstag, weil in der Liturgie heute das Fest des Erzmärtyrers Stephanus begangen wird, der von den Juden gesteinigt wurde. Mir war es früher immer etwas peinlich, daß das zusammenfällt: Ich fand, es paßt wie die Faust aufs Auge. Heute meine ich, daß Beziehungen zu Weihnachten durchaus da sind. Im übrigen hat der Bericht in der Apostelgeschichte über das Auftreten des Stephanus für uns einige überraschend aktuelle Aspekte.
Die heutige Epistel bringt nur Ausschnitte der dramatischen Szene;

das ganze Mittelstück fehlt, weil es viel zu lang wäre; aber es fehlen dadurch auch die Stellen, auf die es eigentlich ankommt. Wenn Sie den Gesamtzusammenhang richtig verstehen wollen, so bitte ich Sie, heute einmal in Ihrem Neuen Testament Apostelgeschichte Kapitel 6 und 7 nachzulesen. Da wird zunächst berichtet, wie die Apostel den Stephanus und 6 andere Männer als Helfer im Gemeindedienst wählen ließen, um sich selber mehr für die Leitung des Gottesdienstes freihalten zu können. Sie waren eine Art Diakone, wie sie nach dem Beispiel der Urkirche heute wieder bei uns eingeführt sind. Auch damals durften sie neben der Caritasarbeit das Wort Gottes verkündigen. Es genügt, wenn Sie aus der sehr langen Ansprache des Stephanus begreifen, wie er in einer großen Überschau die Geschichte des jüdischen Volkes von Abraham bis Salomon darlegt und dabei hervorhebt: Auch schon vor dem mosaischen Gesetz und dem salomonischen Tempelbau hat Gott sein Volk geführt und beschützt. Die eigentlich bemerkenswerte und anstößige Stelle ist aber dann gegen Ende, wo er Isaias zitiert und sagt: Gott braucht nicht den von Menschenhänden gebauten Tempel, um sich anbeten zu lassen – die ganze Schöpfung ist sein Haus und von seiner Hand geschaffen. Da für die gläubigen Juden der Tempel das Heiligtum ist, in dem Gott seinem Volk nahekommt, mußte diese Rede die Zuhörer ungeheuer provozieren und verletzen. Als Stephanus merkte, wie sie bei der Stelle vom Tempel die Fäuste ballten und anfingen, ihrer Empörung Luft zu machen, wurde auch er erregt und griff seine Zuhörer scharf an. Er warf ihnen Ungehorsam gegen den heiligen Geist vor: Ihre Väter hätten die Propheten verfolgt, die den Messias ankündigten, und diesen hätten sie jetzt selber verraten und ermordet. An dieser Stelle setzt nun die heutige Epistel wieder ein und berichtet, wie Gott den Stephanus seine Nähe so deutlich erfahren ließ, daß er spontan ausrief: Ich sehe den Himmel offen und Jesus zur Rechten Gottes. Ähnlich wie Jesus am Kreuz empfahl er seinen Geist in die Hände des Vaters.
Das mußte die bereits sehr wütenden Männer bis zum Äußersten reizen; sie empfanden es als Gotteslästerung und übten Lynchjustiz aus, indem sie sich auf ihn stürzten und ihn steinigten. Diese aufregenden Schilderungen lassen leicht darüber hinweghören, wie die provozierenden Worte des Stephanus zugleich ein Vorstoß in eine neue Phase der Geschichte der jungen Kirche waren; zum ersten Mal wird hier die selbstverständliche enge Bindung der christlichen Gemeinde, zu der ständig neue Volksgruppen hinzustoßen, an die Überlieferung und die Kultstätten des Judentums in Frage gestellt. Das macht den Weg frei für eine unbefangene Übermittlung der

christlichen Botschaft an die Heiden. Es ist eine tragische Ironie, daß ausgerechnet Paulus – jetzt noch Saulus – als Gegner des Stephanus auftritt und seinen Tod gutheißt, – derselbe Paulus, der nach seiner Bekehrung die Öffnung der judenchristlichen Urkirche für den griechisch-römischen Kulturkreis besonders betreiben wird. Bis die Kirche begriffen haben wird, daß Gottes Heilsvermittlung nun die alttestamentarische Gesetzesfrömmigkeit aufsprengt und über sie hinausgreift, wird es freilich noch allerhand Kämpfe kosten – auch Auseinandersetzungen zwischen den Exponenten der beiden Richtungen, Petrus und Paulus. Der Tod des Stephanus scheint aber außerdem zu bestätigen, wie seit dem Leiden und Sterben des Jesus von Nazareth das Wachsen des Reiches Gottes in dieser Welt nicht ohne Leiden und offenbar auch nicht ohne den Tod von Zeugen vor sich geht. Daß an dieser Vermutung etwas dran ist, wird in dem Zeugnis bestätigt, das umgekehrt Gott selber dem Stephanus gewährt: nicht nur, als er ihn nach dem Bericht des Lukas einen Blick in den Himmel tun ließ, sondern schon vorher; als ihn Glaubensgenossen, die einer anderen Richtung angehörten und ihm im Streitgespräch nicht gewachsen waren, vor den Hohen Rat schleppten, da strahlte sein Gesicht vom Widerschein des Göttlichen, wie man sich das bei einem Engel vorstellt. Und wenn es heißt, daß seine Gegner darüber sehr erschraken, so fällt einem dabei das Erschrecken der Hirten beim ersten Auftreten des Weihnachtsengels ein. Stephanus wurde durch eine große innere Freude für seinen Tod gestärkt, weil er sich für die Führung von oben offengehalten hatte. Jeder Christ, der das versucht, muß damit rechnen, daß ihn eines Tages der Ruf trifft – sei es, daß er dem Herrn in den Köpfen und Herzen anderer den Weg bereiten soll, wie Johannes der Täufer, oder daß er das zu sagen hat, was ihm gerade in dieser Stunde der Kirche notwendig zu sein scheint, wie Stephanus – ob gelegen oder ungelegen. Wie die Kirche der Apostelzeit manches aus der Überlieferung der Väter allmählich loslassen mußte, um auch andere Völker als das jüdische ansprechen zu können, so müssen wir heute immer wieder liebgewonnene Traditionen aufgeben, um das Christentum für die Nachkommenden, die mit bestimmten überholten Formen nichts mehr anfangen können, annehmbar zu machen. So ist unsere Generation noch ganz selbstverständlich mit dem Latein als Kirchensprache aufgewachsen, und es war für viele ein schweres Umdenken, daß diese den meisten fremdgewordene Sprache nicht wesentlich und unaufgebbar dazugehört. Die Apostel hielten noch am Tempel fest – Stephanus, der Diakon, der trotz Handauflegung durch die Apostel wohl als Laie

zu betrachten ist, war bereits weitergegangen. Er erkannte, daß die Zeit des Tempels im Grunde vorbei war. Dabei lag es ihm fern, diesen zu verwerfen, da ja Christen noch in ihm beteten.
Auch in unserer Zeit sind oft Laien – im weiteren Sinn des Wortes, also auch Theologen, die nicht Amtsträger sind – berufen, in bestimmten Fragen mehr in die Zukunft vorzustoßen und mehr an die Kirche von morgen zu denken als die Amtsträger: Diese sind nicht so beweglich und brauchen oft länger, weil sie sich für alle verantwortlich fühlen, auch für solche, denen es schwer wird, auf altvertraute Formen zu verzichten, die in eine gewandelte Zeit nicht mehr passen. Vielleicht werden wir uns zu schwach vorkommen für solche Aufträge, wie sie Johannes und Stephanus empfingen, – oder gar für das Blutzeugnis, zu dem diese beiden Männer der ersten Stunde schließlich gerufen wurden; dann kann uns das Evangelium des heutigen Stephanustages eine großartige Ermutigung geben, die auch den Schwächsten stärken muß: Da heißt es, daß wir uns weder vor den Gerichten der eigenen Glaubensgenossen noch vor denen der Heiden Sorgen machen sollten: denn Gott wird euch eingeben, was ihr da reden sollt. Damit können wir im Grunde alles wagen; mir fällt dabei die kleine Nonne Blanche de la Force mit ihrer großen, unüberwindlichen Angst ein, wie sie Gertrud von le Fort in ihrer Novelle »Die Letzte am Schafott« schildert; Bernanons hat dieselbe Thematik in der »Begnadeten Angst« aufgegriffen. Aus sich selber war es der jungen Ordensfrau trotz aller Willensanstrengung nicht möglich, ihre Existenzangst zu überwinden. Als es aber ernst wurde mit dem Ruf zum Martyrium, erfuhr sie mit einem Schlag, was es heißt, von Gott gerufen und gestärkt zu werden; und daß diese Stärkung um eine Dimension größer ist als alle menschlichen Begrenzungen: Sie ging frei und gelöst wie ein Kind, das Salve Regina singend, zum Schafott. Ein Gegenstück dazu aus der Realität der Nazizeit: Martin Niemöller sagte 1937, wenige Tage vor seiner Verhaftung, in einer großen Versammlung: »Man sagt uns nach, wir drängten uns zum Martyrium. Ich muß aber offen gestehen, daß mir eine Flasche Wein immer noch lieber ist als ein Tag im Gefängnis.«
Wir dürfen und sollen trotz grundsätzlicher Bereitschaft hoffen und wohl auch beten, daß unser Glaube nicht auf eine solch äußerste Probe gestellt wird. Aber es gibt auch so, im Alltag unseres Lebens, genug Situationen, aus denen wir nur heil hervorgehen und in denen wir in unserem Glauben nicht irritiert werden, wenn wir uns auf die Erleuchtung durch den Heiligen Geist mehr verlassen als auf unsere eigenen Fähigkeiten.

Barbara Just-Dahlmann: Grad' uff Weihnachte

Um 7 Uhr früh klingelte das Telefon, und die vertraute Stimme eines mir bekannten Polizeibeamten entschuldigte sich für die Störung: »Wir wissen aber nicht, was wir tun sollen. Die Polizei hat seit zwei Wochen von der Staatsanwaltschaft den Auftrag, Bernhard J. abzuholen und in der Vollzugsanstalt abzuliefern. Er ist mehreren Ladungen zum Strafantritt nicht gefolgt, also bekamen wir den Auftrag, ihn zu holen. Wir haben es während der Woche mehrfach versucht, aber Bernhard J. hatte sich immer rechtzeitig vorher davongemacht. Offenbar hat immer einer von seiner großen Familie vorn am Fenster aufgepaßt, und wenn die Polizei kam, ist Bernhard J. hinten zum Haus oder durch Zwischentüren und Hinterhöfe bei den Nachbarn hindurch entwischt. Da haben wir es nun am Sonntag morgens ganz früh versucht und ihn – wie geahnt – auch angetroffen. Aber Bernhard J. wohnt im 1. Stock einer langgestreckten Baracke, und man erreicht seine Wohnung nur über eine Holzveranda, die sich die ganze Baracke im 1. Stock an den Wohnungen entlangzieht. Als Bernhard J. uns kommen sah, hat er sich in der Wohnung verbarrikadiert. Da haben wir die Feuerwehr geholt. Die ist mit Leitern über die Balustrade der Veranda gestiegen, und die Wohnungstür wurde gewaltsam geöffnet. Nun hat sich Bernhard J. mit seiner ganzen Familie ins Schlafzimmer zurückgezogen. Er steht hinter dem Kleiderschrank, hat eine Rasierklinge und droht, seine Familie und sich umzubringen, wenn einer von den Beamten näherkommt. Er verlangt, die Frau Just-Dahlmann soll kommen. Ich weiß ja nicht«, sagt der Beamte und zögert ein wenig, »ob Sie …«
»Ich komme, ich komme«, sage ich, »in 20 Minuten bin ich da.«
Bernhard J. Sicher hat er wieder mal den Leuten Dächer gedeckt, an denen nichts zu »decken« war und hat dafür eine Strafe bekommen und soll die nun absitzen. Bernhard J. wohnt am Rande des Mannheimer Barackenviertels in einer der sogenannten »besseren« Baracken. Im Gegensatz zu den eigentlichen kleinen Holzbaracken im Inneren dieses Viertels handelt es sich hier um langgezogene Steinbauten mit jeweils mehreren Wohnungen, die man – wie schon erwähnt – über eine Holzveranda erreicht, zu der eine Treppe hochführt. Das gesamte Barackenviertel gehörte 14 Jahre zu meinem staatsanwaltschaftlichen Zuständigkeitsbereich. Außerdem gehöre ich seit langem einer Arbeitsgemeinschaft »Sozialer Brennpunkt« an, die sich der Probleme der Bewohner dort angenommen hat. So kenne ich fast alle Familien, und die Familien kennen mich. Und manche Nacht schon

rief jemand an – zum Beispiel Frau J., die Ehefrau von Bernhard J., die aufgeregt und weinend ins Telefon rief: »Der Bernhard schteht bsoffe vor de Dier un schreit. Ich hab' so Angscht, ihn noi zu lasse. Kenne Sie net kumme un den beruhiche?« ...

Heute morgen also kam ich an. Polizei, Feuerwehr, die Nachbarn waren zusammengelaufen, alles blickte hoch zur Veranda, wo sich nichts rührte.

Zwei Beamte erwarteten mich, wir kletterten die Holztreppe zur Veranda hoch, traten in die Wohnung, ich öffnete die Schlafzimmertür. Es bot sich ein skurriles Bild:

Bernhard J. hatte offenbar die gesamte Großfamilie alarmiert: seine Frau, zwei Schwägerinnen, vier Kinder und eine Großmutter standen an die Wände gedrückt in einem Zimmer, das durch ein Ehebett fast völlig ausgefüllt war. Das Bett war mit einer rüschenbesetzten rosa Decke überzogen, und mitten darauf saß ein kleiner Hund, ein Pekinese, und betrachtete mich neugierig mit seinen schwarzen Knopfaugen. Hinter dem Kleiderschrank aber lugte der rotbäckige, schwarzgelockte Kopf von Bernhard J. hervor, und als er mich erblickte, rief er erst einmal mit lauter Stimme: »Die Bulle bleiwe awwer drausse!« Die beiden Beamten blickten sich und mich zweifelnd an, ihr Problem schien nicht kleiner geworden zu sein: Während sie bisher nur ein Blutbad unter der Familie J. zu vermeiden gesucht hatten, sollten sie nun auch noch die Verantwortung für mich einem rasierklingenbewaffneten Mann überlassen. »Bleiben Sie an der Tür«, konnte ich sie beruhigen, »Bernhard J. und ich kennen uns schon so lange und so gut, daß nichts passiert.« Die beiden blieben also – bestimmt mit gemischten Gefühlen und sehr wachsam – im Türrahmen stehen, und ich verschwand hinter dem Kleiderschrank. Und dann begannen wir zu flüstern – der Bernhard J. und ich. Während die anwesenden Frauen – wie auf Bestellung – zu jammern und zu weinen begannen und die Kinder an den Rockschößen ihrer Mütter zerrten, während die beiden Beamten im Türrahmen wachten und das kleine Hündchen jetzt auf dem Bett herumhopste, flüsterte ich Bernhard J. ins Ohr: »Herr J., was machen Sie denn hier für 'n Zirkus? Jetzt werden Sie doch vernünftig, sonst nehmen die Sie noch mit nach Wiesloch. Was ist denn nur los hier?« (Wiesloch ist das für Mannheim zuständige Psychiatrische Landeskrankenhaus.) Bernhard J. beugte sich zu meinem Ohr und flüsterte zurück: »Frau Dahlmann, die wolle mich ins Landes schaffe; grad' jetzt uff Weihnachte. Das geht doch net. Moi Kinner un mei Fra, die hänge doch so an ihrem Vadder. Frau Dahlmann, ich bring' mich noch um, grad' jetzt uff Weihnachte ...«

»Herr J.«, flüsterte ich zurück, und der Angesprochene neigte sein Ohr zu meinem Mund, »Herr J., würden Sie denn auch freiwillig kommen, wenn wir die Ladung nach Heilig-Drei-König schikken?« Bernhard J. hielt die Rasierklinge zwischen Zeigefinger und Daumen in der rechten Hand, den kleinen Finger leicht abgespreizt, und ich überlegte, was die beiden Polizeibeamten wohl von dem Geflüster hinter dem Kleiderschrank dachten. Derweilen wisperte Bernhard J. mir ins Ohr: »Ganz sicher wer ich kumme. Bestimmt, Frau Dahlmann, Sie kenne sich doch uff mich verlosse!«

»Das muß ich, Herr J.«, sagte ich, »denn wenn Sie Ihr Wort nicht halten und ich hab alles abgeblasen, weil ich Ihnen getraut hab, wie steh ich dann da auf meiner Staatsanwaltschaft? Dann lachen mich doch da alle aus, weil ich so blöd war und hab dem Bernhard J. geglaubt, wo dem doch so langsam schon niemand mehr glaubt? Wie steh ich dann da?« – Bernhard J. neigte seinen Mund zu meinem Ohr: »Ich loss Sie doch net sitze, Frau Dahlmann, Sie kenne mich doch ...«

»Eben«, sagte ich, »und darum bin ich nicht so sicher ...«

»Ehrewort«, flüsterte Bernhard J. und nahm die Rasierklinge in die linke Hand, »ich geb Ihne mei Ehrewort.« Wir reichten uns die Hand – hinterm Kleiderschrank –, und nun wollte ich als Siegel auf den Bund die Rasierklinge. Bernhard J. lachte nun wieder, die Klageweiber stellten ihr Jammern ein, die Knopfaugen des Hündchens blickten gespannt vom rosaroten Bettbezug her auf uns. Bernhard J. fummelte hinter seinem Rücken herum, und dann reichte er mir die Rasierklinge. Die Rasierklinge? Ich sah sie mir an und stellte fest, daß ich nur die Hälfte einer Klinge in der Hand hatte, der Länge nach durchgebrochen. »Herr J., das können Sie doch mit mir nicht machen. Erst großes Ehrenwort, und dann das. Was soll ich davon halten?« Bernhard J. grinste fröhlich und rückte die zweite Hälfte auch noch heraus.

Ich verließ mein Schrankversteck und gab den Beamten die zweigeteilte Klinge. »Auf, gehen wir heim«, sagte ich, »mit der Staatsanwaltschaft erledige ich die Sache morgen.« Die Beamten lachten und sagten: »Schönen Dank.« Die Polizei fuhr ab, die Feuerwehr fuhr ab, die Nachbarn verkrümelten sich in ihre Häuser. Die zum Klagen alarmierten Schwägerinnen eilten zu ihren Sonntagsbraten, Bernhard J. umarmte Frau und Kinder, das Hündchen tobte durch die Wohnung und kläffte. »Auf Wiedersehen, Herr J.! Also am 7. Januar. Alles klar?« Auch ich stieg ins Auto und erinnerte mich, daß heute Sonntag war. Und während ich abfuhr, winkten sechs Personen von der Veranda, und eine Stimme rief: »Am 7. Januar! – Ehrewort!«

27. Dezember

Psalm 71 (Psalm für den 1. Sonntag nach dem Christfest):

14. Ich warte ständig auf dich, all deinen Ruhm will ich vermehren.
15. Mein Mund soll deine Gerechtigkeit verkünden, den ganzen
Tag die Hilfe, die von dir kommt.
16. Ich werde kommen mit der Kraft Gottes, deine Gerechtigkeit
allein will ich preisen.
17. Das hast du, Herr, mich gelehrt von meiner Jugend an, und bis
jetzt noch verkünde ich deine Wundertaten, bis ins hohe Alter.
18. Herr, verlaß mich nicht, bis ich der Generation, die kommt,
deines Armes Macht verkündigt habe.

Gebet: Lieber himmlischer Vater, du hast uns deinen Sohn gegeben und uns durch ihn zu deinen Kindern gemacht. Wir bitten dich, laß uns das Wunder deiner Liebe erkennen und erfülle uns mit rechter Weihnachtsfreude.

Lied EKG 16, GL 138: Des laßt uns alle fröhlich sein und mit den Hirten gehn hinein, zu sehn, was Gott uns hat beschert, mit seinem lieben Sohn verehrt.

Wir sollen nach Weihnachten nicht mehr das alte Lied singen und nicht mehr in den alten Trott zurückfallen, so als wären wir mit unseren menschlichen Möglichkeiten und unseren Sorgen und Nöten allein. Wir kehren zwar wie die Hirten in den Alltag zurück, aber mit der großen Erfahrung, daß uns der Heiland geboren ist und daß Gott uns und allen Menschen Frieden anbietet. Weil Gott eingegriffen hat, bleibt nicht alles beim alten, sondern es kann und soll alles neu werden. *Gottfried Forck*

Andreas Gryphius: Betrachtung der Zeit

Mein sind die Jahre nicht, die mir die Zeit genommen;
Mein sind die Jahre nicht, die etwa möchten kommen;
Der Augenblick ist mein, und nehm ich den in acht,
So ist der mein, der Jahr und Ewigkeit gemacht.

28. Dezember

Ps 71,14, s. S. 158

Gebet: Herr, wir haben dein Licht gesehen, es leuchtet auf unserem Gesicht und in unserem Herzen, und wir wollen nun, Herr, dein Licht mitnehmen dorthin, wo es in unserer Welt dunkel ist, zu den Verzagten und den Trauernden, zu denen, die nur Fragen, aber keine Antworten haben, zu denen, die hungern nach Brot und nach Gerechtigkeit, zu denen, die ihren Weg verloren haben, die nicht mehr lachen können, zu denen, die einsam sind, die bei uns keine Heimat haben. Herr, wir wollen dein Licht mitnehmen in unser Haus, zu unseren Lieben, und es soll bei uns und allen Menschen leuchten jeden Tag. *Klaus Bannach*

Lied EKG 21, GL 134: Lobt Gott, ihr Christen alle gleich, in seinem höchsten Thron, der heut schleußt auf sein Himmelreich und schenkt uns seinen Sohn, und schenkt uns seinen Sohn.

Warum müssen Unschuldige leiden? Diese Grundfrage menschlicher Existenz stellt Matthäus im Zusammenhang mit der Geburt des Retters der Welt. Seine Antwort darauf lautet: Unschuldige müssen leiden, damit der Retter sein rettendes Werk tun kann. Für mich ist das keine Antwort, sondern das Rätsel wird dadurch nur noch rätselhafter. Von dieser Geburt aus führt der gerade Weg zu dem letzten Schrei des Mannes am Kreuz: Mein Gott, warum hast du mich verlassen! *Marlies Flesch-Thebesius*

Helmut Hild: Vom alten Mann und dem kleinen Kind

> *Herr, nun läßt du deinen Diener in Frieden sterben, wie du gesagt hast; denn meine Augen haben deinen Heiland gesehen.* *(Lk 2,29 und 30)*

Menschen müssen nach der Mitte ihres Lebens suchen. Das macht ihr Menschsein aus. Die alten Griechen suchten nach Erkenntnis. Für die Juden lag alles an ihrem Gesetz. Martin Luther rang um den gnädigen Gott. Immanuel Kant war überzeugt, in der Pflichterfüllung die Mitte gefunden zu haben. Heute suchen wir nach dem Sinn.

Wir suchen den Sinn, aber wir finden ihn nicht. Denn unsere Welt wird von Tatsachen bestimmt, die sinnlos sind, manchmal sogar offensichtlicher Unsinn. Es ist Unsinn, die Welt durch Erpressung verbessern zu wollen. Waffen, die mit einem Schlag alles Leben vernichten, sind Unsinn. Millionen von Menschen suchen vergebens nach dem Sinn eines Lebens, über dem der Hunger seine Geißel schwingt. Kranke fragen verzweifelt nach dem Sinn. Und kann Wohlstand der Sinn des Lebens sein? Daß man die Hälfte der Zeit mit der Mühsal verbringt, etwas zu leisten, und die andere Hälfte mit der Anstrengung, die Früchte der Leistungen zu verbrauchen?

Trauerredner kommen gern zu der Feststellung: Das war ein erfülltes Leben. Als Trauernde sind wir dankbar für die abschließende Würdigung eines Lebens. Aber wir sind dennoch skeptisch. Erfülltes Leben – gibt es das? Der Dichter des 90. Psalms denkt da realistischer, wenn er schreibt: »Was daran köstlich scheint, ist doch nur vergebliche Mühe.« Darum sind wir auch skeptisch gegenüber dem Gebet, das der greise Simeon im Tempel beim Anblick des Jesuskindes gesprochen hat: »Herr, nun läßt du deinen Diener in Frieden sterben.«

Wir sind skeptisch und haben gute Gründe dafür. Trotzdem rührt uns das Bekenntnis des alten Mannes eigentümlich an. Denn es trifft auf eine geheime Sehnsucht. Was wir alle erhoffen möchten und doch nicht zu erhoffen wagen, hat sich für Simeon verwirklicht. Sein Leben hat den Sinn gefunden. Es ist erfüllt. Er kann in Frieden abschließen. Warum? Weil er, wie Lukas erzählt, ein gerechter und gottesfürchtiger Mann war? Weil er also selbst seinem Leben Sinn und Erfüllung gegeben hätte? Nein! Das alles spielt für Simeon keine Rolle. Er nennt einen ganz anderen Grund: »Denn meine Augen haben deinen Heiland gesehen.« Der Grund ist ein Kind!

Wer sich in der Entstehung religiöser Geschichten auskennt, wird argwöhnisch. Ist hier nicht von frommen Erfahrungen her ein Rückschluß gezogen worden? Hat die Sache überhaupt stattgefunden? Der Evangelist Lukas war zeitlich ziemlich nah dabei. Für ihn war die Geschichte wichtig und eine Herausforderung an die Leser. Denn Simeon bekennt, all das gefunden zu haben, wonach Menschen vergeblich suchen. Die Frage, ob man mit einem Kind solche Erfahrungen machen kann, braucht uns nicht im Wege zu stehen. Wir kennen den Mann, der aus dem Kind geworden ist. Für uns heißt die Herausforderung: Seht mit euren Augen Jesus Christus als den Heiland an, der eurem Leben Sinn und Frieden schenken kann! Sehen sollen wir! Das Kind sehen wir in diesen weihnachtlichen Tagen. Auf den ersten Blick wie alle neugeborenen Kinder. Aber ein Kind, dessen Geburt uns seltsam ergreift. Bei ihm empfinden wir in großer Dichte all das, was uns bei der Ankunft eines Menschenkindes auf unserer Erde bewegt: Die Freude über das neue Leben; das Glück der Eltern; die Hilflosigkeit des kleinen Geschöpfes; sein Ausgeliefertsein an die Mächte der Welt. Unsere Augen können auch den Weg verfolgen, den das Kind dann gegangen ist. Die Menschen, die Jesus Christus begegneten, empfingen Freude. Doch er selbst mußte sich ausliefern, ganz und gar.

Auch wenn unsere Augen nicht mit der Weitsicht ausgestattet sind, die dem Simeon zu eigen war, können sie doch etwas Wesentliches wahrnehmen. Wir können sehen, daß aus dem Kind im Tempel ein ganz besonderer Mensch geworden ist. Ein Mensch, wie wir ihn uns als Mitmenschen wünschen möchten. Denn er half, wo zu helfen war. Und er hatte die Kraft zu helfen. Seine Worte zeugten von Vollmacht und trafen die Herzen. Er sprach von Gottes Absichten mit den Menschen und erklärte ihnen, was Gottes Wille sei. Aber er hielt sich auch an Gottes Willen und erfüllte ihn, unbedingt. Niemals fügte er anderen Menschen Böses zu, selbst da nicht, wo sein Leben von anderen Menschen bedroht wurde. Auch in Verfolgung und Leiden blieb er sich treu und opferte sich dafür. In der Tat ein Mensch, wie wir ihn uns als Mitmenschen wünschen. Mehr noch, und auch das sehen wir sehr gut: Ein Mensch, wie er sein soll. Wohl der einzige Mensch, bei dem Bestimmung und Sein nicht auseinanderfallen. Von ihm sagt Simeon: Meine Augen haben den Heiland gesehen. Mit der Aufnahme der Geschichte in sein Evangelium bekennt Lukas das gleiche. Die Weihnachtsgeschichte spricht davon, das ganze Neue Testament. Überall heißt es: Jesus Christus ist der Heiland. Durch ihn erhält das Leben Sinn. Er gibt ihm Hoffnung. Bei ihm ist Frieden. Sinn, Hoffnung und Frieden können von ihm erwartet werden. Denn er hat sein einzigartiges Leben aus Liebe zu den Menschen geopfert und es damit allen Menschen geschenkt. Und überall heißt es: Jesus Christus kommt von Gott. Er ist Gottes Heiland für die Menschen. Weil in ihm Gottes Einstellung zu den Menschen bekanntgemacht wird, hat die bis dahin vergebliche Frage nach dem Sinn des Lebens endlich Antwort gefunden.

Können unsere Augen das auch sehen? Gewiß nicht. Wir haben nur die Überlieferung und das Bekenntnis anderer, daß er der Heiland sei. Aber was wir durch die Worte von ihm und über ihn erkennen, können wir zum Prüfstein machen. Leuchtet da Sinn für eine Welt

auf, in der Sinnlosigkeit und Unsinn herrschen? Jesus erwartet von den Menschen, die ihn als Heiland bekennen, daß sie ihren Mitmenschen begegnen wie ihm selbst. Damit sagt er doch, daß jeder Mensch – jeder! – den unvergleichlichen Wert seines Lebens hat. Wer diesem seinem Leben alles zu verdanken glaubt, wird er nicht dem Unsinn von Terror und Krieg, der Sinnlosigkeit von Hunger und Verzweiflung wehren und ein Fackelträger der Hoffnung sein? Der Sinn leuchtet auf und signalisiert Hoffnung und Frieden – wie damals vor der Sinnlosigkeit des Todes, so auch heute in den Sinnlosigkeiten unserer Zeit.
Im Lichte dessen, was wir jetzt schon sehen können, dürfen wir Vertrauen fassen für das ganze Leben, das Sterben einbegriffen. Das Vertrauen wird uns die Augen öffnen, zu sehen, was der Simeon sah: den Heiland.

29. Dezember

Ps 71,15, s. S. 158

Gebet: Gib, Herr, daß dieser Tage Erfahrungen mit dir und deiner Nähe und deiner Freundlichkeit und deinem Frieden nicht flüchtig wird, wie so vieles flüchtig wird in unserem Leben, was uns schon mit Mühe nur angerührt hat, was uns schon mit Mühe nur bewegt hat, was uns aber so leicht wieder verläßt im Gedränge neuer Tage. Gib, Herr, daß wir die Erfahrung dieser Tage mit deiner Nähe und deiner Freundlichkeit und deinem Frieden für kommende Tage und Krisen und Konflikte aufbewahren können, daß wir in der Zusage deiner Nähe und deiner Freundlichkeit und deines Friedens geborgen bleiben und du uns in Schutz nimmst vor uns selbst und vor allem, was da kommt. *Klaus Bannach*

Lied EKG 23, GL 132: Das Blümelein so kleine, das duftet uns so süß; mit seinem hellen Scheine vertreibt's die Finsternis: Wahr' Mensch und wahrer Gott, hilft uns aus allem Leide, rettet von Sünd und Tod.

Andreas Gryphius: Über die Geburt Jesu

Nacht, mehr denn lichte Nacht! Nacht, lichter als der Tag!
Nacht, heller als die Sonn!, in der das Licht geboren,
Das Gott, der Licht in Licht wohnhaftig, ihm erkoren!
O Nacht, die alle Nächt und Tage trotzen mag!
O freudenreiche Nacht, in welcher Ach und Klag
Und Finsternis, und was sich auf die Welt verschworen,
Und Furcht und Höllen-Angst und Schrecken war verloren!
Der Himmel bricht; doch fällt nunmehr kein Donnerschlag.
Der Zeit und Nächte schuf, ist diese Nacht ankommen
Und hat das Recht der Zeit und Fleisch an sich genommen
Und unser Fleisch und Zeit der Ewigkeit vermacht.
Der Jammer trübe Nacht, die schwarze Nacht der Sünden,
Des Grabes Dunkelheit muß durch die Nacht verschwinden.
Nacht, lichter als der Tag! Nacht, mehr denn lichte Nacht!

Fritz von Bodelschwingh: Danke schön, Christkind

Es war an einem Weihnachtsabend in einem Haus für epileptische Jungen in Bethel. Ein Strom der Freude ging durch das Haus, so mächtig, wie man es an anderen Orten der Erde kaum erlebt. Das war ein Jubilieren und Musizieren in hundert Tönen zugleich. Am Rande des Zimmers aber ging ein Junge immer auf und ab mit großen Schritten und eigentümlichen Kopfbewegungen. Er wandte sein Gesicht nicht wie die anderen Kinder dem Lichterbaum zu. Er freute sich nicht an den bunten Bildern wie seine Kameraden. Er konnte es nicht, denn der kleine Willy war nicht nur fallsüchtig und schwachsinnig, sondern er war auch blind. Man hätte denken können, daß ihm die Tür zur Weihnachtsfreude ganz verschlossen sei. Aber nein, das war doch nicht der Fall. Er hatte eine Mundharmonika geschenkt bekommen. Darüber hatte er alles andere ringsum vergessen. Unermüdlich wanderte er auf und ab und versuchte zu spielen. Wenn man genau hinhörte, konnte man merken, daß es das Lied sein sollte: Ihr Kinderlein, kommet! Die Töne waren nicht schön, die Harmonie sehr mangelhaft, aber das störte nicht. Ihm schien es die schönste Musik der Erde zu sein.
Plötzlich aber sah ich, wie Willy halt machte und die Harmonika vom Munde nahm. Er lauschte in den hundertstimmigen Lärm hinein, der ringsumher das Zimmer füllte. Er horchte mit gespannter Aufmerksamkeit auf die Töne der anderen Instrumente seiner

kleinen kranken Freunde. Nun ging ein Freudenschein über sein schmales Gesicht, und ich hörte, wie er vor sich hinsagte: »Keiner hat eine!« Er meinte offenbar, keiner außer ihm hätte eine Mundharmonika bekommen. Das machte ihm den Genuß doppelt groß, und unverdrossen setzte er seine Wanderung fort, hin und her und auf und ab, immer wieder blasend: Ihr Kinderlein, kommet!
Nach einer Weile aber sah ich, wie er noch einmal stehen blieb und ein noch viel hellerer Schein über sein blasses Gesicht fuhr. »Danke schön, Christkind!« sagte er leise, und dann wanderte er blasend weiter. Mir aber war klargeworden, welch Sonnenschein durch die Weihnachtsfreude auf den dunklen Weg des armen Jungen gefallen war. Der kleine Blinde hatte mir wieder gezeigt, was so einfach ist und doch so schwer: Da wird es hell in einem Menschenleben, wo man für das Kleinste danken lernt.

Kurt Scharf: Frieden

Das erste Jahr im letzten Fünftel des zweiten Jahrtausends nach Christi Geburt hat dem christlichen Abendland eine Auseinandersetzung gebracht über die Geltung der Lehre Jesu, wie sie – über die Grenzen der Kirchen hinaus – die politische und die Geistesgeschichte der Menschheit noch nicht erfahren hatte. Lehrstreitigkeiten großen Ausmaßes hat es auch in früheren Jahrhunderten gegeben: über die göttliche und menschliche Natur Jesu, über den Weg zur ewigen Seligkeit des Menschen – allein aus Gnaden oder auch durch gute Werke? – und auch über die Teilnahme von Christen am Kriegshandwerk. (Im Streit über der letztgenannten ethischen Frage sind die klassischen Friedenskirchen entstanden, die Mennoniten, die Quäker, die Evangeliumschristen, die Duchoborzen und Brüderkirchen.) Aber im inneren Streit der »christlichen Jahrhunderte« ging es bis dahin um das Verhalten des einzelnen oder um theoretisch-dogmatische Aussagen; heute, 1981, hat es den Anschein, daß – zum ersten Mal – die Völker Europas, Ganz-Europas, in ihrem Umgang miteinander vor die Entscheidung gestellt werden, der »Vernunft aus Glauben« zu folgen, die Jesus Christus *den* Menschen auf Erden, auch den Völkern und Völkergemeinschaften, anbietet. Diejenigen, die diese Entscheidung in die Öffentlichkeit tragen und sie – unausweichlich – den Verantwortlichen in Politik und Wirtschaft vorlegen, sind junge Menschen, die den Wahnsinn der Drohgebärden widereinander für sich nicht mehr anerkennen mögen. Sie wittern die tödliche Gefahr totaler Vernichtung über unserm Planeten, die Gefahr der Selbstvernichtung, und empören sich gegen die Behauptung derer, die die Macht verwalten, das natürliche Gesetz zwinge zur Wahl zwischen eigener Freiheit, die nur durch Gewalt gesichert werde, und einem Verzicht auf Gewalt, der folgerichtig in die Knechtung führe.

Diese jungen Lehrlinge, Schüler, Studenten, Arbeiter, Arbeitslose kommen aus sehr verschiedenen Traditionen, brechen aus ihnen aus oder entwickeln sie weiter, sind politisch organisiert oder bilden eigene – auch fluktuierende – Gruppen. Sie suchen nach *der* alternativen Möglichkeit, ihr Leben zu retten und das ihrer Umwelt zu schonen. Das blieb durch ein bis zwei Jahrzehnte diffus. Plötzlich – im Jahr der evangelischen Kirchentage (nicht nur auf dem in Hamburg, auch auf denen in der DDR) – schießen die Quellen zusammen, der wachsende Strom sucht ein Bett; er findet ein gemeinsames in dem Beispiel des Daseins und der Pflicht- und Verheißungsgebote Jesu. Unversehens entdecken die Anwälte für Frieden, für einen Frieden, der nicht ausgrenzt, der nicht in Abschreckung gründet, der einlädt, der den Gegner zu gewinnen sucht, – sie, die Anwälte solchen Friedens, entdecken, daß der, der ihnen in idyllischer Verkleidung vorgestellt worden war, dessen erregende, das Vergeltungsdenken umstürzende Predigt ihnen entstellt, entschärft, mißdeutet übergeben wurde, der Ausweg sein könnte heraus aus den Sachzwängen, den Eigengesetzlichkeiten der Lebens-Reiche, den »Bereicherungsdiktaturen« und den trügenden Terrorismen. Sie nehmen ihn wahr als den, der nicht nur das zu erstrebende Ziel zeigt und den Weg dahin weist, sondern der möglich macht, ihn zu gehen, ja, der der Weg ist und das Ziel. Sie befragen miteinander sein Wort, sie deuten einander die Schrift, die von ihm berichtet, sie gewinnen von ihm Zuversicht. Sie erfahren, daß ihre Bewegung, seit sie von ihm Beistand erwartet, ihre Reihen fester schließt, Mitläufer einbindet und auch die Umwelt zu prägen beginnt. Die Regierenden in West und Ost, auch in Nord und Süd, fangen an, mit der Friedensbewegung zu rechnen, die sich auf seine Frohbotschaft beruft. Die Botschaft heißt *Frieden* von dem, der da ist, der da war und der da *kommt!*

30. Dezember

Ps 71,16–18, s. S. 158

Gebet: Die Zeit macht ihre Schritte, und fast scheint es, als sei alles in diesem Jahr nur eine Pause gewesen, nur ein Atemzug, als sei alles nur noch flüchtig in unseren Erinnerungen, unser Tun und unser Leben in diesem vergangenen Jahr. So haben wir es nötig, Herr, daß du unserer gedenkst, daß du unser Schreiten von Jahr zu Jahr aufnimmst in deine Ewigkeit, damit unser Leben nicht der Vergeßlichkeit anheimfällt, damit wir vielmehr in dir sind, unser Tun in deiner Ewigkeit aufbewahrt ist und unser Leben so im Schreiten von Jahr zu Jahr die Gestalt erhält, die du ihm zugedacht hast, ewiger Gott. *Klaus Bannach*

Lied EKG 15, GL 130: Er ist auf Erden kommen arm, daß er unser sich erbarm und in dem Himmel mache reich und seinen lieben Engeln gleich. Kyrieleis. *Martin Luther*

Michelangelo:

Alles endet, was entstehet.
Alles, alles rings vergehet,
Denn die Zeit flieht,
Und die Sonne sieht,
Daß alles rings vergehet,
Denken, Reden, Schmerz und Wonne;
Und die wir zu Enkeln hatten
Schwanken wie bei Tag die Schatten,
Wie ein Dunst im Windeshauch.
Menschen waren wir ja auch,
Froh und traurig, so wie ihr,
Und nun sind wir leblos hier,
Sind nur Erde, wie ihr sehet.
Alles endet, was entstehet.
Alles, alles rings vergehet.

Heinrich Albertz:

Wir wissen und haben es jedes Jahr von neuem erfahren, daß der Wechsel der Kalender nichts in unserem Leben ändert. Wir blättern in den Seiten des abgelebten Jahres und erinnern uns: was geschah, und was trotz aller Hoffnungen oder Befürchtungen nicht eintraf. Wir finden sie wieder: die Daten großer Freude und tiefer Schmerzen, die Erwartungen und Enttäuschungen, auch die vielen Tage, an die wir uns gar nicht mehr erinnern können, vergessen, verschwunden, wie das Laub der Bäume im Herbst. Und wir haben vor uns den neuen Kalender mit weißen Seiten. Wieder werden sie sich füllen mit Namen und Daten. Wer wird gehen, was wird kommen? Was wird sich ändern, zum Guten oder zum Bösen? Wird sich überhaupt etwas Wesentliches ändern? Zu Hause, im Beruf, in dieser Stadt, in unserem Land, in der Welt? Vor allem aber: Werden wir uns ändern? Wollen wir uns überhaupt ändern? Ist es nicht am bequemsten, einfach so weiterzuleben, im alten Trott, die Tage einfach kommen zu lassen, dem Unbequemen einfach auszuweichen, zu überleben, einfach zu überleben? Viele sind müde geworden von uns, die Alten, weil es ihnen langsam reicht, was sie erlebt haben, die Jungen, weil sie sich fürchten vor dem, was sie alles erleben sollen. Wir alle zusammen, weil wir oft gar nicht mehr genau wissen, wer wir eigentlich sind. Ja, wer sind wir eigentlich?
Der Mensch zwischen gestern und morgen, homo sapiens, ein besonders kompliziertes, intelligentes, gefährdetes, rätselhaftes Wesen im zoologischen Garten? Jeder von uns hat schon vor den Gittern gestanden, in denen wir die anderen Geschöpfe Gottes einsperren. Wer sieht im Zoo eigentlich wen an? Was mag in den Tieren vorgehen, wenn sie uns betrachten? Was unterscheidet uns von ihnen? Essen, Trinken, Schlafen, Zeugen und Gebären, Kämpfen und Unterliegen, Sterben? Unterscheidet uns nicht vor allem von ihnen, daß nur wir unsere eigene Art umbringen, daß wir uns am meisten vor uns selbst zu fürchten haben, ja, daß wir als einzige Lebewesen uns mit eigener Hand töten können? Unpassende Fragen am Jahresende? Wo zu Silvester alles Allotria treibt, säuft und knallt, oder entsetzlich einsam in seiner Stube sitzt – wieder ein Jahr, ein Neues Jahr? Wovon wollen wir, dürfen wir heute reden?
»Gott schuf den Menschen *nach seinem Bilde.*« In jedem Geschöpf kannst du also das Antlitz des Schöpfers sehen. Unerhört, fürwahr. Im Gesicht eines lachenden Kindes – vielleicht. Im Antlitz eines geliebten Menschen – vielleicht. In den Augen von Chagall, in den Händen von Rubinstein, in den Gesichtern von Franz von Assisi,

von Martin Luther King – vielleicht. Aber auch in den halbverhungerten, verdreckten Gesichtern der kleinen Indios in Bolivien, in den gemarterten Zügen der Gefangenen quer über die Welt, im stumpf gewordenen Gesicht eines türkischen Straßenkehrers, in den entstellten Zügen von Ermordeten oder ihrer Mörder? Das Bild Gottes? Ja, das Bild Gottes.
Dieses Ja bedeutet zuerst, daß wir um Gottes willen keines seiner Geschöpfe loslassen, aufgeben, wegwerfen dürfen. Es bedeutet zum Zweiten, daß wir alles tun müssen, daß Menschen als Geschöpfe Gottes leben können. Es bedeutet, den innersten Kern unseres Auftrags zu leben, hier auf dieser Erde, vor dem Tode als Menschen zu leben. Jeder, der einen Menschen daran hindert, bekommt es mit dessen Schöpfer zu tun. Jeder, der Armut, Hoffnungslosigkeit, Unterdrückung unwidersprochen hinnimmt, zerstört den Sinn des Lebens, daß wir Gottes Geschöpfe sein sollen, sein dürfen. Hier ist die Wurzel alles Glaubens und Liebens und Hoffens.

Mascha Kaléko: Nekrolog auf ein Jahr

Nun starb das Jahr. Auch dieses ging daneben.
Längst trat es seinen Lebensabend an.
Es lohnt sich kaum, der Trauer hinzugeben,
Weil man sich ja ein neues leisten kann.

Man sah so manches Jahr vorüberfliegen,
Und der Kalender wurde langsam alt.
Das Glück gleicht eleganten Luxuszügen
Und wir der Kleinbahn ohne Aufenthalt ...

Im Wintersportgebiet hat's Schnee gegeben.
Wer Hunger hat, schwärmt selten für Natur.
Silvester kam. Und manches Innenleben
Bedarf jetzt fristgemäß der Inventur.

Wir gossen Blei und trieben Neujahrspossen.
(Minister formen meist den Vogel Strauß ...)
Was wir im letzten Jahr in Blei gegossen,
Das sah verdammt nach Pleite-Geier aus.

Das Geld regiert. Wer hat es nicht erfahren,
Daß Menschenliebe wenig Zinsen trägt.
Ein braver Mann kann höchstens *Worte* sparen.
... Wenn er die Silben hübsch beiseitelegt.

Die Freundschaft welkt im Rechnen mit Prozenten.
Bald siehst du ein, daß keiner helfen kann.
Du stehst allein. Und die dir helfen könnten,
Die sagen höchstens: ». . . rufen Sie mal an!«

Nun starb ein Jahr. – Man lästre nicht am Grabe!
Doch: Wenn das Leben einer Schule gleicht,
Dann war dies Jahr ein schwachbegabter Knabe
Und hat das Ziel der Klasse nicht erreicht.

Silvester, 31. Dezember

Psalm 121:

1. Ich schaue hinauf zu den Göttern: Woher bekomme ich Hilfe?
2. Hilfe kommt mir nur von dem Gott, der Himmel und Erde gemacht hat.
3. Er läßt deinen Fuß nicht stolpern, und der dich behütet, wird nicht schläfrig.
4. Siehe, nicht schläft, nicht schlummert Israels Hüter.
5. Gott ist dein Schutz und Schatten über deiner rechten Hand.
6. Weder wird dir am Tage die Sonne noch der Mond in der Nacht Schaden zufügen.
7. Gott behütet dich vor allem Übel, er behütet dein Leben.
8. Gott behütet dein Gehen und Kommen von jetzt bis in alle Ewigkeit.

Gebet: In deine Hände, Herr, legen wir dies Jahr zurück und danken dir für allen treuen Schutz über unserem Leben. Vergib gnädig, was wir versäumt und verdorben haben, und laß uns einen neuen Anfang machen. Geleite uns in das neue Jahr und hilf uns deiner ewigen Güte trauen. Dir befehlen wir alle Menschen, mit denen wir verbunden sind. Dir befehlen wir unsere Gemeinde und unser ganzes Land. Laß uns geborgen sein in deinem Frieden und führe uns weiter auf dem Weg zum Heil. Durch Jesus Christus, unseren Herrn.

Hermann Hiltbrunner:

Herr der Stunden, Herr der Tage,
sieh, wir stehn in deiner Hand;
aus dem Meer von Leid und Klage
führe uns auf festes Land.

Herr der Tage, Herr der Jahre,
dieser Erde Zwischenspiel,
wende es ins Wunderbare,
weis uns aller Ziele Ziel.

Herr der Jahre, Herr der Zeiten,
dir sind wir anheimgestellt;
wollest unsre Schritte leiten,
Herr der Menschen, Herr der Welt.

Klaus Bannach: Meine Zeit steht in deinen Händen

»Auf der Suche nach der verlorenen Zeit« – so hat Marcel Proust seinen großen Roman benannt. Dieser Buchtitel könnte ein Motto abgeben für die Zeit zwischen den Jahren, könnte Empfindungen und Stimmungen einfangen in dieser eigentümlichen Zwischenzeit des Jahreswechsels.

Denn auf der Suche nach verlorener Zeit sind Menschen in dieser Zeit wohl. Vergangenes rückt in die Ferne, wird immer weniger greifbar, blaß. Erlebtes Leben, in Freude, Schmerz, Glück, Trauer, Erfolg und Niederlage gelebtes Leben nimmt die Gestalt von Erinnerungen an. Wirklich gelebtes Leben wird in Erinnerungen Schicht für Schicht abgelegt und zugedeckt von jeweils frischeren Erinnerungen, in denen noch mehr an lebendigem Leben steckt. Bis auch die frischeren Erinnerungen wieder überdeckt werden von den noch frischeren und die Ringe eines Jahres zum Jahresring geschrumpft sind.

Lebendige Erfahrung von Zeit – Urlaubszeit – Arbeitszeit – stille Zeit – bewegte Zeit – empörende Zeit – beglückende Zeit – gerinnt zu einem Zeitsediment, einem bloßen Sediment von Zeit, zur abgelegten Zeit, einem Datum: 30. 3. 1977 oder 8. 1. 1963. Es ist, als ob gelebtes Leben zu einem Aktenvermerk geschrumpft sei, nur noch unter einem Aktenzeichen oder einem Computercode entzifferbar, wenn man sich daran macht, nach verlorener Zeit auf die Suche zu gehen. Lebendig gelebtem Leben – das ist immer in Schmerz und Glück gelebtes Leben – entspricht die Ziffer 30/3/1977 oder der Code 8/1/1963. Aber was entspricht da noch?

Auf der Suche nach der verlorenen Zeit.

Soll man diese Suche einstellen?

Auch wenn die Zwischenzeiten des Lebens, Jahreswechsel, Geburtstage, Jubiläen immer wieder zu solcher Suche verführen?

Soll man diese Suche tapfer und mutig als zu mühsam und beschwerlich aufgeben? Erinnerungen ruhen lassen als das, was sie sind: blasse Schemen gelebten Lebens, erstarrte Relikte wirklich erlebter Zeit? Soll man die Suche nach verschütteten Erinnerungen abbrechen, so wie manchmal Suchmannschaften unverrichteter Dinge zurückkehren müssen, wenn ein Stollen in der Grube eingebrochen ist?

Nicht mehr auf der Suche nach der verlorenen Zeit?

Aber der Mensch ohne Erinnerungen, ohne das Gedächtnis geschichtlicher Erfahrungen findet sich nicht mehr zurecht. Er bleibt ein hilfloser Kaspar Hauser. Er kann sich gegen Schuldverdacht

nicht wehren. Und er ist deshalb ein beliebter Topos einigermaßen guter Krimis, die aus dem Phänomen der Anamnese ihre Spannung beziehen. Wer keine Erinnerungen besitzt, kann sich gegen Verdacht nicht zur Wehr setzen, schon gar nicht gegen falschen Verdacht.
Erinnerungen an Schmerz und an Glück, an Schuld und Vergebung schützen nicht zuletzt vor den Diktaturen von heute und von morgen. Menschen mit Erinnerungen sind solchem Machtmißbrauch nicht so hilflos ausgeliefert. Und deshalb wird schon heute geschichtliche Erinnerung überall da korrigiert, wo genaue und präzise Erinnerung den Machthabern gefährlich werden könnte. »Der Kampf des Menschen gegen die Macht ist der Kampf des Gedächtnisses gegen das Vergessen.« (Milan Kundera) Konsequenterweise produziert das Regime des Big Brother in Orwells 1984 jede Stunde neue Erfolgsmeldungen in den Medien, damit die Erinnerungen der Menschen getötet werden.
Die Suche nach der verlorenen Zeit darf nicht abgebrochen werden. Denn jede Erinnerung an begangene Schuld, an erlittenen Schmerz, an vergebende Worte und erfahrenes Glück schützt den Menschen vor der Hilflosigkeit, die ihn allein dazu bringen könnte, der Arroganz von Macht zu erliegen. – Und auf der Suche nach der verlorenen Zeit wird man dem Psalmwort auf die Spur kommen: »Meine Zeit steht in deinen Händen«, wird man auf den stoßen, bei dem die Zeit eines jeden Menschen und alle seine Erfahrungen verwahrt sind, wird man an die Quelle aller Zeit gelangen, Gott.
Und man wird auf dem sicheren Grund seiner und fremder Erfahrungen weitere Schritte gehen können in neue Zeit, die es für neue Erfahrungen zu erschließen gilt.

Aus einem Bericht von 1863: Du neues Jahr ...

Setze dem Überfluß Grenzen und lasse die Grenzen überflüssig werden.
Lasse die Leute kein falsches Geld machen, aber auch das Geld keine falschen Leute.
Nimm den Ehefrauen das letzte Wort und erinnere die Ehemänner an ihr erstes.
Schenke unseren Freunden mehr Wahrheit und der Wahrheit mehr Freunde.
Bessere solche Beamten, Geschäfts- und Arbeitsleute, die wohl feil, aber nicht wohlfeil, die wohl tätig, aber nicht wohltätig sind.
Sorge dafür, daß wir alle in den Himmel kommen, aber noch lange nicht.

Wilhelm Busch: Die Uhren

Es ist Silvester. Eine schlichte Bowle,
Von kluger Hand bereitet, schmückt den Tisch.
Man war bei Piepenbrinks. Herr Piepenbrink,
Frau Piepenbrink und deren Fritz und Julchen,
Welch letztre beiden heute auch noch auf,
Herr Küster Klöppel, treubewährt im Amte,
Ap'theker Mickefett, den diese Gegend
Von wegen seiner Pillen höchlich pries –
Dies waren die Personen, welche hier
Zum frohen Jahresschlusse sich versammelt. –
Darüber ist man einig, punkto zwölf
Ein kräftig Prostneujahr sich zuzurufen,
Worauf getreu das Glas zu leeren sei. –
»Nun aber«, spricht Herr Klöppel mit Bedacht,
»Nun aber ist die Frage: Welche Uhr
Soll diesen schönen Augenblick verkünden?«
»Die beste Uhr«, ruft Fritz ein wenig hastig,
»Von allen Uhren ist die Sonnenuhr!«
»Jawohl, mein Sohn!« erwidert Klöppel sanft,
»Die Sonne ist ein pünktlich Element,
Was mit der Dunkelnis von hinnen scheidet.
Insofern kommt sie hier nicht in Betracht.
Dagegen schlag ich unsre Turmuhr vor.« –
Hier lächelt Mickefett verschmitzt und spricht:
»Die Geistlichkeit in Ehren. Doch man sagt,
Ein traulich später Trunk am Samstagabend
Wirkt zögernd auf die Sonntagmorgenglocke.« –
Herr Klöppel schweigt, denn mild ist sein Charakter. –
Nun zieht aus ihres Busens Vorderfalte
Frau Piepenbrink bescheidentlich die Uhr.
Doch Piepenbrink ruft gleich: »Ich bitte dich,
Laß doch die Uhr im Stall. Fast alle Monat
Muß ich das Dings da reparieren lassen.«
»Nun nun«, spricht sie, »sei nur nicht gleich so rauh!
Ist's doch für uns ein lieblich Angedenken
An jene Zeit, da du mir Treue schwurst.«
»Ahem!« macht Piepenbrink und schaut ins Glas.
»Ach«, seufzt das Julchen, »wie entzückend schön
Wär doch so eine Dose, die so Stücke spielt.«
»Sehr wahr, mein liebes Kind!« entgegnet Klöppel.

»Bewundernswert ist solch ein Kunstgetriebe,
Und gern belauscht man seine Melodien;
Nur lehrt sie uns vielmehr die Zeit vergessen,
Statt sie zu schätzen, wie's die Pflicht der Uhr.
Insofern kommt sie hier nicht in Betracht.«
Jetzt wird der Fritz schon wieder laut: »Ja aber
Beim reichen Schrepper die Pendüle, die ...«
»Pst!!« fällt ihm Mickefett sogleich ins Wort,
»Das ist 'ne böse Uhr, die nur die Dauer
Des Wehs im Zeh bemißt, die Stunden schlägt,
Wo's Pulver einzunehmen, welche ewig
Eintönig raunt: Klick klack! Die Aktien fallen! –
Da muß ich meine Taschenuhr hier loben.
Sie ist von einem überseeschen Paten ...«
»Insofern«, meint Herr Klöppel – »Bitte sehr«,
Fährt jener fort, »sie ist durchaus von Gold ...«
»Insofern«, meint Herr Klöppel ernst und kühl,
»Insofern kommt sie hier nicht in Betracht.«
»Und«, fährt Herr Mickefett gelassen fort,
»Und richtig geht sie. – Diesen letzten Herbst
Bin ich mit Munkel dem Kaplan in Straßburg.
Wir hatten gut gelebt, in jeder Hinsicht.
Das Geld war alle, und so wollten wir
Denselben Abend spät noch weitermachen.
Wir stehn so vor dem Münster. Salbungsvoll
Hub Munkel an und sprach: ›Geliebter Freund!
Im Angesichte dieses hohen Tempels
Ermahn ich nochmals dringend dich: Kehr um!
Oh, kehre wieder in den weichen Schoß
Der heilgen Mutter Kirche und vertraue
Dich ihrer altbewährten Führung an!‹
Ich ziehe meine Uhr und sage: ›Munkel,
Es ist ein Viertel zwölf; wir müssen eilen,
Wofern wir nicht den Zug verpassen wollen.‹
Indem so schlägt die Münsterglocke elf.
›Du hörst es!‹ sagt er. ›Hat noch lange Zeit!‹
Na gut, wir bummeln endlich so lala
Zum Bahnhof. Richtig. Tüht! Dort saust er hin!
– Freudlos wär uns die Nacht vergangen, hätt ich
Dem Herbergsvater nicht die Uhr gereicht. –
Seitdem vertrau ich keiner Kirchenglocke.
Und wenn die Engel selbst vom Turme bliesen,

Ich richte mich nach meiner Taschenuhr.« –
Nun aber nimmt Herr Piepenbrink das Wort:
»Ich lobe mir«, so spricht er, »jene Alte,
Die dorten in der Ecke ticktack macht.
Pünktlich um sieben morgens weckt sie uns.
Um achte mahnt sie Fritzen an die Schule.
Zwölfmal mit freudgem Klang allmittaglich
Ruft sie zu Tisch, und jeder folgt ihr gern.
Getreulich zählt sie meiner lieben Frau
Beim Eierkochen die Minuten ab.
Was mich betrifft, so sorgt sie stets dafür,
Daß ich die Zeit des Klubs niemals verfehle.
Und ist die Ruhestunde dann erschienen,
Gewissenhaft um zehne schlägt sie zehn.
So macht sie's gar manches liebe Jahr,
Und keine Seele dachte was dabei,
Und keiner wußte, wie so gut sie war,
Bis daß sie eines Morgens stillestand.
Da wußte man's.« – »Achgott«, fiel Klöppel ein,
»So geht's mit mancher stillbescheidnen Treue.
Allein insofern ...« Baum! Da tönt es ernst
Vom nahen Turme zwölf, und Prostneujahr!
Ruft jeder klangvoll ausgehöhlte Mund
Und leert das Glas. (Zuerst ist Klöppel fertig.)
Hierauf zieht Mutter Piepenbrink die Uhr
Bescheiden aus des Mieders warmer Falte.
»Jetzt ist es zwölf auf meiner!« ruft sie froh
Und wieder folgt ein kräftig Prostneujahr!
»Und jetzt nach meiner!« schreit Herr Mickefett,
Und nochmals schallt der festlich frohe Gruß,
Und nochmals beugt sich jeder gern nach hinten,
Um so das neugefüllte Glas zu leeren.
(Herr Mickefett tut's zweimal hinternander.)
Kaum ist's vollbracht, so fängt es in der alten
Höchst ehrenwerten Wand- und Ticktackuhr
Zu schnurren an, und bemm! und also fort
Dröhnt sie des Jahres letzte Stunde her. –
»Hurrah! und Prostneujahr!« Das klang mal schön. –
Herr Klöppel hält den Ton noch lange aus. –
Fritz trank zu hastig. Drum so muß er auch
Sehr heftig durch die Nase husten, welches
Mama und Julchen recht ins Lachen brachte.

Jedoch der biedre Vater Piepenbrink,
Der sanfte Klöppel, Mickefett der schlaue,
Die tranken kreuzweis ewge Brüderschaft.
So war man froh nach ganz verschiednen Uhren,
Schlief selig dann in ganz verschiednen Betten
(Der Vater und die Mutter ausgenommen)
Und ging des andern Tages, warm bekleidet,
Mit leichtem Schädelbrummen in die Messe.
(Herr Mickefett natürlich ausgenommen.)
Der kramt in der Butike und bereitet
Verdrießlich, doch mit Sorgfalt, einen Bittern.

Bertolt Brecht: An die Nachgeborenen

Was sind das für Zeiten, wo
Ein Gespräch über Bäume fast ein Verbrechen ist
Weil es ein Schweigen über so viele Untaten einschließt!
Der dort ruhig über die Straße geht
Ist wohl nicht mehr erreichbar für seine Freunde
Die in Not sind?

Hans Scheibner: Neujahrsbedenken

Als das alte Jahr
noch ein neues war,
war das alte Jahr,
das schon vorher war,
das alte Jahr.

Aber als nun gar
jenes alte Jahr,
welches vorher war,
noch ein neues war,
war das alte Jahr
noch kein neues Jahr,
sondern gar nicht da.

Aber jenes Jahr,
das nicht da war, war
schließlich da, und zwar
als das neue Jahr,
das nun alt ist. Ja!

Aber eins ist wahr:
daß das neue Jahr
mal ein altes Jahr
werden wird und gar
ein sehr altes Jahr,
das schon vorher war,
ja, das glaubt man zwar,
weil es stets geschah –
aber Vorsicht da!

Denn kein neues Jahr,
das noch gar nicht war,
ist als Jahr schon da.
Ist das klar?

Prost Neujahr!

Annette von Droste-Hülshoff: Am letzten Tag des Jahres

Das Jahr geht um,
Der Faden rollt sich sausend ab.
Ein Stündchen noch, das letzte heut,
Und stäubend rieselt in sein Grab,
Was einstens war lebendge Zeit.
Ich harre stumm.

's ist tiefe Nacht!
Ob wohl ein Auge offen noch?
In diesen Mauern rüttelt dein
Verrinnen, Zeit! Mir schauert doch.
Es will die letzte Stunde sein
Einsam durchwacht.

Geschehen all,
Was ich begangen und gedacht,
Was mir aus Haupt und Herzen stieg,
Das steht nun, eine ernste Wacht,
Am Himmelstor, O halber Sieg!
O schwerer Fall!

Wie reißt der Wind
Am Fensterkreuze! Ja, es will
Auf Sturmesfittiche das Jahr
Zerstäuben, nicht ein Schatten still
Verhauchen unterm Sterne klar.
Du Sündenkind!

War nicht ein hohl
Und heimlich Sausen jeden Tag
In deiner wüsten Brust Verlies,
Wo langsam Stein an Stein zerbrach,
Wenn es den kalten Odem stieß
Vom starren Pol?

Mein Lämpchen will
Verlöschen, und begierig saugt
Der Docht den letzten Tropfen Öl.
Ist so mein Leben auch verraucht?
Eröffnet sich des Grabes Höhl
Mir schwarz und still?

Wohl in dem Kreis,
Den dieses Jahres Lauf umzieht,
Mein Leben bricht. Ich wußt es lang,
Und dennoch hat dies Herz geglüht
In eitler Leidenschaften Drang.
Mir brüht der Schweiß

Der tiefsten Angst
Auf Stirn und Hand. Wie! dämmert feucht
Ein Stern dort durch die Wolken nicht?
Wär es der Liebe Stern vielleicht
Dir zürnend mit dem trüben Licht,
Daß du so bangst?

Horch, welch Gesumm?
Und wieder? Sterbemelodie!
Die Glocke regt den ehrnen Mund.
O Herr, ich falle auf die Knie:
Sei gnädig meiner letzten Stund!
Das Jahr ist um!

Dietrich Bonhoeffer: Von guten Mächten

Von guten Mächten treu und still umgeben,
behütet und getröstet wunderbar,
so will ich diese Tage mit euch leben
und mit euch gehen in ein neues Jahr.

Noch will das alte unsre Herzen quälen,
noch drückt uns böser Tage schwere Last,
ach, Herr, gib unsern aufgescheuchten Seelen
das Heil, für das du uns bereitet hast.

Und reichst du uns den schweren Kelch, den bittern
des Leids, gefüllt bis an den höchsten Rand,
so nehmen wir ihn dankbar ohne Zittern
aus deiner guten und geliebten Hand.

Doch willst du uns noch einmal Freude schenken
an dieser Welt und ihrer Sonne Glanz,
dann wolln wir des Vergangenen gedenken,
und dann gehört dir unser Leben ganz.

Laß warm und still die Kerzen heute flammen,
die du in unsre Dunkelheit gebracht,
führ, wenn es sein kann, wieder uns zusammen.
Wir wissen es, dein Licht scheint in der Nacht.

Wenn sich die Stille nun tief um uns breitet,
so laß uns hören jenen vollen Klang
der Welt, die unsichtbar sich um uns weitet,
all deiner Kinder hohen Lobgesang.

Von guten Mächten wunderbar geborgen,
erwarten wir getrost, was kommen mag.
Gott ist mit uns am Abend und am Morgen
und ganz gewiß an jedem neuen Tag.

Bertolt Brecht: Friedenslied

(Frei nach Neruda)

Friede auf unserer Erde!
Friede auf unserem Feld!
Daß es auch immer gehöre
Dem, der es gut bestellt!

Friede in unserem Lande!
Friede in unserer Stadt!
Daß sie den gut behause
Der sie gebauet hat!

Friede in unserem Hause!
Friede im Haus nebenan!
Friede dem friedlichen Nachbarn
Daß jedes gedeihen kann!

Friede dem Roten Platze!
Und dem Lincolnmonument
Und dem Brandenburger Tore
Und der Fahne, die drauf brennt!

Friede den Kindern Koreas!
Und den Kumpels an Neiße und Ruhr!
Friede den New Yorker Schoffören
und den Kulis von Singapore!

Friede den deutschen Bauern!
Und den Bauern im Großen Banat!
Friede den guten Gelehrten
Eurer Stadt Leningrad!

Friede der Frau und dem Manne!
Friede dem Greis und dem Kind!
Friede der See und dem Lande
Daß sie uns günstig sind!

Rudolf Otto Wiemer: Was ich mir wünsche

Die Unermüdlichkeit der Drossel, da es
dunkelt, den Gesang zu erneuern.
Den Mut des Grases, nach so viel
Wintern zu grünen.
Die Geduld der Spinne, die ihrer Netze
Zerstörung nicht zählt.
Die Kraft im Nacken des Kleibers.
Das unveränderliche Wort der Krähen.
Das Schweigen der Fische gestern.
Den Fleiß der Holzwespen, die Leichtigkeit
ihrer Waben.
Die Unbestechlichkeit des Spiegels.
Die Wachheit der Uhr.
Den Schlaf der Larve im Acker.
Die Lust des Salamanders im Feuer.
Die Härte des Eises, das der Kälte
trotzt, doch schmilzt im Märzlicht der Liebe.
Die Glut des Holzes, wenn es verbrennt
Die Armut des Winds.
Die Reinheit der Asche, die bleibt.

Neujahr

Psalm 8:

2. Gott, unser Herr, wie mächtig ist dein Name in der ganzen Welt!
3. Über den Himmel hin fällt dein Ruhm aus dem Mund von Kindern und Säuglingen. Eine Festung hast du dir gebaut, deinen Feinden zum Trotz, um Gegner und Rebellen zum Schweigen zu bringen.
4. Ich sehe den Himmel, das Werk deiner Hände, den Mond und die Sterne, die du geschaffen hast:
5. was ist der Mensch, daß du seiner gedenkst, ein Menschenkind, daß du dich seiner annimmst.
6. Du hast ihn fast zu einem Gott gemacht, hast ihn gekrönt mit Herrlichkeit und Macht.
7. Du läßt ihn herrschen über das Werk deiner Hände, alles hast du ihm zu Füßen gelegt:
8. Schafe und Rinder, auch die Tiere des Feldes,
9. die Vögel am Himmel und die Fische im Meer, die ihre Wege durchs Wasser ziehen.
10. Gott, unser Herr, wie mächtig ist dein Name in der ganzen Welt!

Jochen Klepper: Neujahrslied

Der du die Zeit in Händen hast,
Herr, nimm auch dieses Jahres Last
und wandle sie in Segen.
Nun von dir selbst in Jesu Christ
die Mitte fest gewiesen ist,
führ uns dem Ziel entgegen.

Da alles, was der Mensch beginnt,
vor seinen Augen noch zerrinnt,
sei du selbst der Vollender!
Die Jahre, die du uns geschenkt,
wenn deine Güte uns nicht lenkt,
veralten wie Gewänder.

Wer ist hier, der vor dir besteht?
Der Mensch, sein Tag, sein Werk vergeht:
nur du allein wirst bleiben.
Nur Gottes Jahr währt für und für,
drum kehre jeden Tag zu dir,
weil wir im Winde treiben.

Der Mensch ahnt nichts von seiner Frist.
Du aber bleibest, der du bist,
in Jahren ohne Ende.
Wir fahren hin durch deinen Zorn,
und doch strömt deiner Gnade Born
in unsere leeren Hände.

Und diese Gaben, Herr, allein
laß Wert und Maß der Tage sein,
die wir in Schuld verbringen.
Nach ihnen sei die Zeit gezählt;
was wir versäumt, was wir gefehlt,
darf nicht mehr vor dich dringen.

Der du allein der Ewige heißt
und Anfang, Ziel und Mitte weißt
im Fluge unserer Zeiten:
Bleib du uns gnädig zugewandt
und führe uns an deiner Hand,
damit wir sicher schreiten!

Eduard Mörike: Zum neuen Jahr

Wie heimlicherweise
Ein Engelein leise
Mit rosigen Füßen
Die Erde betritt,
So nahte der Morgen.
Jauchzt ihm, ihr Frommen,
Ein heilig Willkommen,
Ein heilig Willkommen!
Herz, jauchze du mit!

In ihm sei's begonnen,
Der Monde und Sonnen
An blauen Gezelten
Des Himmels bewegt!
Du, Vater, du rate!
Lenke du und wende!
Herr, dir in die Hände
Sei Anfang und Ende,
Sei alles gelegt!

Hildegard Knef: Prost Neujahr

Prost Neujahr, es war ein gutes Jahr.

Man blickt zurück und denkt an sich, an wen denn sonst,
fühlt sich nicht schlecht, man gibt sich recht – ja, was denn sonst,
die Liebe kam und ging vorbei, wie oft zuvor,
etwas gehetzt, doch sehr geschätzt, kam man empor,
wenn man's so recht bedenkt, es war ein gutes Jahr.

Das bißchen Neid, das bißchen Angst ist nun vorbei,
das Konto voll, die Feinde matt, man fühlt sich frei,
am Weihnachtsabend hat man gut und reich geschenkt,
und selbst der Nachbar weiß, daß man noch christlich denkt,
so ganz uneingeschränkt, es war ein gutes Jahr.

Du gabst das Rauchen auf und fühlst dich ganz als Held,
und trinkst nur das, was niemand andrer sich bestellt,
du bist versnobt und tust, als ob du es nicht wärst,
gehörst dazu, solang du noch zwei Wagen fährst,
und denkst so gern zurück an dieses gute Jahr.

Man blickt voraus und gießt sein Blei und wünscht sich sehr,
daß man im neuen Jahr ein gänzlich andrer wär',
daß man so jung und treu und gut wie nie zuvor,
doch die Gewohnheit lacht und singt dir sanft ins Ohr:
Nun trink mal brav den Sekt und mach dir doch nichts vor.

Prost Neujahr, es war ein gutes Jahr.

Wilhelm Busch: Zu Neujahr

Will das Glück nach seinem Sinn
Dir was Gutes schenken,
Sage Dank und nimm es hin
Ohne viel Bedenken.

Jede Gabe sei begrüßt,
Doch vor allen Dingen:
Das, worum du dich *bemühst,*
Möge dir gelingen.

Johann Wolfgang von Goethe: Zum Neuen Jahr

Zwischen dem Alten
Zwischen dem Neuen,
Hier uns zu freuen
Schenkt uns das Glück,
Und das Vergangene
Heißt mit Vertrauen
Vorwärts zu schauen,
Schauen zurück.

Stunden der Plage,
Leider, sie scheiden
Treue von Leiden,
Liebe von Lust;
Bessere Tage,
Sammeln uns wieder
Heitere Lieder
Stärken die Brust.

Leiden und Freuden,
Jener verschwundnen,
Sind die Verbundnen
Fröhlich gedenk.
O des Geschickes
Seltsamer Windung!
Alte Verbindung,
Neues Geschenk!

Dankt es dem regen,
Wogenden Glücke,
Dankt dem Geschicke
Männiglich Gut;
Freut euch des Wechsels
Heiterer Triebe,
Offener Liebe,
Heimlicher Glut!

Andere schauen
Deckende Falten
Über dem Alten
Traurig und scheu;
Aber uns leuchtet
Freundliche Treue;
Sehet, das Neue
Findet uns neu.

So wie im Tanze
Bald sich verschwindet,
Wieder sich findet
Liebendes Paar,
So durch des Lebens
Wirrende Beugung
Führe die Neigung
Uns in das Jahr.

Helmut Gollwitzer:

Losungen am Morgen und am Abend, die Gottesdienste, das Hören auf die Botschaft, das Bewegen des Evangeliums in unseren Herzen, das ständige Gebet, – das soll eine viel größere Rolle spielen im neuen Jahr als im alten, damit Er noch mehr seine Herrschaft ausübt und uns heraushilft aus dem vielfältigen Götzendienst in das freie Wesen der Kinder Gottes. Das soll heißen: Das große Ja, das Gott in Jesus zu meinem und zu deinem Leben sagt, das hat er von Anbeginn zu allem Leben gesagt, das aus seiner Hand hervorgegangen ist. Gottes Liebe in Jesus ist eine ewige Liebe zu seiner ganzen Schöpfung.

So muß auch des Christen Interesse über sein eigenes Heil und über seinen persönlichen Kreis und über seine Gemeinde und über seine Konfession und über sein Volk und über die Kirche hinausgehen auf die ganze Welt.

Er muß an allen Bemühungen interessiert sein, Elend zu lindern, Unfreiheit und Unrecht zu beseitigen, Frieden zu gewinnen und zu sichern. Dafür ist in den letzten Jahren von der Christenheit in Deutschland noch viel zu wenig geschehen. Die Christen in Deutschland haben wenig dazu beigetragen, daß die großen Gedanken von Kennedy und Chruschtschow sich durchsetzen, daß der Kalte Krieg überwunden wird und die feindlichen Blöcke sich verständigen, daß wir Deutsche keine Atomwaffen bekommen und die Gefahr des Krieges gebändigt wird, daß die Jugend der verfeindeten Staaten sich kennenlernt, daß die Unterdrückung farbiger Menschen gänzlich beseitigt wird, daß die reichen Völker für die hungernden zu opfern anfangen. Die wenigen, die daran arbeiten, werden von den vielen noch alleingelassen, weil viele Christen sich durch ihren Herrn noch nicht wirklich befreien ließen von den Geistern der Angst, der Feindschaft und der Selbstgerechtigkeit, und weil sie meinten, Jesus wolle der Herr sein nur im Innern des Herzens und nicht auch im Äußeren der Völkerbeziehungen und der sozialen Verhältnisse. Aber »durch Ihn sind alle Dinge«, und deshalb will Er, daß es uns unerträglich ist, wenn Kriegsrüstung, Unterdrückung, soziales Elend und Wohlstandshohlheit das Leben der Menschen zerstören und sie unfrei machen. Die Gegenwart ist voll von Aufgaben für Menschen, die diesen Herrn haben. Unmöglich kann man unter diesem Herrn ein fauler oder ein nutzloser oder ein egoistischer Christ sein. Es gibt viele Götter und Herren, wir aber haben einen Herrn, der frei und freudig macht, der jedem Leben einen großen Sinn gibt, der mit uns geht, aus dessen Hand uns nichts reißen kann, durch den alle Dinge sind und wir durch ihn.

2. Januar

Ps 8,2, s. S. 181

Gebet: Herr, allmächtiger Gott, allen unseren Anfängen kamst du zuvor. Während wir in unseren Anfängen nur das Unerfüllte sehen, die Schwelle, hinter der Erfolg und Mißlingen, Glück und Scheitern ununterscheidbar verwoben sind, während wir zögern, unsere Schritte innehalten und uns nur mißtrauisch unserem Anfang anvertrauen, klug geworden, wie wir meinen, durch Enttäuschungen, durch verlorene Hoffnungen, während wir beklommen vor diesem Anfang stehen, neue Enttäuschungen, erneute Sinnlosigkeit fürchtend, während wir so von uns nicht loskommen, hast du dein Wort schon längst gesprochen, das uns zurückholt in das Geheimnis deiner Ewigkeit, die uns verborgen ist, wie uns alle Ursprünge verborgen sind, in der wir dennoch geborgen sind, weil in deinem Wort alles, was wir sind und alles, was uns umgibt, ewig bedacht und ewig geliebt ist. Herr, allmächtiger Gott, lehre uns nun und jeden Tag, dieses dein Wort nachzubedenken, nachzusprechen, nachzuleben. Klaus Bannach

Lied EKG 50, GL 643: Erleuchte, die da sind verblendt, bring her, die sich von uns getrennt, versammle, die zerstreuet gehn, mach feste, die im Zweifel stehn.

Reinhard Mey: Wirklich schon wieder ein Jahr?

Ist das schon so lange her,
Wirklich schon wieder ein Jahr?
Noch weht mir der Wind von der See her entgegen,
Noch find ich Sand in meinen Hosenumschlägen
Und Dünengras in meinem Haar,
Spür auf meinen Lippen das Meer;
Wirklich schon wieder ein Jahr?

Wirklich schon wieder ein Jahr?
Ist es schon wieder so spät?
Mir taut noch der Vorjahresschnee von meiner Mütze.
Um meine Schuhe entsteht eine Pfütze,
Auf dem gewachsten Parkett
Werd ich den Winter gewahr.

Wirklich schon wieder ein Jahr?
Ist also morgen schon heut?

Noch schwirren vom vorigen Sommer die Mücken
Um meinen Kopf, meine Finger zerpflücken
Akazienblätter, zerstreut:
Ein wenig, von Herzen ... Ist's wahr?

Wirklich schon wieder ein Jahr?
Die Tage hab ich nicht gezählt.
Noch raschelt verwelktes Laub unter den Schritten,
Im vorigen Herbst von der Hecke geschnitten.
Noch glimmt Erntefeuer im Feld,
Flammenlos, kaum wahrnehmbar.

Bin immer noch, der ich war,
Erwachsener werd ich wohl nicht.
Ich hab einen Jahresring mehr, wie die Bäume,
Eine dickere Rinde, ein paar neue Träume
Und Lachfalten mehr im Gesicht.
Wirklich schon wieder ein Jahr?
Wirklich schon wieder ein Jahr?

Mascha Kaléko: Abermals ein Jubiläum

Laßt uns, ihr Freunde, ohne viel Geschrei
dem nächsten Jubeltag entgegengehen!
Die Hälfte unsres Lebens ist vorbei.
Nun gilt es noch, den Rest zu überstehen.

Nichts gleicht dem vielgeschmähten Jugendrausch!
Und Lob des Alters – nichts wie saure Trauben.
Vernunft und Reife? Brüder, welch ein Tausch,
wenn man bedenkt, was uns die Jahre rauben.

Der Adler, er verlor die kühnen Schwingen.
Der Schmetterling, er wurde korpulent.
Die Nachtigall, sie hörte auf zu singen.
Der Löwe? Macht nun brav sein Testament.

Die Jahre ziehn, ein müdes graues Heer.
Und damals, das ist lange, lange her ...

Weil alles so vergeht, was dich einst freute
und was dir wehgetan: Trink deinen Wein!
Was gestern morgen war, ist heute heute.
Was heute heute ist, wird morgen gestern sein.
Prägt euch das ein.

Paul Fleming: Neujahrsode 1633

Stelle deine Schlachten ein,
Mars, und lerne milder sein!
Tu die Waffen ab und sprich:
Hin, Schwert, was beschwerst du mich?

Dieser Helm wird nütze sein,
daß die Schwalben nisten drein,
daß man, wann der Frühling kömmt,
junge Vögel da vernimmt.

Und der brachen Erde Bauch
darf der Spieß und Degen auch,
doch daß sie sehn anders aus:
Pflug und Spaten werden draus.

Tritt, was schädlich ist, beiseit!
Hin, verdammte Pest und Streit!
Weg, ihr Sorgen, weg, Gefahr:
ietzund kommt ein neues Jahr!

3. Januar

Ps 8,3, s. S. 181

Gebet: Du weißt, daß es nicht genügt, dort anzuknüpfen, wo man gestern aufgehört hat, wenn man ein Stück weiterkommen will – sondern daß man jeden Tag auch ganz neu anfangen muß in einer Arbeit lebend mit Begierden, beglaubigten Worten, dem Altern, der Sonne, einem immer neuen Dilemma, einer Angst, den Toden vor dem letzten, dem umsichtigen Tod.

Walter Helmut Fritz

Lied EKG 50, GL 643: Den Tauben öffne das Gehör, die Stummen richtig reden lehr, die nicht bekennen wollen frei, was ihres Herzens Glaube sei.

Luise Rinser: Schaufel und Besen

Wenn ich mich recht erinnere, war ich acht Jahre alt, also in dem Alter, in dem Kinder meiner Generation noch fest daran glaubten, daß Weihnachtsgeschenke ohne Umweg vom Christkind kämen, und wenn der kleine, halbwache Verstand anfing zu bemerken, daß auch die Eltern nicht unbeteiligt waren, so half er sich noch eine Weile mit der Unterscheidung zwischen ganz richtigen Christkindgeschenken und solchen von Eltern und aus Geschäften. Ich wollte ein ganz richtiges Geschenk. Da ich nicht wie andere Kinder das Christkind für eine Art Zauber hielt, sondern durchaus richtig für die zweite göttliche Person, in Kindgestalt freilich, und da ich also füglich und richtig dieser Kindgestalt die gleiche göttliche Allwissenheit zuschrieb wie Gott dem Vater, so schien es mir überflüssig, sinnlos, ja häretisch (wenn ich auch dieses Wort noch nicht kannte, so doch die Sache), es erschien mir, wollte ich sagen, häretisch, diesem göttlich allwissenden Kinde meine Wünsche in einem Brief mitzuteilen, wie es üblich war. Ich, ganz spirituell, ich dachte meinen Wunsch. Ich dachte ihn neunmal hintereinander heftig, dann ließ ich's darauf ankommen. Neunmal dachte ich ihn, weil die Zahl neun, drei mal drei, bei mir schon von je eine Rolle spielte. Aber was wünschte ich denn so heftig? Eine kleine Kehrschaufel und einen Besen. Warum gerade das? Wer kann es wissen. Mir jedenfalls erschienen Schaufel und Besen für mein weiteres Leben unentbehrlich. Der Heiligabend kam, Schaufel und Besen lagen nicht unter dem Christbaum. Ich gab nicht sofort auf, ich suchte und suchte, suchte unter dem Tisch, dem Sofa, im Nebenzimmer, vor dem Fenster. Die Eltern waren ratlos, dann ärgerlich, dann böse, denn ich schwieg und meine Suche muß etwas Besessenes gehabt haben. Schließlich setzte ich mich auf einen Stuhl und blieb da sitzen, die Hände im Schoß, kerzengerade und stumm. Ich war gestorben, Weihnachten war gestorben. Die Eltern bedrängten mich immer stärker, und da dies mir lästig war und da mir ja nun ohnehin alles gleichgültig war, stand ich auf und begann, mit ihren Geschenken zu spielen. Ich bewahrte Haltung, war stolz und spielte Stunde um Stunde mit den Spielsachen für ein richtiges Kind. Ein steinernes Kind tat, als spielte es und täuschte die Eltern. Endlich war es Zeit, in die Mitternachtsmette zu gehen. Ich wurde warm verpuppt, bekam zwei runde, in der Ofenröhre erhitzte Bachkiesel in die Manteltaschen und eine kleine Sturmlaterne in die Hand und wir gingen zur Kirche. Wir lebten auf dem Land, zwischen Chiemsee und Gebirge. Es lag Schnee, sicherlich lag Schnee, damals lag an Weihnachten immer Schnee, schön funkelnder, knirschender Schnee. Von überall her, von weit her kamen die Bauern mit Stallaternen, schweigend, dampfend, mit großen Schritten, die Kinder voraus oder nebenher im Schnee, in den Taschen die Knallfrösche und bengalischen Zündhölzer für den Heimweg. Wer ist auf dem Dorf aufgewachsen und sehnt sich nicht sein Leben lang danach, noch einmal Kind zu sein, dort und für diese eine Nacht? Aber das Kind, das ich damals war, das war aus Stein. Es hatte Haltung, es ging brav zur Kirche, um pflichtgemäß jenes Kind anzubeten, dessen Allwissenheit oder Allmacht anzuzweifeln es allen Grund zu haben glaubte. In der Kirche war es schön wie immer an Weihnachten, das Schiff im Dunkel, die Krippe am Altar im Licht, und mein Vater spielte die Orgel zum Hochamt, es war eine sehr große und schöne Orgel, sie ist es heute noch, die Orgel in Übersee am Chiemsee. Aber all das zählte nicht. Ich kniete, steinern, ein Steinengel auf einem Kindergrab, eine gefährliche Stunde lang, die entscheiden konnte über ein ganzes Menschenleben. Wer konnte wissen, wie tief dieser erste echte Glaubenszweifel reichte? Das Amt ging zu Ende, und wie immer spielte mein Vater zum Auszug etwas von Bach. Damals war es eine große Fuge, das kannte die musikalische Kleine, denn sie spielte ja selber längst Klavier und Harmonium. Sie horchte auf. Diese Musik stieß hart an den harten Stein. Der Stein aber wollte nicht aufgesprengt werden, er hielt sich trotzig. Aber die Musik ließ nicht nach, sie bohrte den Stein von allen Seiten an, drang zuletzt vor bis ins Herz des steinernen Engels. Er weinte nicht, so leicht weinte der nicht, aber er ergab sich, anders ist es nicht zu sagen. Und da, unerwartet einbrechend durch alle Schmerzkanäle, kam Weihnachten. Alles war plötzlich da: Kerzen, die Krippe, das Kind im Stall, Sterne groß und hart funkelnd vor den Spitzbogenfenstern, und »Stille Nacht, heilige Nacht«, alle Süßigkeit, Weihnacht unverletzt, und mitten darin, zu einem Nichts aus Licht geworden, der Schmerz um Schaufel und Besen, der kein Schmerz mehr war, nur mehr eine flüchtige Erinnerung und der ebenso flüchtige Einfall, daß ich ja Tante Fanny bitten konnte, mir Schauel und Besen zu kaufen, wenn, ja wenn mir der Sinn noch danach stehen sollte nach dieser Nacht, in der ich Schaufel und Besen überwachsen hatte.

4. Januar

Psalm 8,4–7, s. S. 181

Gebet: Du bist nun mit uns, Herr, in deinem Sohn, jenem Wort, das du von Ewigkeit her allen Zeiten zugerufen hast, das in der Gestalt eines Menschen in die Zeit des Menschen einging, in diesem Wort, deinem Sohn, in dem du dich ganz und ohne Vorbehalt für alle Zeiten ausgesprochen hast, in diesem Wort bist du mit uns, mit diesem Wort schützt du uns und tröstest du uns und umgibst du uns. Und deshalb sollen unter uns nicht Klage, nicht Angst, nicht Feindseligkeit, nicht Unzufriedenheit, nicht Hunger nach mehr Leben, nicht Lieblosigkeit, nicht Unachtsamkeit für den Nächsten Raum haben. Deshalb soll dein Wort die Kraft unseres Lebens sein, der Gegenstand unserer Gedanken, der Rhythmus unseres Liedes, das Pochen unseres Herzens, der Beginn unseres Tages und der Schutz unserer Nacht. Deshalb soll unser Leben der Schmuck und die Würde und die Zierde und das Lob deines Wortes sein. *Klaus Bannach*

Lied EKG 48, GL 554: Wie schön leuchtet der Morgenstern voll Gnad und Wahrheit von dem Herrn, die süße Wurzel Jesse. Du Sohn Davids aus Jakobs Stamm, mein König und mein Bräutigam, hast mir mein Herz besessen: lieblich, freundlich, schön und herrlich, groß und ehrlich, reich an Gaben, hoch und sehr prächtig erhaben.

Gott ist gekommen. Er ist da. Und darum ist alles anders, als wir meinen. Die Zeit ist aus dem ewigen Weiterfließen verwandelt in ein Geschehen, das mit lautloser, eindeutiger Zielstrebigkeit auf ein ganz bestimmtes Ende hinführt, darin wir sagen: es ist Weihnacht, dann sagen wir: Gott hat sein letztes, sein tiefstes, sein schönstes Wort im fleischgewordenen Wort in die Welt hineingesagt, ein Wort, das nicht mehr rückgängig gemacht werden kann, weil es Gottes endgültige Tat, weil es Gott selbst in der Welt ist. Und dieses Wort heißt: Ich liebe dich, du Welt und du Mensch. *Karl Rahner*

5. Januar

Psalm 8,10, s. S. 181

Marie Luise Kaschnitz: Gottes Verlangen

Verlangen wirst Du, daß wir, die Lieblosen dieser Erde,
Deine Liebe sind,
Die Häßlichen Deine Schönheit,
Die Ratlosen Deine Ruhe,
Die Wortlosen Deine Rede,
Die Schweren Dein Flug.

Jeder wird wissen, daß dieses von ihm erwartet wird,
Etwas wogegen Atombomben ein Kinderspiel sind.
Und aufbegehren wird er und sagen, wie kommen wir dazu.
Und sagen, wie häßlich ist es, erwachsen zu werden.
Und aufzubleiben in der Nacht, allein.
Aber jeder wird wissen: Dies ist Dein letztes Geheimnis.
Dein Fernsein Deine Nähe,
Dein Zuendesein Dein Anfang,
Deine Kälte Dein Feuer,
Deine Gleichgültigkeit Dein Zorn.

Und einige wirst Du bisweilen beweglich machen
Schneller als Deine Maschinen und künstlichen Blitze,
Überflügeln werden sie ihre Angst.
Fahrende werden sie sein, Freudige.

Lied EKG 48, GL 554: Von Gott kommt mir ein Freudenschein, wenn du mich mit den Augen dein gar freundlich tust anblicken. O Herr Jesu, mein trautes Gut, dein Wort, dein Geist, dein Leib und Blut mich innerlich erquicken. Nimm mich freundlich in deine Arme, Herr, erbarme dich in Gnaden; auf dein Wort komm ich geladen.

Novalis: Wenn ich ihn nur habe

Wenn ich ihn nur habe,
Wenn er mein nur ist,
Wenn mein Herz bis hin zum Grabe
Seine Treue nie vergißt:
Weiß ich nichts von Leide,
Fühle nichts, als Andacht, Lieb' und Freude.

Wenn ich ihn nur habe
Laß' ich alles gern,
Folg' an meinem Wanderstabe
Treugesinnt nur meinem Herrn;
Lasse still die Andern
Breite, lichte, volle Straßen wandern.

Wenn ich ihn nur habe,
Schlaf' ich fröhlich ein,
Ewig wird zu süßer Labe
Seines Herzens Flut mir sein,
Die mit sanftem Zwingen
Alles wird erweichen und durchdringen.

Wenn ich ihn nur habe,
Hab' ich auch die Welt;
Selig, wie ein Himmelsknabe,
Der der Jungfrau Schleier hält.
Hingesenkt im Schauen
Kann mir vor dem Irdischen nicht grauen.

Wo ich ihn nur habe,
Ist mein Vaterland;
Und es fällt mir jede Gabe
Wie ein Erbteil in die Hand;
Längst vermißte Brüder
Find' ich nun in seinen Jüngern wieder.

Epiphanias, 6. Januar

Psalm 72:

1. Gott, gib dem König dein Recht, dem Herrscher deine Gerechtigkeit.
2. Er regiere dein Volk in Gerechtigkeit und gebe deinen Armen, was ihnen zusteht.
3. Tragen mögen die Berge Frieden dem Volk und die Hügel Gerechtigkeit.
10. Die Könige des Westens und von den Inseln mögen Geschenke bringen, die vom Süden mögen mit Gaben kommen.
11. Alle Könige sollen ihn anbeten, alle Völker ihm dienen.
12. Denn retten wird er den Armen, der schreit, den Verlassenen, dem keiner hilft.
13. Er kümmert sich um die Schwachen und Armen und rettet das Leben der Verachteten.
19. Gepriesen sei jetzt und immer sein herrlicher Name, die ganze Erde sei voll seiner Herrlichkeit. Amen. Amen.

Gebet: Gott, unter den vielen Namen, die heute gesagt werden, die Geltung beanspruchen, die uns beherrschen, ist dein Name fast verstummt. Jedoch du selbst willst zu uns kommen, willst dir selbst Geltung verschaffen, willst Licht sein in unseren Finsternissen, willst Fels sein in unseren Hoffnungslosigkeiten, du willst es sein, der uns beansprucht, unser Herz zur Anbetung, unsere Augen zum Leuchten, unsere Ohren zum Hören, unsere Füße zum Eilen, unsere Hände zum Helfen, du willst es sein, bei dem wir stehen können. Es ist nicht zu begreifen, Gott, daß du dies alles sein willst für uns. *Klaus Bannach*

Lied EKG 48, GL 554: Herr Gott Vater, mein starker Held, du hast mich ewig vor der Welt in deinem Sohn geliebet. Dein Sohn hat mich ihm selbst vertraut, er ist mein Schatz, ich seine Braut, drum mich auch nichts betrübet. Eia, eia, himmlisch Leben wird er geben mir dort oben; ewig soll mein Herz ihn loben.

Eva Zeller: Die da kommen wollten

Die kommen wollten
das Kind anzubeten
lasen unterwegs
im Stern
es fiele unter
abgeschaffte Paragraphen
man könnte ihm
mit Fug und Recht
schon prophylaktisch
seine Zweifel
durch die Hände treiben
Gott
der die
Quantensprünge regelt
wohne
nie und nimmer
unter uns

Heinrich Albertz:

Nicht im königlichen Palast Jerusalem, sondern in tiefster Ärmlichkeit finden die Weisen den neuen Herrn der Welt, schwach und hilflos, alles andere als ein Königssohn. Aber es wird berichtet, daß sie keinen Augenblick gezögert haben. Darum sind aus den Sterndeutern wohl auch in der Geschichte der Kirche und ihrer Frömmigkeit Heilige geworden. Sie zweifelten nicht. Sie sind ganz sicher. Sie fallen nieder und beten an. Diese klugen Leute. Diese Wissenden. Diese reichen Herren. Da ist es schmutzig und riecht auch sicher nicht gut. Da fehlen alles Insignien der Macht. Da ist nur ein Kind. Begreifen wir wenigstens von ferne auch noch heute, von so viel Wissen und Klugheit umgeben, was es bedeutet, dieses merkwürdige Evangelium, diese gute Nachricht: Die wirkliche Macht liegt bei einem machtlosen Kind!? Der wahre König wird schließlich gekreuzigt werden. So stand es ja über dem Sterbenden zu lesen: Jesus von Nazareth, König der Juden. Nicht Herodes, sondern ER. Nicht irgendeiner der Mächtigen, auch nicht die vier in Guadeloupe oder in Moskau oder Peking, sondern ER.
Daran kommen wir nämlich nicht vorbei: Dieser König ist ein König der Gewaltlosigkeit. Und gerade darum der wirkliche Herr der Welt. Fromme Phantasien? Ich bin überzeugter denn je, daß diese Welt sich endgültig zugrunderichten wird, wenn sie die Zeichen, die die Geschichte von Jesu Geburt und Tod und neuem Leben setzt, nicht ernst nimmt, *endlich* ernst nimmt. Denn Herodes ist vergessen. Die Weisen ziehen wieder heim und verschwinden im Dunkel der Geschichte. Aber ER bleibt und ER lebt.

Wolfgang Borchert: Die drei dunklen Könige

Oh, nichts, wisperte er, das sind nur die Nerven. Man hat eben zuviel Angst gehabt.

Er tappte durch die dunkle Vorstadt. Die Häuser standen abgebrochen gegen den Himmel. Der Mond fehlte, und das Pflaster war erschrocken über den späten Schritt. Dann fand er eine alte Planke. Da trat er mit dem Fuß gegen, bis eine Latte morsch aufseufzte und losbrach. Das Holz roch mürbe und süß. Durch die dunkle Vorstadt tappte er zurück. Sterne waren nicht da.

Als er die Tür aufmachte (sie weinte dabei, die Tür), sahen ihm die blaßblauen Augen seiner Frau entgegen. Sie kamen aus einem müden Gesicht. Ihr Atem hing weiß im Zimmer, so kalt war es. Er beugte sein knochiges Knie und brach das Holz. Das Holz seufzte. Dann roch es mürbe und süß ringsum. Er hielt sich ein Stück davon unter die Nase. Riecht beinahe wie Kuchen, lachte er leise. Nicht, sagten die Augen der Frau, nicht lachen. Er schläft.

Der Mann legte das süße mürbe Holz in den kleinen Blechofen. Da glomm es auf und warf eine Handvoll warmes Licht durch das Zimmer. Die fiel hell auf ein winziges rundes Gesicht und blieb einen Augenblick. Das Gesicht war erst eine Stunde alt, aber es hatte schon alles, was dazugehört: Ohren, Nase, Mund und Augen. Die Augen mußten groß sein, das konnte man sehen, obgleich sie zu waren. Aber der Mund war offen, und es pustete leise daraus. Nase und Ohren waren rot. Eri lebt, dachte die Mutter. Und das kleine Gesicht schlief.

Da sind noch Haferflocken, sagte der Mann. Ja, antwortete die Frau, das ist gut. Es ist kalt. Der Mann nahm noch von dem süßen weichen Holz. Nun hat sie ihr Kind gekriegt und muß frieren, dachte er. Aber er hatte keinen, dem er dafür die Fäuste ins Gesicht schlagen konnte. Als er die Ofentür aufmachte, fiel wieder eine Handvoll Licht über das schlafende Gesicht. Die Frau sagte leise: Guck, wie ein Heiligenschein, siehst du? Heiligenschein! dachte er, und er hatte keinen, dem er die Fäuste ins Gesicht schlagen konnte.

Dann waren welche an der Tür. Wir sahen das Licht, sagten sie, vom Fenster. Wir wollen uns zehn Minuten hinsetzen. Aber wir haben ein Kind, sagte der Mann zu ihnen. Da sagten sie nichts weiter, aber sie kamen doch ins Zimmer, stießen Nebel aus den Nasen und hoben die Füße hoch. Wir sind ganz leise, flüsterten sie und hoben die Füße hoch. Dann fiel das Licht auf sie.

Drei waren es. In drei alten Uniformen. Einer hatte einen Pappkarton, einer einen Sack. Und der dritte hatte keine Hände. Erfroren, sagte er, und hielt die Stümpfe hoch. Dann drehte er dem Mann die Manteltasche hin. Tabak war darin und dünnes Papier. Sie drehten Zigaretten. Aber die Frau sagte: Nicht, das Kind.

Da gingen die vier vor die Tür, und ihre Zigaretten waren vier Punkte in der Nacht. Der eine hatte dicke umwickelte Füße. Er nahm ein Stück Holz aus seinem Sack. Ein Esel, sagte er, ich habe sieben Monate daran geschnitzt. Für das Kind. Das sagte er und gab es dem Mann. Was ist mit den Füßen? fragte der Mann. Wasser, sagte der Eselschnitzer, vom Hunger. Und der andere, der dritte? fragte der Mann und befühlte im Dunkeln den Esel. Der dritte zitterte in seiner Uniform: Oh, nichts, wisperte er, das sind nur die Nerven. Man hat eben zuviel Angst gehabt. Dann traten sie die Zigaretten aus und gingen wieder hinein.

Sie hoben die Füße hoch und sahen auf das kleine schlafende Gesicht. Der Zitternde nahm aus seinem Pappkarton zwei gelbe Bonbons und sagte dazu: Für die Frau sind die.

Die Frau machte die blassen Augen weit auf, als sie die drei Dunklen über das Kind gebeugt sah. Sie fürchtete sich. Aber da stemmte das Kind seine Beine gegen ihre Brust und schrie so kräftig, daß die drei Dunklen die Füße aufhoben und zur Tür schlichen. Hier nickten sie nochmal, dann stiegen sie in die Nacht hinein.

Der Mann sah ihnen nach. Sonderbare Heilige, sagte er zu seiner Frau. Dann machte er die Tür zu. Schöne Heilige sind das, brummte er und sah nach den Haferflocken. Aber er hatte kein Gesicht für seine Fäuste.

Aber das Kind hat geschrien, flüsterte die Frau, ganz stark hat es geschrien. Da sind sie gegangen. Kuck mal, wie lebendig es ist, sagte sie stolz. Das Gesicht machte den Mund auf und schrie.

Weint er? fragte der Mann.

Nein, ich glaube, er lacht, antwortete die Frau.

Beinahe wie Kuchen, sagte der Mann und roch an dem Holz, wie Kuchen. Ganz süß.

Heute ist ja auch Weihnachten, sagte die Frau.

Ja, Weihnachten, brummte er, und vom Ofen hier fiel eine Handvoll Licht hell auf das kleine schlafende Gesicht.

Meditationen zu Walter Habdank: »Licht in der Finsternis«, Farbholzschnitt, mit sieben Ausschnitten

(Seite 81 bis 88)

von Klaus Bannach

I. Licht in der Finsternis

Wir bekommen viel zu sehen, im Laufe eines Abends, im Laufe eines Tages, im Laufe eines Jahres. Eine ganze Welt bekommen wir zu Gesicht, Gesichter von Menschen vor allem, und was sich in ihnen ausdrückt. Einer ganzen Welt schauen wir zu, ihren Bildern und ihren Farben, aufdringlichen Bildern, meist von grellen Farben. Aber was haben wir gesehen, wenn so ein Abend und so ein Tag und so ein Jahr ihren Lauf genommen haben? Hat unser Blick irgendwo verweilt, hat er Halt gemacht, sich niedergelassen auf einem der Bilder aus dieser Welt, sinnend und geduldig? Oder verdienen Gesichter von Menschen nur unseren flüchtigen Blick, also unser hastiges Wegschauen? Verdienen sie nicht vielmehr liebevolles Verweilen? Wo doch so viel an Erfahrung und Kenntnis menschlichen Lebens in diesen Gesichtern geschrieben steht, Leid und Freude, Hunger und Sattheit, zum Beispiel.

Dieses Bild mit dem Kind in der Mitte, von dem so viel Licht ausgeht, ist anders. Es läßt unseren Blick nicht flüchtig weitereilen; das Licht, das von diesem Kind ausgeht, hält unseren Blick fest, läßt ihn verweilen auf Gesichtern von Menschen, von Gefangenen, Gescheiterten, von Lebensungesättigten, von Enttäuschten, an denen Leben vorbeigegangen zu sein scheint, weil sie nicht mithalten konnten mit dem Tempo der Zeit. Hier, auf diesem Bild, können wir hinsehen und zusehen, entsteht im Licht des Kindes Zuwendung in unserem Herzen, Liebe, die sich niederläßt bei denen, die gefangen sind und gescheitert, bei denen, die ungesättigt sind und enttäuscht. Das Licht des Kindes fällt auf Menschen, auf alle Menschen, und entzündet in unserem Herzen Liebe, Liebe für Menschen, denen Liebe fehlt.

II. Heilserwartung

Zwei Menschen, Simeon und Maria mit Namen. Sie: ein junges Mädchen. Er: ein Mann, in Ehren ergraut. Zwei Menschen, Maria und Simeon mit Namen. Welten liegen zwischen ihnen: Generationen, Erfahrungswelten, Denkwelten, Sprachwelten. Zwei Menschen, aber eines verbindet sie: Sie sind voller Erwartungen. Sie strecken ihre Hände aus. Sie blicken nach vorn. Sie, das junge Mädchen, er, der ergraute Mann. Und beide halten in ihrer Erwartung still, lauschen und spähen und wissen, daß die entscheidende Erfahrung ihres Lebens noch bevorsteht. Und sie wissen auch: Sie werden sich diese Erfahrung gefallen lassen, mit geöffneten Händen und offenen Augen. Zwei Menschen, ein alter Mann ein junges Mädchen, Welten voneinander entfernt und doch ganz nahe: Maria und Simeon mit Namen.

Und Gott kommt zu ihnen, unauffällig, heimlich fast, so jedenfalls, wie Menschen sich in der Regel das Kommen eines Gottes in diese Welt nicht vorstellen. Gott kommt in der Gestalt eines Kindes.

Aber da sie beide voller Erwartungen sind, da sie sich also mit offenen Händen und offenen Sinnen lauschend und nach vorn ausgestreckt das Kommen Gottes gefallen lassen, werden ihre Erwartungen wahr, bekommen ihre Hände etwas anzufassen und zu tun, ihre Augen etwas zu sehen, ihre Ohren etwas zu hören, bleiben ihre Sinne nicht mit unerfüllten Erwartungen enttäuscht und leer zurück; werden beide, Maria und Simeon, vielmehr erfüllt, randvoll und sozusagen bis zum Bersten, mit der Liebe des Gottes, der in Gestalt eines Kindes von Menschen und dieser Welt Besitz ergreift, vielmehr sich an sie ausliefert, weil Liebe, wenn sie von Gott kommt, nicht anders kann als sich auszuliefern. Maria und Simeon, Simeon und Maria, zwei Menschen voller Erwartungen und in ihren Erwartungen gesättigt und befriedet und beglückt, weil von Gott geliebt. Und seltsam genug, diese Liebe Gottes: So unscheinbar und beinahe nebensächlich sie sich dieser Welt und den Menschen aussetzt, so ohnmächtig sie zu sein scheint in der Gestalt eines Kindes, so mächtig ist ihre Kraft, sich durchsetzend und alles, was sie berührt, verwandelnd. Im Licht dieser Liebe sind Simeon und Maria, Maria und Simeon plötzlich ganz dicht beieinander, verschwinden die Welten zwischen ihnen, tauschen die beiden sozusagen ihren Platz: Sie, in ihrer Jugend, ist die Gebende, er, in seinem Alter, der Empfangende; sie gibt an ihn Gottes Liebe, das Kind, weiter.

Alter und Jugend, Gedanken- und Wortwelten trennen Menschen nicht mehr. Gottes Liebe verrichtet, so unscheinbar sie ist, unter Menschen ihr Werk, sich durchsetzend und alles verwandelnd, womit sie in Berührung kommt. Maria und Simeon, Simeon und Maria: zwei Menschen, zwischen denen, mit denen nun alles anders ist.

III. Gehandicapt

Das Gedränge von Menschen in der Stadt gehört offenbar unausrottbar in diese Zeit der Erwartungen. Wenn im Gedränge der Stadt Lahme und Blinde und Taube und Stumme und Rollstuhlfahrer nicht mehr merken, daß sie lahm sind und blind sind und taub sind und stumm sind und nicht mehr gehen können, vielmehr an ein technisches Gerät gefesselt sind; wenn alle sie ihr Gebrechen nicht bemerken, weil niemand sie als behindert klassifiziert und mitleidig anschaut oder ungeduldig oder entrüstet darüber, daß er aufgehalten wird, weil er anfassen oder sich niederbeugen muß, um einem Menschen zu helfen; wenn im Gedränge der Stadt Lahme und Blinde und Taube und Stumme und Rollstuhlfahrer zu Hause sein können, als gehörten sie hierher, als sei genau hier ihr Platz, wo Menschen aneinander vorbeilaufen ohne einander zu sehen, – dann ist mitten in diesem Gedränge, das nur noch den Leerlauf einer erwartungslosen Zeit verrät, das Wunder des Advents geschehen, dann ist mitten im Gedränge der Stadt Gott wieder Mensch geworden, ist mitten in liebloser Hast das Licht göttlicher Liebe unter Menschen entflammt. Wenn Lahme und Blinde nicht mehr merken, daß sie lahm und blind sind, weil niemand sie dies merken läßt, dann hat sich mitten im Gedränge das Wunder von Bethlehem wieder eingestellt.

IV. Der Gefangene

Mitunter mag ich mir nicht denken, daß Gefangene, deren Namen in den Listen von »amnesty international« zu lesen sind, in den Stall und zu dem Kind von Bethlehem passen könnten. Mitunter kann ich mir nicht denken, daß Folter, von der ich jeden Tag in meiner Welt höre, in die leuchtende Welt des Kindes von Bethlehem passen könnte.

Ist diese Welt, von der so viel Licht ausgeht, eine andere Welt? Eine Welt, fern, nur im Traum, ein Ort anderer oder »höherer« Wirklichkeit? So, daß ich mir sagen müßte, die Welt dieses Kindes habe mit meiner Welt der Gefangenen und der Folter nichts zu tun? Indes: Was paßt besser in diese meine Welt der Gefangenenlisten von »amnesty international« und der Nachrichten von Folter – als jener Stall von Bethlehem und das Kind in jenem Stall von Bethlehem? Wer wollte es damals denn haben, dieses Kind, wollte ihm Raum geben, daß es kommen konnte in diese Welt? Wer von den Menschen damals? Alle waren sie zu sehr mit sich selbst beschäftigt, durcheinandergewirbelt von der Weltpolitik. Sie konnten diesem Kind nicht Platz machen in ihrer Welt. Und so war es in jenem Stall nur eben so geduldet, aber nicht willkommen in dieser Welt.

Meine Welt? Nicht meine Welt, die Welt des Kindes im Stall? Ich merke, meine Gedanken verwirren sich. Und je mehr sich meine Gedanken verwirren, desto mehr erahne ich die Tiefe des Geheimnisses der göttlichen Liebe, die sich dieser Welt annimmt, da, wo sie als Liebe nicht willkommen ist, und sie sich dennoch nicht darin beirren läßt, Liebe zu sein, Liebe zu dieser Welt und zu allen Menschen. Und ich begreife, warum die göttliche Liebe keinen Menschen auslassen kann, schon gar nicht die, die man so leicht vergißt, die Gefolterten und die Gefangenen auf den Listen von »amnesty international«.

V. Liebespaar

Manchmal wird Menschen die Haut zu eng, es entsteht der Drang, aus der Haut fahren zu müssen. In Enge von Häusern und von Gedanken kommt Angst auf. Man ringt nach mehr Luft. Schritte unternehmen hastige Ausbruchs-Versuche.

Zuerst merken es die Gebilde unserer Phantasie: Gedanken, Träume, Wille und Kraft, Zukunft zu gestalten. Erschreckt ziehen sie sich zurück, diese Gebilde unserer Phantasie, wenn es eng wird, zu eng, weil für morgen nichts mehr erwartet wird, nichts, was man mit seinen Händen oder seinen Gedanken gestalten könnte. Schon bald merken es Menschen in Hochhäusern und in Supermärkten und auf Autobahnen. Sie merken es, wenn die Kraft der Phantasie gestorben ist. Sie merken es an ihrem eigenen Leib, an dem Drang zur Aggression, der darin aufkeimt. Und mühsam wird es, tief durchzuatmen. Er, der da kommen will, ist deshalb ein wichtiger Gast. Wir Menschen haben ihn nötig, wenn es in unseren Gedanken und in unserer Welt nicht noch enger werden soll. Wir haben ihn nötig, denn er bringt Zukunft mit, weite, geräumige Zukunft, in der unsere Phantasie Platz genug hat. Er, der da kommen will, bringt Zeit mit, damit wir durchatmen können, tief durchatmen, und damit unsere Gedanken weit werden. Er, der da kommen will.

VI. Sucht

Auch dahin fällt das Licht göttlicher Liebe, wo Menschen gefangen sind, ohne daß sie etwas von ihrer Gefangenschaft merken, weil es

Worte sind, aus denen sie sich nicht heraustrauen, weil sie den Schutz dieser Worte benötigen, oder weil es Ängste sind, die sie geängstigt im kleinen Umkreis vertrauten Lebens festhalten.

Auch dahin fällt das Licht göttlicher Liebe, wo Menschen den Schutz der Heimlichkeit nötig haben, weil sie fürchten, jemand könnte ihnen hinter ihre Gedanken und Empfindungen kommen, sie bloßstellen, an den Pranger.

Auch dahin fällt das Licht göttlicher Liebe, wo Menschen sich aus ihren Verfehlungen nicht mehr heraustrauen, weil sie das Gelächter oder die Verachtung anderer Menschen fürchten.

Auch dahin fällt das Licht deiner Liebe, Gott, wo Menschen in ihrer Sünde gefangen sind, wie man früher gesagt hat, und wo ihr Leben im Gefängnis der Sünde zu verkümmern droht. Auch dahin fällt das helle und klare Licht deiner Liebe, Gott, damit niemand mehr mit der Heimlichkeit seines Lebens, die sich vor anderen Menschen verstecken muß, zufrieden ist, damit jeder sich vielmehr in das helle und klare Licht deiner Liebe, Gott, zu anderen Menschen hinauswagen kann, um mit ihnen zu weinen und zu lachen und zu leben und zu loben, deine Liebe zu loben, Gott.

VII. Hilferuf

»Mache dich auf, werde Licht! Denn die Herrlichkeit des Herrn strahlt auf über dir!« (Jes 60, 1)

In dieser Zeit will ich ein Mensch sein, der aufhören kann, zu klagen und zu trauern über die Lasten seines Lebens, über die Wunden, die ihm das Leben zugefügt hat. Ich will die Klage über die Beschwernis meines Lebens in dieser Welt, die menschliches Leben schwer machen kann, einstellen und ablegen, wie man ein Kleid ablegt, das nicht mehr paßt, in dem man sich nicht mehr sehen lassen kann.

In dieser Zeit, da dein Licht aufleuchtet, will ich ein Mensch sein, der dieses Licht widerspiegelt. Denn du hast mich in dieser Zeit hell und klar gemacht, du hast mich aus dem Dunkel meines Lebens in dein Licht geholt, Gott.

Und so bin ich ein Mensch geworden, der sich wieder sehen lassen kann, bei dem sich deshalb andere Menschen unbeschwert einfinden können. Denn ich kann anderen mein Gesicht und meine Hände und Füße, meine Gedanken und Empfindungen zu erkennen geben, kann meine Schuld und meine Ohnmacht, meine Hilflosigkeit und meine Trostbedürftigkeit sehen lassen. Denn du, Gott, hast mich in dein Licht gestellt, und so habe ich die Klage über verfehltes

Leben und über die schwierige Welt, so habe ich diese Klage, die stets so klingt, als dürfe niemand mehr Schwieriges zumuten, so habe ich diese Klage über mein Leben nicht mehr nötig. Denn du, Gott, hast mich in dein Licht gestellt, deine Liebe hat zu mir gefunden, damit ich mich mit allem, was ich bin, von anderen Menschen finden lasse.

VIII. Der Heiland

Dich loben möchte ich, Gott. Dich loben kann ich, Gott. Denn deine Liebe macht es mir leicht, deine Liebe zu bemerken und zu schmecken und zu betasten.

Dich preise ich, Gott. Denn deine Liebe war so groß, daß sie sich kleinmachen konnte, daß sie die Gestalt eines Kindes annehmen konnte, daß sie, deine große Liebe, arm und nackt und bloß werden konnte, daß sie, deine große Liebe, abseits vom großen Weltgeschehen, doch mitten in ihm, in einem Winkel aufleuchtete, daß sie, deine große Liebe, menschlich zu uns Menschen kam, ganz und gar unaufdringlich, damit unsere menschliche Liebe sich unbedrängt aufmachen kann, um zu deiner Liebe, Gott, zu finden, sehend, tastend, schmeckend, fühlend.

Dich loben will ich, Gott, ob deiner Liebe, die so groß war, daß sie klein werden konnte, klein genug für mich, so daß ich sie mir gefallen lassen kann, ohne beschämt zu werden, ohne in Verlegenheit zu geraten, so daß sich meine Hände und Füße und Lippen regen können, leicht und beschwingt, um loben zu lernen und Worte zu finden, die deiner Liebe angemessen sind.

Dich lobe ich, Gott, ob des Kindes in der Krippe, das mich lachen macht, der Trostlosigkeit meines Herzens und meiner Welt zum Trotz; ob des Kindes in der Krippe lobe ich dich, das mich staunen macht darüber, daß auch ich wieder Kind sein darf, Kind vor dem Kind, daß ich wieder neu anfangen kann mit meinem Herzen und mit meiner Welt, damit überall deine Liebe zu lachen und zu leuchten beginnt. Gott, dich lobe ich in alle Zeit und in aller Ewigkeit.

Ochs, Esel, Krippe, Stall – Gemeinschaft mit den Armen in aller Welt

Veranstaltung zur Erinnerung an den franziskanischen Sinn unserer Weihnachtssymbole. In thematischem Zusammenhang mit »Brot für die Welt«, als Eröffnungs- oder Begleitveranstaltung möglich.
– von Klaus Bannach

Zielgruppe: Jeder beliebige Gemeindekreis überschaubarer Größe.

Technisches: Benötigt wird eine Leinwand, ein Diaprojektor und ein Cassettenrecorder mit hoher Wiedergabequalität, falls in der Gemeinde keine Bläsergruppe vorhanden ist.

Medien: Dias der Franziskusdarstellungen von Giotto aus der Franziskuskirche in Assisi (erhältlich bei der Medienzentrale).

Musik: Langsamer Satz aus der Suite für Bläser von Johannes Pezel oder ein entsprechend getragenes Stück aus der Sacrae Symphoniae von Giovanni Gabrieli. Das Stück wird siebenmal wiederholt. Es sollte daher vorher siebenmal auf eine Cassette überspielt werden, damit nicht immer zurückgespult werden muß.
Wer keine Bedenken hat, EKG 28 schon in der Adventszeit singen zu lassen, kann die Verse, entsprechend verteilt, anstelle der vorgeschlagenen Musik singen lassen.

Sprecher: Leiter (L); Sprecher I; Sprecher II; Sprecher III.

Leiter: (Begrüßung, dabei kurzer Hinweis auf das Thema: Gemeinschaft mit den Armen, möglicherweise unter Heranziehung eines Projektes von »Brot für die Welt«.)
Auch die Weltmissionskonferenz in Melbourne hat sich 1980 mit der Armut beschäftigt. Merkwürdigerweise hat sie die Frage gestellt: Wer sind die Armen? Als Antwort kam folgendes noch seltsamere Ergebnis zustande:
»Wir konnten uns nicht darüber einigen, worauf wir den Nachdruck legen sollen, aber wir haben auf verschiedene Weise die Armen in der Welt von heute identifiziert. Es gibt
a) Armut an Lebensnotwendigem: Jene, die des materiellen und kulturellen Reichtums beraubt wurden. In einigen Situationen ist diese Armut das Ergebnis von umweltbedingtem Mangel oder dem Fehlen einer angemessenen Technik sowie von Wirtschaftsformen und politischen Maßnahmen, die von außen aufgezwungen wur-

den. In den meisten Fällen ist das Lebensnotwendige von anderen ausgebeutet worden. Ungerechte Anhäufung von Reichtum und Diskriminierung sind die Ursache für die Lage der meisten, die auf diese Art arm sind.
b) Armut inmitten materiellen Reichtums: Jene, die materiellen und kulturellen Reichtum besitzen und trotzdem nicht in einem Zustand des Wohlergehens leben. Sowohl in kapitalistischen wie in sozialistischen Staaten gibt es unter Menschen, die genug – und mehr als genug – vom Lebensnotwendigen haben, Unbehagen, Gesetzlosigkeit und selbstzerstörisches Verhalten, das soziale und persönliche Ursachen hat. Nicht alle diese Armen können als Ergebnis von Reichtum und ungerechter Ausbeutung dargestellt werden. Einige meinen, daß sie nicht als »arm« bezeichnet werden sollten, wenn sie sich auch in einer Mangelsituation befinden.
c) Freiwillige Armut: Jene, die die Möglichkeit besitzen, materielle Reichtümer zu besitzen, aber bereit sind, ein Leben der Genügsamkeit oder Selbstverleugnung zu führen, um diese Reichtümer verantwortlich zu gebrauchen. Einige gehen bis zur Solidarität mit den Armen, wobei sie freiwillig ihren Wohlstand und ihre Sicherheit aufgeben, um sich den Armen anzuschließen im Kampf gegen die Armut, die durch Ungerechtigkeit erzeugt wurde.«

Sprecher I: Wie können wir den Armen näherkommen? So, daß sie für uns nicht nur der Gegenstand eines schlechten Gewissens sind? Daß wir mit fröhlichem Herzen an sie denken? Was könnte sich dafür an der Gestaltung unseres Weihnachtsfestes ändern? (Pause zum Nachdenken)

Musik: Johannes Pezel, Langsamer Satz für Bläser

Sprecher II: Wir wollen bei Franz von Assisi lernen, wie die Gemeinschaft mit armen Menschen, die Freude am Teilen gestalterische Phantasie erzeugt, auch wenn es um so traditionsbelastete Feste wie Weihnachten geht.

Sprecher III: »Mit Ochs und Esel dabei – Am 29. November 1223 bestätigte Papst Honorius III. die endgültige Franz-Regel. Damit war der dreijährige Papierkrieg mit der päpstlichen Kurie und den mit ihr konform gehenden Kräften unter den Minderbrüdern für Franz vorbei, und die Dämonen gaben für eine Weile Ruhe. Franz begann an Weihnachten zu denken.
Was ihm dabei eingefallen ist, als Manifestation seiner Innenwelt, hat durch die Jahrhunderte, alle Jahre wieder, nicht nur die Kinder beglückt.

Franz hielt sich damals in der Niederlassung bei dem Städtchen Greccio auf. Es gab dort eine abgelegene, kleine und dürftige Behausung, in der Franz öfter wohnte. Auch waren die Menschen von Greccio von Franz derart bezaubert, daß viele von ihnen wie Minderbrüder und Minderschwestern lebten, ohne deshalb die Welt (ihre Häuser und Familien) zu verlassen. ›Sie gingen in die Religion hinein‹ (intrauerunt religionem), wie die Leo-Geschichten es ausdrücken, uns auf diese Weise einen seltenen und sicher authentischen Hinweis auf die ursprüngliche Gestalt der Franz-Genossenschaft gebend.

Deshalb ist die Weihnachtsfeier des Jahres 1223 nicht nur als Krippenandacht denkwürdig. Sie zeigt uns eine Versammlung von Menschen, die eine neue Art von Gemeinschaftlichkeit gefunden hatten, unter Verzicht auf die alten Hackordnungen und Standesunterschiede, nicht nur zu Weihnachten.

Auch der adelige Herr von Greccio, ein gewisser Johannes, scheint unter dem Eindruck von Franzens Persönlichkeit seine Waffen an den Nagel gehängt zu haben – was für einen damaligen Ritter keine leere Geste war.

Zu ihm sprach Franz:

Ich möchte mit euch allen die Erinnerung an jenes Kind feiern, das in Bethlehem geboren wurde. Ich möchte seine Not, die es leiden mußte, mit meinen Augen betrachten, wie es in eine Krippe gelegt und auf Heu gebettet wurde, mit Ochs und Esel dabei!

Und wo soll die Feier stattfinden?

Im Wald selbstverständlich!

Celano fährt fort:

Am Heiligen Abend kamen die Männer und Frauen aus der ganzen Gegend mit Fackeln und Lichtern zu der vorbereiteten Stelle, und auch die Brüder aus mehreren Einsiedeleien waren erschienen. Da stand eine Krippe, gefüllt mit Heu, auch ein Ochs und ein Esel wurden herbeigeführt. Franz sang das Evangelium von der Geburt Christi, und danach fing er zu reden an. Der Inhalt seiner Predigt war das Kind von Bethlehem, und er geriet dabei in solche Glut, daß er beim Aussprechen des Namens Jesu mit der Zunge über die Lippen fuhr, wie einer, der eben eine köstliche Speise genießt. Auch versagte ihm manchmal die gewöhnliche Sprache, so daß sich seine Stimme mitunter wie das Blöken eines Lammes anhörte. Während er so redete, erblickte ein Mann aus der andächtigen Gemeinde plötzlich in der Krippe ein Knäblein, das wie leblos dalag und von Franz aus seinem tiefen Schlaf aufgeweckt wurde.

Danach nahmen die Menschen das Heu aus der Krippe in Büscheln nach Hause mit und gaben es den kranken Haustieren als Arznei, worauf die Tiere alle gesund wurden. Auch einige Frauen, die kurz vor der Entbindung standen, legten dieses Heu auf ihren Leib und hatten dann eine glückliche Geburt. Später wurde an der Stelle der Krippe ein Altar errichtet und eine Kirche gebaut, zur Ehre des seligen Franz, damit dort die Menschen den Leib unseres Christus genießen können.«

Leiter: In jener Weihnachtsfeier bei Greccio erfand Franz gewissermaßen die Zutaten, die noch heute zur Gestaltung unseres Weihnachtsfestes gehören. Aber damals drückte sich in Krippe, Ochs und Esel die Armut des Christkindes aus. Diese Armut wollte Franz teilen, indem er das Leben mit armen Menschen teilte.

Sprecher I: Aber dabei wurde Franz nicht arm.

Sprecher II: Er wurde reich in der Erfahrung der göttlichen Liebe.

Dia: Giotto, Der hl. Franz verzichtet auf sein Erbe

Musik: Johannes Pezel, Langsamer Satz für Bläser

Sprecher III: So begann Franzens Liebe zur Armut.
»Als Franz gerade an der Kirche San Damiano vorbeikam, hieß ihn der Heilige Geist eintreten, um zu beten. Er tat es und betete in tiefer Versenkung vor dem Bild des Gekreuzigten. Da kam vom Kreuz behutsam die Stimme: ›Franz, siehst du denn nicht, wie mein Haus zerstört wird? Geh und stelle es wieder her!‹
Staunend sprach er:
›Gern will ich es tun, Herr!‹
Von da an war er ganz ergriffen von der Liebe zum Herrn. Die ›Wundmale Jesu‹ (Gal 6,17) trug er in seinem Herzen, so wie er sie später sichtbar an seinem Leib tragen sollte. Er begann sich in der Armut des Leibes zu üben und kehrte nicht nach Hause zurück, sondern blieb in der Kirche San Damiano.
Sein Vater wollte, daß er das gutgehende Tuchgeschäft übernehmen sollte, denn Franz war sein ältester Sohn. Als dieser nicht nach Hause kam, begann er sich Sorgen zu machen und ließ ihn suchen. Als er erfuhr, wo Franz sich aufhielt, rief er Freunde und Nachbarn zusammen. Sie schleppten Franz nach Hause zurück. Der Vater sperrte ihn ein, um ihn von seiner Liebe zur Armut abzubringen. Aber weder Worte noch Fesseln noch Schläge konnten Franz mürbe machen.
Nach einiger Zeit mußte der Vater wegen dringender Geschäfte verreisen. Die Mutter blieb allein mit Franz zu Hause zurück. Da sie

erkannt hatte, daß Franz von seinem Entschluß nicht abzubringen war, ließ sie ihn frei. Er ging und nahm einen Beutel Geld mit, von dem er den Wiederaufbau der Kirche bezahlen wollte.
Bei seiner Rückkehr konnte der Vater weder Nachbarn noch Freunde noch die Kommunalbehörden bewegen, Franz zurückzuholen. Zu guter Letzt wandte er sich an den Bischof. Der Bischof war ein Mann von Einsicht und weisem Urteil. Er ließ Franz auf gebührliche Weise zu sich bestellen. Franz erklärte dem Boten:
›Zum hochwürdigen Bischof werde ich kommen.‹
So erschien er denn vor dem Bischof und wurde von diesem mit großer Freude empfangen. Der Bischof sprach zu ihm: ›Dein Vater ist ganz aufgebracht gegen dich und sehr erzürnt. Willst du also Gott dienen, so gib das Geld, daß du hast, heraus. Vielleicht ist es durch Wucherzinsen zusammengekommen. Dann würde es Gott gar nicht gefallen, wenn du es zum Bau einer Kirche verwenden wolltest. Nur Mut, mein Sohn, vertraue auf Gott.‹
Da erhob sich Franz mit frohem Herzen und brachte das Geld und sagte:
›Herr, nicht nur das Geld, das meinem Vater gehört, will ich ihm wiedergeben, sondern auch meine Kleider.‹
Rasch begab er sich in ein Gemach des Bischofs, und nachdem er sich all seiner Kleider entledigt hatte, kam er nackt zurück, legte Kleider und Geld vor den Bischof und vor seinen Vater in aller Gegenwart nieder und sprach:
›Hört, ihr alle, und versteht es wohl: Bis jetzt nannte ich Pietro Bernadone meinen Vater; aber weil ich nun dem Herrn dienen will, gebe ich ihm das Geld zurück, um das er sich aufgeregt hat, und alle Kleider, die ich aus seinem Eigentum besitze. Und von nun an will ich sagen: Vater unser im Himmel ...‹
Bald begann Franz, trunken aus Gottes Geist, in den Straßen und im Häusergewirre Gott zu preisen, und nachdem er den Lobpsalm gesprochen hatte, machte er sich an die Arbeit. Gemäß des Auftrags Christi, so wie er ihn bisher verstanden hatte, begann er Steine für den Wiederaufbau der zerfallenen Kirche zu sammeln.
›Wer einen Stein gibt‹, ruft er, ›wird einfachen Lohn erhalten. Wer zwei gibt, den doppelten. Wer drei gibt, einen vierfachen.‹
Viele lachten über ihn und dachten: Er ist ganz und gar verrückt geworden.«

Musik: Johann Pezel, Langsamer Satz für Bläser

Sprecher I: So wurden Franzens Brüder in der Gemeinschaft durch ihre Demut reich.

Dia: Giotto, Die Vogelpredigt des hl. Franziskus

Sprecher II: »Als er einst durch die Mark Ancona wanderte und in jener Stadt das Wort des Herrn verkündigt hatte – es war in der Nähe von Osimo, und Bruder Paolo begleitete ihn –, traf er auf dem Feld einen Hirten, der eine Herde von Ziegen und Böcken weidete. Unter all den Tieren war ein einziges Lamm, das lief bescheiden nebenher und weidete friedlich. Als Franz dies sah, hielt er an, und in seinem Herzen von Mitleid gerührt, seufzte er auf und sprach zu dem begleitenden Bruder: Siehst du das Schäflein dort, wie es mitten unter Ziegen und Böcken so zahm dahinwandelt? Gerade so sanft und demütig wandelte unser Herr Jesus Christus unter den Pharisäern. Komm, mein Sohn, laß uns um seiner Liebe willen aus Mitleid das Schäfchen kaufen.
Ein Kaufmann kam gerade des Wegs daher. Er bezahlte den Kaufpreis. Voll Dank zu Gott erhielten sie das Schäflein und kamen mit ihm nach Osimo.«

Sprecher III: »Eines Tages kam Franz nach Alviano, um das Wort Gottes zu verkündigen. Er stieg auf einen erhöhten Platz, damit alle ihn sehen konnten und bat um Ruhe. Die Zuhöhrer schwiegen und umstanden ihn ehrerbietig. Aber siehe, eine Menge Schwalben, die in der Nähe ihre Nester bauten, zwitscherten laut und vollführten einen solchen Lärm, daß der selige Franz von den Leuten nicht verstanden werden konnte. Da redete er die Vögel an: ›Ihr Schwalben, meine Schwestern, jetzt ist Zeit, daß ich rede. Ihr habt genug geredet. Hört das Wort des Herrn und seid still und verhaltet euch ruhig, bis die Predigt vorüber ist.‹ Und zum großen Erstaunen der Umstehenden verstummten die Vögel sogleich und rührten sich nicht vom Fleck, bis die Predigt vorüber war ...
Als er einmal bei Greccio weilte, wurde ein Häslein in der Schlinge gefangen, und ein Bruder brachte es lebend herbei. Wie der selige Gottesmann es sah, sprach er voll Teilnahme: ›Brüderchen Hase komm her, warum hast du dich so überlisten lassen ...‹
Und was soll ich euch von den anderen niederen Tieren sagen? Da ließ er zur Winterszeit den Bienen Honig und besten Wein hinstellen, damit sie in der kalten Jahreszeit nicht so zu leiden hätten. Ihr hurtiges Treiben und ihre feine Kunst konnten ihn dermaßen zum Lobpreis der Herrlichkeit Gottes begeistern, daß er nicht selten einen ganzen Tag nichts anderes redete als der anderen Geschöpfe Lob ... Und erst die Pracht der Blumen! Welche Freude empfand er, ihre liebliche Gestalt zu betrachten, ihren köstlichen Duft zu genießen! Wie leicht erhob sich von da sein sinnender Geist zur Schönheit

jener einzigen Blume, die schön wie der nahende Frühling aus Jesses Wurzel sproßte (Jes 11,1) und zahllosen geistig Erstorbenen durch ihren Duft ein neues Leben brachte ... Er pflegte alle geschaffenen Wesen seine Geschwister zu nennen, und auf wundersame, andern verschlossene Weise fand er Zugang in das Geheimnis der Dinge – ein Mensch, dem die herrliche ›Freiheit der Kinder Gottes‹ (Röm 8,21) gegeben war ...«

Musik: Johannes Pezel, Langsamer Satz für Bläser

Leiter: Armut, oder vorsichtiger gesagt: Reduzierung des Wohlstandes, muß nicht phantasieloses, kärgliches Leben zur Folge haben. Im Gegenteil. Das kann man an Franz sehen. Wir wollen also die Frage noch einmal aufgreifen: Wie können wir unser Weihnachtsfest mit weniger äußerem Aufwand sinnvoller gestalten? Bitte, sprechen Sie darüber in Gruppen. Einer von Ihnen sollte die Vorschläge notieren. Wir wollen sie im nächsten Gemeindebrief veröffentlichen.

20 Minuten Pause

Musik: Johannes Pezel, Langsamer Satz für Bläser

Dia: Giotto, Der hl. Franziskus verschenkt seinen Mantel.

Sprecher I: Wie der arme Bruder Franz reich an Liebe zu Gott und den Mitmenschen wurde.
»Eines Nachts, während die Brüder schliefen – es war in jener ersten Zeit, als Franz mit seinen ersten Brüdern in Rivotorto weilte –, schrie plötzlich einer um die Mitternacht, als alle schliefen: ›Ich sterbe, ich sterbe!‹ Alle erwachten erschreckt und waren verwundert.
Der heilige Franz erhob sich und sagte: ›Steht auf, Brüder, und machet Licht!‹
Als es geschehen war, sagte er: ›Wer hat da gerufen: Ich sterbe?‹
Der Betreffende meldete sich: ›Ich bin es.‹
›Was hast du, Bruder, daß du sterben willst?‹
Sprach jener: ›Ich sterbe vor Hunger.‹
Da ließ der heilige Franz sogleich den Tisch herrichten, und klug und liebevoll, wie er war, aß er selbst mit ihm, damit jener sich nicht zu schämen brauche, allein zu essen. Und nach seinem Wunsche aßen auch alle andern mit.
Nachdem sie gegessen hatten, sagte Franz zu den anderen: ›Meine Brüder, ich sage euch, jeder soll auf seine Natur achten. Und wenn einer von euch mit weniger Nahrung auskommt als die andern, so

soll derjenige, der mehr braucht, sich nicht gewaltsam nach dem Maße des andern richten wollen, sondern soll seine Natur beachten und seinem Leib das Nötige geben, damit dieser fähig sei, dem Geist zu dienen ... ›Denn Gott will Barmherzigkeit und nicht äußere Opfer.‹ (Mt 9,13)«

Sprecher II: »Als er einmal merkte, daß ein kranker Bruder ein Gelüste nach Trauben hatte, aber sich nicht getraute, darum zu bitten, ward er von Mitleid bewegt, und sogleich ging er mit dem Bruder zum Weinberg, setzte sich bei der Rebe neben ihn nieder und begann, mit ihm Trauben zu essen, damit sich der Bruder nicht schäme, alleine zu essen.«

Sprecher III: »Als der selige Franz zur Winterszeit bei Celano einen Habit mit gedoppeltem Tuch nach Art eines Überwurfs trug – ein Freund der Brüder hatte es ihm so hergerichtet –, begegnete ihm ein altes Weiblein und bat um ein Almosen. Sogleich löste er den gedoppelten Teil von seinem Halse, und obschon er sie nicht kannte, gab er das Stück dem armen Weib und sagte: ›Geh und mach dir daraus ein Kleid, du hast es sehr nötig!‹
Die Alte lachte erstaunt und nahm zwischen Furcht und Freude das Tuch aus seiner Hand entgegen; und damit er sich nicht mehr anders besinne, lief sie hurtig davon und schnitt sich das Tuch mit der Schere zurecht. Dabei merkte sie aber, daß ihr der Stoff für ein Kleid nicht ausreichte – und so rief sie von neuem die Güte des seligen Vaters an, mit dem Hinweis, es sei für ein Kleid zu wenig gewesen.
Da warf der Heilige einen Blick auf den Begleiter, der den gleichen Habit trug und sprach zu ihm: ›Hörst du, was die Alte sagt? Laß uns aus Liebe zu Gott die Kälte ertragen, und gib diesem armen Weib den Stoff, damit sie ein ganzes Kleid bekomme!‹«

Musik: Johannes Pezel, Langsamer Satz für Bläser

Leiter: Noch einmal Ochs, Esel, Krippe, Stall:
»Bei seiner innigen Liebe zum neugeborenen Christkind sagte er oftmals zu seinen Brüdern: ›Wenn ich mit dem Kaiser sprechen könnte, so würde ich ihm die Bitte vortragen, er möge eine besondere Verordnung erlassen: Am Weihnachtsfest sollten die Leute Korn und anderes Vogelfutter vor die Häuser und Burgen auslegen, damit die Vögel, besonders unsere Schwestern Lerchen, am Festtag gut zu essen hätten. Das sollten die Leute aus religiöser Ehrfurcht tun.‹ Er gedachte auch mit Rührung der Armut, welche die seligste

Jungfrau in jener Nacht erfahren mußte, da sie ihr Kindlein zwischen Ochs und Esel in die Krippe legte.«

Leiter: Zum Schluß wollen wir Franz selber hören:
»Du bist heilig, Herr Gott; du bist der alleine Gott; ›der Eine, der Wundertaten vollbringt‹ (Ps 76,15).
Du bist der Starke, du bist der Große, du bist der Höchste.
Du bist der Dreifaltige und Eine, Gott der Herr.
Du bist der Gute, jegliches Gut, das höchste Gut, Herr, der lebendige und wahre Gott.
Du bist die Güte, die Liebe.
Du bist die Weisheit, du bist die Demut, du bist die Geduld.
Du bist die Geborgenheit, die Ruhe, die Fröhlichkeit und die Freude.
Du bist die Gerechtigkeit und das Maß.
Du bist aller Reichtum zur Genüge.
Du bist die Milde.
Du bist der Beschützer, der Hüter und Schirmherr.
Du bist unsere Zuflucht und Stärke.
Du unser Glaube, unsere Hoffnung und unsere Liebe – unsere große Glückseligkeit.
Du bist die unendliche Güte, großer und wunderbarer Herr, Gott, allmächtig liebreich, erbarmend und heilbringend.«

Musik: Johannes Pezel, Langsamer Satz für Bläser

Leiter: Wir wünschen Ihnen eine gelungene Gestaltung Ihres Weihnachtsfestes.

Hinweis: Die angeführten Texte können ergänzt oder ersetzt werden durch Passagen aus dem Franziskus-Buch von Luise Rinser »Bruder Feuer«. Zur weiteren Vertiefung sei das Buch »Der letzte Christ« von Adolf Holl, Stuttgart 1979, empfohlen.

Erwartungen. Nachdenkliches in der Adventszeit

– von Klaus Bannach

Thema: Was erwarten wir? Was erwartet uns? Brauchen Menschen Erwartungen? Es geht darum, im Blick auf Advent, auf das Kommen Gottes die eigenen Erwartungen zu klären.

Zielgruppe: Junge Erwachsene

Ort: (Das Ambiente ist nicht ganz unwichtig für eine Veranstaltung des folgenden Charakters!) Clubraum, Tischgruppen, Kerzen, Gebäck, Tee in mehreren Varianten.

Technisches: Benötigt werden Leinwand, Diaprojektor, Cassetten-Recorder mit guter Wiedergabequalität.

Medien: Dia: Heilserwartung (II aus dem Farbholzschnitt von Walter Habdank). *Musik:* Langsamer Satz aus dem Oboenkonzert d-moll von Alessandro Marcello (Dauer: 4 ½ Min.). Die Musik wird fünfmal benötigt. Es empfiehlt sich, sie fünfmal hintereinander auf eine Cassette zu überspielen. *Buch*: Charles Dickens: Große Erwartungen, dtv-Taschenbuch, Band 2036

Akteure: Leiter, 2 Sprecher.

Leiter: (Begrüßt und gibt Impulse für ein lockeres Gespräch über das Thema. Anknüpfungspunkte: Berufsaussichten, wirtschaftliche Prognosen, politische Entwicklungen. Immer geht es darum: Menschen erwarten etwas. Ganz ohne Erwartungen kann offenbar niemand leben.)
Was erwarten Sie? Gibt es für Sie in der Adventszeit andere, intensivere Erwartungen? Denken Sie ein paar Minuten darüber nach! (Pause)

Musik: Alessandro Marcello, Langsamer Satz

Sprecher I: Der englische Dichter Charles Dickens hat über das Thema »Erwartungen« einen ganzen Roman geschrieben. 1860/61 erschien das Buch mit dem Titel »Große Erwartungen«. Darin werden Menschen geschildert mit unterschiedlichen Erwartungen und unterschiedlichen Einstellungen zu ihren Erwartungen. Ganz große Erwartungen hat der Waisenjunge Pip. Aus ihm wird sicher etwas werden. Er sieht eine steile Karriere vor sich. Der gesellschaftliche Aufstieg scheint ihm sicher. Hat er doch einen geheimnisvollen Gönner, der seinen Aufstieg finanziert. Und das, obwohl er aus ganz ärmlichen Verhältnissen kommt, obwohl er als Kind beim

Spiel an der Themse sogar einem Sträfling zur Flucht verholfen hat. Ein wichtiger Bestandteil seiner großen Erwartungen ist es, seinen geheimnisvollen Gönner kennenzulernen. Auf der Suche nach ihm gelangt er eines Tages in das Haus von Miss Havisham, einer älteren Dame. Sie hält er für seine Gönnerin. Folgendes erlebt er in diesem Haus:
(Dickens, S. 68–71, von »Meine junge Begleiterin« bis »gekonnt hätte«)

Sprecher II: Später erfährt Pip von seinem Freund Herbert (der ihn Händel nennt) mehr über Miss Havisham. Dickens erzählt aus der Jugendzeit von Miss Havisham:
(Dickens, S. 216–217, von »Es erschien« bis »Tageslicht erblickt«)

Leiter: Was für Erwartungen hat Miss Havisham? (Kurze Pause zum Nachdenken)

Musik: Alessandro Marcello, Langsamer Satz

Leiter: (Gibt einen Impuls für ein kurzes Gespräch über die Erwartungen von Miss Havisham; ca. 10 Min.)

Sprecher I: Pip indes hat große Erwartungen. Eines Tages erfährt er endlich, wer sein großzügiger Gönner ist. Dickens erzählt: (Dickens, S. 372–379, von »Ich las« bis »Tier gewesen wäre«)

Musik: Alessandro Marcello, Langsamer Satz

Leiter: Dickens führt uns in seinem Buch in Miss Havisham einen Menschen vor, der überhaupt keine Erwartungen mehr hat. So ein Leben verkümmert. Und in Pip bekommen wir es mit einem Menschen zu tun, der zu große Erwartungen hat. Sie können nur – auf oft sehr bittere Weise – enttäuscht, frustriert werden, wie wir modisch sagen. Gibt es einen Weg hindurch zwischen zu großen Erwartungen an unser Leben und überhaupt keinen Erwartungen?
(Pause mit der Gelegenheit, auf diese Frage gesprächsweise eine Antwort zu suchen)

Leiter: Auf seinem Holzschnitt »Licht in der Finsternis« hat der Künstler Walter Habdank auf der linken Seite Maria mit Simeon dargestellt. Beide waren Menschen mit Erwartungen. Aber ihre Erwartungen waren weder zu groß noch zu gering. Sie haben sich anders auf ihre Erwartungen eingestellt.
Dia: Habdank II

Musik: Alessandro Marcello, Langsamer Satz

Leiter: Meditation zu Habdank II (s. S. 198)

Alle: Singen »Es kommt ein Schiff, geladen«, EKG 4

Musik: Alessandro Marcello, Langsamer Satz

Advent in der Familie

– von Klaus Bannach

Zielgruppe: Familien mit Kindern im Alter zwischen 5 und 8 Jahren.

Gestaltungselemente: Lieder »Maria durch ein Dornwald ging« und »O Tannenbaum« mit Blockflötenbegleitung. Märchen »Der Tannenbaum« von Hans Christian Andersen.

Vorbereitungen: Familien laden sich gegenseitig ein (falls eine Wohnung groß genug ist) oder gestalten den beschriebenen Nachmittag gemeinsam in einem Gemeindehaus.
Gebäck wird von allen mitgebracht. Falls genügend Zeit ist, kann man auch mit gemeinsamem Backen beginnen.
Für das folgende Programm übernimmt ein Vater oder eine Mutter (V/M) die Leitung.

Lied: »Maria durch ein Dornwald ging«

Vater und/oder Mutter lesen das Märchen von Hans Christian Andersen »Der Tannenbaum« (Buch: Insel-Taschenbuchausgabe Nr. 133)

Lied: »Maria durch ein Dornwald ging«

Knabberpause, in der es zum Gespräch über das Märchen kommen kann, anhand etwa folgender Fragen:
Ist das Bäumchen aus dem Wald als geschmückter Tannenbaum froh und zufrieden geworden?
Wenn nein, warum nicht?
Wenn ja, warum?

V/M: Als der Dichter Hans Christian Andersen sich dieses Märchen ausdachte, hatte er wohl die großen und die kleinen Menschen vor Augen, die so schlecht zufrieden sein können. Wir wollen das Märchen noch einmal hören und dabei genau zuhören, ob uns der Dichter sagt, warum das Bäumchen nicht zufrieden wird.

Märchen (diesmal gelesen von einem Kind): »Der Tannenbaum«

Lied: »O Tannenbaum«

Abschied: Jeder sucht für den anderen ein Stück Gebäck zum Mitnehmen aus.

Allen Völkern Gottes Heil

– von Anneliese Knippenkötter

Durch Texte, Lieder und Gespräche kann in einer adventlichen Stunde bewußt werden, daß die Sehnsucht der Menschen nach Heil, Frieden, Glück überall auf der Welt wächst und wir wissen: Das Heil Gottes ist allen Menschen verheißen. Der Retter der Welt wurde für alle Menschen geboren.

Begrüßung: Die Veranstaltung wird mit internationalen Weihnachtsliedern eröffnet.
Schallplatte: »In dieser Nacht«, Lieder zum Thema Weihnacht, schwann ams studio 452, Pädagogischer Verlag Schwann, Düsseldorf.
Texte und Musik wechseln einander ab. Die Texte sollten von verschiedenen Sprecherinnen vorgetragen werden.

Dom Helder Camara: Meditation für dies Jahrhundert

Hast du schon bemerkt, Herr,
wie sehr Minderheiten zahlreicher werden,
– in den entwickelten und in den armen Ländern –,
die wie Abraham gegen alle Hoffnung hoffen.
Sie sind entschlossen, eine menschlichere
und gerechtere Welt zu bauen.
Tröstlich ist es zu sehen, wie sie friedliche,
aber kühne Taten in Angriff nehmen,
die mehr und mehr
die Strukturen der Unterdrückung
erschüttern werden.

Angesichts solcher Freude dürfen wir aufhören, über den traurigen Zustand der Welt zu klagen, über die dunkle Lage der Weltpolitik, in der wir uns befinden, oder auch über die Verfallenheit und Verworfenheit der menschlichen Natur. Das alles sind Dinge, die wir nur allzu gut selbst wissen. Aber Weihnachten kommt es ja gerade auf das an, was die Welt aus sich selbst nicht weiß und nicht sagen kann, nämlich auf die Tatsache, daß über einer dunklen Welt eine Verheißung Gottes aufleuchtet. *Lotte Eisfeld*

Musik: Igor Strawinsky: »Psalmen-Sinfonie«, 38. Psalm, Vers 13 und 14, Schallplatte: DECCA SXL 2277

Daniel Córdova OFM: Lobgesang aus dem peruanischen Urwald

Wir, die Kinder der Wildnis,
loben dich, o Herr.

Die Wasser der Flüsse,
des Regens und der Sümpfe
loben dich, o Herr.

Das Licht des neuen Tages,
die Sonne, die uns scheint,
Wind und Hitze
loben dich, o Herr.

Die Früchte und die Blumen,
die Bäume des Waldes,
die fruchtbare Erde
loben dich, o Herr.

Die Vögel mit ihren Liedern,
die Fische und Reptilien,
die Tiere der Wildnis
loben dich, o Herr.

Die Kinder und ihre Mütter,
die Männer mit ihren starken Armen,
ihrer Arbeit, ihrem Schweiß
loben dich, o Herr.

Die Armen und die Vergessenen,
voll Sehnsucht nach Freiheit und Liebe
und für ihre Hoffnung kämpfend
loben dich, o Herr.

Musik: Igor Strawinsky: »Psalmen-Sinfonie«, 150. Psalm. (Schallplatte s.o.)

Wystan Hugh Auden: Unter euch ist ein Kind

Unter euch ist ein Kind,
ein Sohn geboren.
Wir preisen verkündend
den Einzug der Liebe.
Aus dem Dunkel der Erde
hebt sich
himmlischer Glanz,
aus frostigem Schweigen
hebt sich Gesang.
Denn große Freude
erfüllt
die Kleinen,
die Betrübten,
selbst die Laune
der Großen und Mächtigen,
die dauernde Klippe,
die wandernde Woge
ist voller Nachsicht.
Singt Ehre sei Gott
und Friede den Menschen,
all allen Menschen.
Eilt nach Bethlehem.

Ausklang: Die Veranstaltung klingt mit internationalen Weihnachtsliedern aus. (Schallplatte s. o.)

Einstmals zur Weihnachtszeit

– von Anneliese Knippenkötter

Es gibt kaum eine Gemeinde ohne die vorweihnachtliche Feierstunde der Senioren. Musik, Lieder, Geschichten und Gedichte sind Gestaltungselemente – Gebäck, Kaffee und Tee sollten nicht fehlen.
Wie in anderen Gruppen und Kreisen wird der Nachmittag von Mitgliedern des Altenclubs selbst vorbereitet und verantwortet. Jüngere Männer und Frauen können helfen. Das heißt nun nicht, daß die alljährlich mitwirkende Kindergruppe des Kindergartens ausgeschaltet bleibt, aber es ist zu fragen, ob an einem solchen Nachmittag eine »Darbietung« der anderen folgen muß.
Notwendig ist ein Vorbereitungs-Team. Viele Club-Mitglieder können mittun.

Inhaltliche und methodische Anregungen

Texte: Die folgende Textauswahl kann ausgetauscht oder ergänzt werden.

Instrumentalmusik: Es gibt möglicherweise »verborgene Talente« im Altenclub. Sie werden sich freuen, wieder »entdeckt« zu werden und zur Gestaltung beitragen zu können.

Lieder: Eine Gruppe sucht Advents- und Weihnachtslieder aus und sorgt dafür, daß genügend Texte vorhanden sind, damit alle mitsingen können.

Raumgestaltung: Für Tischschmuck und das Decken der Tische sorgt eine weitere Gruppe. Wenn man mit den Vorbereitungen zeitig beginnt, können kleine Bastelarbeiten erfreuen.

Gebäck: Meisten gibt es eine Kasse, aus der die Unkosten für Tee und Gebäck bezahlt werden können. Aber kann es nicht auch sein, daß es Frauen (vielleicht auch Männer) gibt, die gern wieder einmal ihre alten Rezepte ausprobieren möchten? Wie oft hört man sie sagen: »Für mich allein lohnt's ja nicht.« Für einen solchen Nachmittag lohnt es sich wirklich.

Verlauf der Veranstaltung

Begrüßung und Dank an alle, die bei der Vorbereitung mitgeholfen haben.

Musik: »O Freude über Freud'«, Festliche Weihnachtsmusik des

16. und 17. Jahrhunderts, Seite 1: Advent. – Schallplatte Christophorus-Verlag, Freiburg, Nr.: SCGLX: 73910
oder: Instrumentalkreis

Erzählung mit verteilten Rollen:
Es eignen sich z. B. folgende Geschichten:
Heinrich Böll: Die Kunde von Bethlehem (s. S. 49)
James Krüss: Schildkrötengeschichte (s. S. 90)
Siegfried Lenz: Risiko für Weihnachtsmänner (s. S. 62)

Musik: »O Freude über Freud'«, Seite 2: Weihnachten. – s. o.
oder: Instrumentalkreis

Dietrich Bonhoeffer: In der Hand eines Kindes

»Uns ist ein Kind geboren, ein Sohn ist uns gegeben.«
Von der Geburt eines Kindes ist die Rede,
nicht von der umwälzenden Tat eines starken Mannes,
nicht von der kühnen Entdeckung eines Weisen,
nicht von dem frommen Werk eines Heiligen ...
Wie zur Beschämung der gewaltigsten menschlichen
Anstrengungen und Leistungen wird hier ein Kind
in den Mittelpunkt der Weltgeschichte gestellt.
Ein Kind, von Menschen geboren, ein Sohn, von Gott gegeben.
Das ist das Geheimnis der Erlösung der Welt;
alles Vergangene und alles Zukünftige ist hier umschlossen.
Die unendliche Barmherzigkeit des allmächtigen Gottes
kommt zu uns, läßt sich zu uns herab
in der Gestalt eines Kindes, seines Sohnes.
Daß uns dieses Kind geboren, dieser Sohn gegeben ist,
daß mir dieses Menschenkind, dieser Gottessohn gehört,
daß ich ihn kenne, ihn habe, ihn liebe, daß ich sein bin
und er mein ist, daran hängt nun mein Leben.
Ein Kind hat unser Leben in der Hand.
Wie wollen wir diesem Kinde begegnen? Sind unsere Hände
durch die tägliche Arbeit, die sie vollbrachten,
zu hart und zu stolz geworden, um sie beim Anblick
dieses Kindes anbetend zu falten?
Tragen wir unseren Kopf, der so viele schwere Gedanken
hat denken, Probleme hat lösen müssen, zu hoch,
als daß wir ihn vor dem Wunder dieses Kindes
noch demütig beugen könnten? Können wir
alle unsere Anstrengungen, Leistungen, Wichtigkeiten

noch einmal ganz vergessen, um mit den Schafhirten
und mit den Weisen aus dem Morgenland
vor dem göttlichen Kind in der Krippe kindlich anzubeten ...
und in diesem Augenblick die Erfüllung
unseres ganzen Lebens dankbar zu erkennen?
Es ist wahrhaftig ein seltsamer Anblick,
wenn ein starker stolzer Mann
seine Knie vor diesem Kind beugt,
wenn er einfältigen Herzens in ihm seinen Heiland findet.

Lied: »Sei uns willkommen, Herre Christ ...«

Ernst Eggimann: »jesus«

wir stehen
aber nicht auf eigenen füßen

wir gehen
aber immer die gleiche schleife

wir sehen
aber nur was man sehen darf

wir leben
aber das leben
ist in den dingen
die wir herstellen und wegwerfen

sei unser lehrer
löse die gelenkten gelenke
öffne die verknoteten sinne

versteh uns
wir müssen alles üben
einen schritt tun
ein wort sagen
einen engel festhalten

Musik: Noëls, Französische Weihnachtslieder, Schallplatte Fidula-Fon 30L7, Fidula-Verlag, Boppard
oder: Instrumentalmusik

Ausklang: Advents- und Weihnachtslieder. Liedblätter sollen bereitliegen, Kaffee und Gebäck, vielleicht auch kleine Überraschungen.

Wünsche zur Weihnachtszeit
Ein Wunschbaum im Advent

– von Anneliese Knippenkötter

Vielen Menschen geht es in diesen Wochen so, daß sie nur mühsam die Wünsche derer entdecken, die sie beschenken möchten. Kinder schreiben einen Wunschzettel oder einen »Brief ans Christkind«, von Erwachsenen kommt nicht selten auf die Frage nach einem Wunsch die Antwort: »Laß nur, ich habe alles, was ich brauche.« Das mag stimmen. Aber wer ist schon wunschlos glücklich? Wer freut sich nicht über die liebevolle Erfüllung eines Wunsches?
Und wieder andere sind gleichsam fixiert auf einen bestimmten Wunsch.
Gute Wünsche sagen wir einander in Briefen, auf Karten und händeschüttelnd in den Weihnachtstagen und zum Jahreswechsel. Was wünschen wir uns? Was wünschen wir anderen?
Über die Inhalte des Wünschens lohnt es sich nachzudenken.
An einem Abend im Advent könnte ein Frauen-Kreis darüber ins Gespräch kommen.

Methodische Hinweise: Die Stühle stehen im Kreis, in der Mitte eine Bodenvase mit großen Tannenzweigen. Auf dem Boden stehen drei Körbchen. In einem Körbchen befinden sich rote apfelförmige Zettel und ein gut lesbares Schild mit der Aufschrift: »Ich wünsche ... (meiner Freundin, meinem Sohn usw. ...) In dem zweiten Körbchen sind weiße kreisrunde Zettel. Auf dem Schild in diesem Körbchen steht: »Ich wünsche mir ...« Durch alle Zettel sollte vorher ein Faden zum Aufhängen gezogen worden sein. Farbige Stifte liegen bereit. Das dritte Körbchen ist zum Einsammeln der Wünsche notwendig.
Außerhalb des Kreises stehen Gebäck und Getränke für den Abschluß des Abends.
Kerzenlicht schafft eine behagliche Atmosphäre.

Begrüßung: Die Leiterin begrüßt die Gruppe und führt kurz in die Thematik des Abends ein.

Lied: »Wir sagen euch an den lieben Advent« (Schallplatte »Mitsingen & Mitspielen«, Fidula-Fon Nr.: 1228)

Erzählung: Luise Rinser: »Mit Schaufel und Besen« (s. S. 189)

Musik: Georg Philipp Telemann: »Sonate C-Dur für Blockflöte und Basso continuo« (Schallplatte Georg Philipp Telemann: Sonaten und Fantasien für Blockflöte & Cembalo«, Christophorus-Verlag, Freiburg)

Wunschbaum: Der Wunschbaum entsteht nun so: Durch die Geschichte, in der vom Wünschen und Schenken die Rede ist, sind bei den Zuhörerinnen sicherlich Erinnerungen an die eigenen Wünsche aus der Kinderzeit wachgeworden. Die folgenden Fragen können Gedankenanstöße sein und das Gespräch später anregen:

- Was war mein sehnlichster Wunsch? War die feste Überzeugung, das Christkind wird ihn erfüllen, damit verbunden?
- Welche Wünsche wurden erfüllt?
- Welche Wünsche wurden nicht erfüllt? Was geschah bei solchen Enttäuschungen? Wurde ich zum »Stein«?
- Wie entdecken wir die Wünsche (auch die heimlichen) von Kindern, Angehörigen, Freunden, Nachbarn, Fremden?
- Äußern wir Wünsche? Wie? In welcher Form?

Und wie steht es *heute* mit unseren Wünschen? Die Teilnehmerinnen werden eingeladen, sich aus den Körbchen Wunschzettel zu holen – weiße und rote – und möglichst spontan in etwa zehn Minuten Wünsche aufzuschreiben.
Die Wunschzettel werden dann eingesammelt und gemischt. Zwei Teilnehmerinnen lesen die Wünsche im Wechsel vor und befestigen sie an den Tannenzweigen. So entsteht der adventliche Wunschbaum.
Vielleicht gibt es Überraschungen. Manchmal leuchten mehr »rote Äpfel« als »weiße Kugeln«; manchmal werden dieselben Wünsche mehrmals genannt.
Wer nach einem Wunsch fragt, fragt oft gar nicht nach dem Notwendigsten, sondern nach dem, das in der Verborgenheit schlummert, kaum bewußtgemacht wird, aber bei der Erfüllung sehr viel Glück bringen könnte. Aber wir könnten erschrecken, wenn solche Wünsche geäußert würden – nicht weil sie unsere Ersparnisse und finanziellen Möglichkeiten überfordern, sondern weil es vielleicht um uns selbst geht. Wünsche wie diese könnten es sein: »Hab einen Nachmittag Zeit für mich«, sagt die heranwachsende Tochter zu ihrem Vater; »bleib an einem Abend bei den Kindern«, bittet die Mutter ihre alleinstehende Schwester; »backe mir einen Kuchen«, wünscht der Siebenjährige …
Wünsche und Schenken, Erwartung und Erfüllung gehören zusammen – wir sind Empfangende und Gebende.

Musik: Georg Philipp Telemann: »Fantasie G-Dur für Blockflöte solo« (Schallplatte s. o.)

Günter Lanser: Im Advent

Taubenblau war der Wind
als die Tannen sich beugten
Schnee fiel.
Die Äste, eine Wüste aus singenden Schatten, verstummten.
– Vögel suchten nach Speise.
Der Mund hatte sich bei Tage versteckt.
– dunkler Mund. Hinter den Flügelschlägen
die Zunge, das Nachtfleisch;
schwarzer Duft von Erde.
Taubenblau war der Wind.
In den Gipfeln die Luft, Nadeln senkten ihr Haupt.
Hosianna! – Großer Gott!
Deine Macht, der Wind, singende Schatten, Flügelschläge.
– und Speise?
Schnee fiel.

Musik: Georg Philipp Telemann: »Sonate d-moll für Blockflöte und Basso continuo« (Schallplatte s. o.)

Martin Jürgens: vorweihnachtszeit

unser tanz durch
küchenlandschaften
beschneit mit hirschhornsalz
unter zimtsternen
und duftend; –
mütter griffen in die
klaviatur der kuchenbleche; –
später dann:
unsre träume
behangen mit backwerk und
großer erwartung

Lied: »O Heiland, reiß die Himmel auf ...«

Ausklang: Der Abend klingt aus mit Gesprächen am Wunschbaum, wozu Tee und Gebäck gereicht werden.

Fest zur Nacht

– von Jo Krummacher

Eine Gruppe übernimmt die Vorbereitung zu dieser Feier. Ein Gemeindesaal wird weihnachtlich geschmückt: Gedeckte Tische, etwas abseits ein großer Tisch für das einfache »kalte Büfett«, auf der anderen Seite des Raums Tische mit Plastikdecken, viel Papier, Wasserfarben und Ölkreiden. Ein Plattenspieler und möglichst viele Musikinstrumente werden mitgebracht. In einer Einladung hat man den Gemeindegliedern mitgeteilt, daß jeder, der die Heilige Nacht nicht allein verbringen möchte, herzlich eingeladen und gebeten ist, etwas zum Essen mitzubringen (belegte Brote, Salate, Weihnachtsgebäck). Das örtliche Polizeirevier, die Nachbarschaftshilfe und der Bereitschaftsdienst des Roten Kreuzes werden darüber informiert, daß diese offene Heilige Nacht stattfindet und ein Fahrdienst eingerichtet wird, der sowohl zum Abholen als auch für Besuche zur Verfügung steht. Ein Telefondienst sorgt dafür, daß die Gruppe erreichbar ist. – Für Getränke sorgt die Vorbereitungsgruppe (Tee, Glühwein, Apfelsaftpunsch).
Alle weiteren Einzelheiten für die Vorbereitung können dem Programm entnommen werden.

Programmablauf: Das Fest zur Nacht beginnt nach dem abendlichen Gottesdienst. Alle Teilnehmer werden zu Beginn begrüßt und gebeten, zunächst die mitgebrachten Speisen auf den Büfett-Tisch zu stellen. Anschließend erhalten sie ein selbstklebendes Etikett mit der Bitte, ihren Namen darauf zu schreiben. Jeder soll jeden beim Namen kennen. Außerdem erhält jeder eine Kerze. Nachdem alle Platz genommen haben, begrüßt

Sprecher 1: Willkommen bei unserem Fest zur Nacht. Wir wollen heute abend versuchen, miteinander dem Geheimnis dieser Nacht auf die Spur zu kommen. Jeder von uns weiß, aus welcher Dunkelheit er heute abend hierhergekommen ist, um etwas von dem Licht dieser Nacht mitzuerleben.
(Das Licht im Saal wird abgeschaltet, nur eine große Kerze brennt.)

Sprecher 2: »Das Volk, das im Finstern wandelt, sieht ein großes Licht. Und über denen, die da wohnen im finstern Land, scheint es hell. Denn uns ist ein Kind geboren, ein Sohn ist uns gegeben. Und die Herrschaft ruht auf seiner Schulter; und er heißt: Wunder-Rat, Gott-Held, Ewig-Vater, Friede-Fürst. Und der Herr wird König sein über alle Lande!«

Sprecher 1: Nacht ist Dunkelheit. Jeder von uns kommt aus seiner Nacht. Wir alle erleben, wie es Nacht um uns wird. Wir kommen aus den kleinen und großen Dunkelheiten, aus den bekannten und unbekannten. Wir kommen und suchen Licht. Warum ist es dunkel geworden?

Sprecher 2: Als die Welt begann, / vertrugen sich die Tiere. / Aber es dauerte nicht lange, / da fielen die Großen über die Kleinen her / und die Starken über die Schwachen. / So blieb es eine halbe Ewigkeit, / bis es unerträglich wurde, / weil zwei große Kriege die Welt erschüttert hatten / und neue Kriege bald in Gang kamen.
Die raffinierten Füchse schlugen Kapital aus dem Geschehen, / die gierigen Hyänen machten sich über die Reste her, / Raubvögel schlugen verirrtes Leben, / Wölfe heulten über Kadavern, Elefanten zertrampelten die letzte Hoffnung, / und die Geier hockten selbstsicher am Rande der Geschichte.
Die Maulwürfe hatten sich samt und sonders verkrochen, / Motten und Mücken mieden das Licht, / das Niederwild traute sich nur noch abends auf die Lichtung, / Schafe drängten sich ängstlich zusammen, / und die Eintagsfliegen waren froh, / wenn sie ihre 24 Stunden geschafft hatten. / Wie gesagt – / es war unerträglich geworden.
In ihrer Verzweiflung betäubten sich viele Tiere mit Gift, / besonders die jungen, / weil sie den Zustand ihrer Welt nicht mehr ertragen konnten, / andere aber wanderten aus. / Die meisten aber beneideten die Maulwürfe, / die sich verkriechen konnten / und versuchten, es ihnen nachzutun. / Aber so kamen sie nicht weiter. / Da bat die weise Eule um Gehör: / Warum habt ihr Angst? / Ist euch das Leben so wenig wert? / Worte machen kann jeder! / Verkriechen kann sich jeder!
Da berieten sich die Tiere und erkannten, / daß sie einen schweren Fehler gemacht hatten: / Sie hatten vergessen, was sie immer schon wußten: / daß jeder nur einmal lebt.
Moral: Sag es den Maulwürfen!

(Aus: P. Spangenberg: Der Stein der tanzenden Fische, Gütersloh 1976)

Sprecher 1: Wissen, daß jeder nur einmal lebt, spüren die Dunkelheit rings um uns her, Hoffen und Zweifeln und Suchen nach Licht. Glocken läuten im Dunkel dieser Nacht. Was sie uns läuten?

Einspielung vom Plattenspieler: »Die Glocken«
»Hört die Glocke, wie sie klingt, wie sie klingt,

Wie sie in der Melodie uns eine Warnung bringt.
Wie sie läutet, läutet, läutet, in die sternenklare Nacht,
Daß die Winde dazu tanzen und der Mond hellsilbern lacht.
Hört mal zu, hört mal zu, laßt euch stören in der Ruh
Durch das Rufen, durch das Tönen, halt dir nicht die Ohren zu.
Hört, sie klingt und klingt und klingt und klingt,
Wie sie Mahnung in die weite Ferne bringt.

Hört, die Hochzeitsglocke singt, wie sie singt,
Eine Welt voll Glück in ihrer Harmonie mitschwingt.
Wie sie läutet, läutet, läutet und den Tag mit Glanz durchbricht,
Wie sie tanzt und wie sie jubelt, bringt sie uns ein Hoffnungslicht?
Hört mal hin, hört mal hin, denn die Zukunft liegt darin –
Liebe gibt uns Leben, darauf weist ihr Lied uns hin
Hört, sie singt und schwingt und singt und schwingt,
Wie die Botschaft durch die dicksten Mauern dringt.

Hört, die Feuerglocke schrillt, wie sie schrillt!
Drohung und Gefahr aus ihrem Dröhnen zu uns brüllt.
Wie sie läutet, läutet, läutet und die tiefsten Schläfer weckt,
Die an jedem Abend sich so selbstzufrieden zugedeckt.
Wird sie laut, wird sie laut, wie sie zornig niederschaut
und verkündet, wie ein Unheil sich sehr schnell zusammenbraut.
Hört, sie schrillt und brüllt und schrillt und brüllt,
Wie die dunkle Nacht mit lautem Schrei sich füllt.

Hört, die Totenglocke schlägt, wie sie schlägt.
Jahre gehn vorbei, am Schluß wird nicht mehr abgewägt.
Wie sie läutet, läutet, läutet, monoton uns Kunde gibt,
Wie sie auf das Ende deutet, und da wird nicht mehr gesiebt.
Denkt mal nach, denkt mal nach, seid stets aufmerksam und wach!
Das will sie uns sagen, und nur darum schlägt sie Krach.
Hört, sie schlägt und schlägt und schlägt und schlägt,
Und der Schreiner hat das letzte Brett gesägt.«

(Schallplatte: Gerd Schinkel, Kein Grund zur Aufregung, VOXPOP 4024)

Sprecher 1: Ob nur die Dunkelheit uns läutet? Leben nur einmal, und das im Dunkeln? Oder ist da auch Licht? »Hört mal hin, hört mal hin, denn die Zukunft liegt darin – Liebe gibt uns Leben, darauf weist ihr Lied uns hin.«

Sprecher 2: Eine Hoffnung keimt auf in dieser Nacht. Ein Mensch spürt in sich etwas wachsen. Etwas Neues wird geschehen.

Sprecher 3: »Ich preise den Herrn und freue mich über Gott, meinen Retter. Ich bin nur ein einfaches, unbedeutendes Geschöpf, und doch hat er an mich gedacht. Alle Menschen werden mich von nun an glücklich preisen, denn der mächtige Gott hat Großes an mir getan. Sein Name ist heilig. Sein Erbarmen hört nicht auf; über Generationen hin schenkt er es allen, die ihn ehren. Er streckt seinen starken Arm aus und fegt alle Stolzen samt ihren Plänen hinweg. Er stürzt die Mächtigen vom Thron und richtet die Unterdrückten auf. Er macht die Hungrigen satt und schickt die Reichen mit leeren Händen fort. Er hat unseren Vorfahren versprochen, barmherzig zu sein. Jetzt erinnert er sich daran und nimmt sich seines Volkes Israel an. So erfüllt er sein Versprechen, das er Abraham und seinen Nachkommen für alle Zeit gegeben hat.« (Lukas 1,46–55)

Sprecher 1: Ist's nur eine Illusion, diese Hoffnung – wie ein allzuschöner Traum?

Einspielung vom Plattenspieler: »Zu schöner Traum«
»Letzte Nacht, da träumt ich einen schönen Traum,
Ich sah eine Parade, herrlich anzuschaun.
Ich glaubte fast, ich könnte meinen Augen nicht mehr traun.
Bankiers und Diplomaten, Funktionäre, Bürokraten
Gehn zu den Soldaten, welch ein Tag, sie gehn zu sehn,
Die fetten Wänste, eingezwängt in schlechten Uniformen.
Sie wurden patriotisch, wolln dem Feind ins Auge sehn.
Wir dürfen nicht den Mut verliern, wenn sie dort von uns gehn, –
Uns bleiben ihre Frauen doch, es kann uns nichts geschehn!
Oh, sie lassen uns allein!
Die feinen Herrn gehn zu den Soldaten.
Bankiers und Diplomaten, Funktionäre, Bürokraten
Gehn zu den Soldaten, und es ist ja auch ihr Krieg.
Wir sind damit zufrieden, wenn sie sich tapfer schlagen,
Auch ohne Propaganda kämpfen sie um ihren Sieg.
Sie rücken ein mit Würde und stehen ihren Mann –
Uns bleiben ihre Töchter, und der nehmen wir uns an.
Oh, sie lassen uns allein!
Die feinen Herren gehn zu den Soldaten.
Bankiers und Diplomaten, Funktionäre, Bürokraten
Gehn zu den Soldaten, und das ist für sie ja neu.
Laßt uns ihnen helfen, gebt die Waffen, Helme, Spaten
Für ihre eignen Gräber, daß sie kämpfen ohne Scheu.
Und fest und tapfer klingt ihr Lied, wenn sie nun von uns gehn –
Wir baun ihnen ein Denkmal, nun könn' wir im Leben stehn.

Ach, leider bleibt es nur ein Traum –
Die feinen Herrn gehn nicht zu den Soldaten.«

(Schallplatte: Gerd Schinkel, Kein Grund zur Aufregung, VOXPOP 4024)

Sprecher 2: »Er stürzt die Mächtigen vom Thron und richtet die Unterdrückten auf.«

Sprecher 3: »Das Volk, das im Finstern wandelt, sieht ein großes Licht.«

Sprecher 1: Jede Dunkelheit hat Namen. Jeder von uns kennt seine Dunkelheiten. Wir wollen sie – mit einem Wort nur – jeder aussprechen. Wir sagen das ins Dunkel, was uns in dieser Nacht bedrückt. Mit einem Wort nur. Dazwischen mag die Stille unser Klagen hören.
(Die Teilnehmer sagen nun jeweils nur mit einem Wort, welche dunklen Erfahrungen auf ihnen liegen; am besten beginnen die Mitglieder der Vorbereitungsgruppe damit. Dazwischen bleiben Pausen. Beispiele: Einsam. Streit. Krankheit. Trennung ... usw.)

Sprecher 1: Wir beten: Gott, du kennst unsere Dunkelheiten. Wir haben sie in die Stille dieser Nacht hineingesprochen. Laß du es über uns hell werden. Laß uns dein Licht sehen.
Laß es hell um uns werden. Amen.

Sprecher 2: »Unser Gott ist voll Liebe, er schickt uns das Licht, das von oben kommt. Es wird für alle leuchten, die in der Finsternis und im dunklen Land des Todes leben, und wird uns auf Wege des Friedens führen.« (Lukas 1,78–79)

Sprecher 3: Von einem Licht nehmen wir alle Licht. Ein Licht setzt dieser Nacht viele Lichter auf. Wir wollen unsere Kerzen nehmen und von dem einen Licht uns Licht schenken lassen.
(Die Teilnehmer gehen mit ihren Kerzen zu der großen brennenden Kerze und holen sich Licht.)

Kanon, gemeinsam zu singen: Der Himmel geht über allen auf (oder ein anderer Kanon)

Sprecher 1: Der Tannenbaum vor dem Rathaus schien in der Dunkelheit mit seinen Lichtern zu spielen. Ein leiser, feuchter Wind ging über die Stadt. Es war still geworden. Die Straßen unter den Lichterketten lagen leer. Die Schaufenster, an denen sich vor wenigen Stunden noch Kindernasen plattgedrückt hatten, ruhten sich vom Rummel der letzten Tage aus. Hinter den hohen Kirchenfen-

stern leuchtete es warm. Nur die Kirchenbänke schienen über den plötzlichen Ansturm heute abend überrascht und freuten sich darüber, daß sie gebraucht wurden. Da und dort schimmerte es auch hinter den Fenstern der Häuser. Wenn der Wind für einen Augenblick innehielt, konnte man sogar einem der alten Lieder lauschen, das verhaltene Kinderstimmen aus dem Lautsprecher in den Abend sangen. Die Fenstergläser vibrierten ein wenig mit, als wollten sie sich von den geheimnisvollen Klängen anstecken lassen.
Ein nicht gerade festliches Gefährt tuckerte von Osten her auf die Stadt zu. Die Insassen in dem angerosteten alten 2 CV, dessen Dachträger mit Bündeln und Paketen überladen war, schienen müde. Sie waren wohl lange unterwegs gewesen, der Mann und die Frau. Am Stadtrand hielten sie an. Ob sie aussteigen wollten? Oder nach dem Weg fragen? Die Straße war leer. An der Seite lag im Halbdunkel die Kaserne. Der Blick des Mannes streifte die dunklen Umrisse der Panzer und Geländewagen. Er schüttelte nur leicht den Kopf. Aus dem Autoradio hörten sie eine gütige Stimme: »Ehre sei Gott in der Höhe und Friede auf Erden und den Menschen ein Wohlgefallen.«
Der Mann hatte wieder Platz genommen, legte den Gang ein, drückte aufs Gaspedal, und leicht wankend schob sich das röhrende Gefährt über die Brücke in die Hauptstraße. Die beiden erinnerten sich: Das war die Straße, die hatten die Bewohner eigens herrichten lassen, als sie den Besuch einer ausländischen Königin erwarteten. Ja, eine richtige Königin, die später ein Kind gebären sollte, war in der Stadt gewesen. Und deshalb hatte man alle Schlaglöcher zugeflickt, damit die königliche Karosse bar aller Erschütterung durch die Stadt rollen konnte. Die Frau beugte sich angestrengt nach vorn und drehte am Radio. Es rauschte kurz, dann sagte eine Stimme, offenbar ein Pfarrer: »Es ruft eine Stimme: In der Wüste bereitet dem Herrn den Weg, macht in der Steppe eine ebene Bahn unserm Gott! Alle Täler sollen erhöht, alle Berge und Hügel sollen erniedrigt werden, und was uneben ist, soll gerade, und was hügelig ist, soll eben werden. Und alles Fleisch miteinander wird es sehen.«
Dann erklang eine sanfte Frauenstimme: »Wie soll ich dich empfangen und wie begn' ich dir?« Die beiden im Wagen blickten sich lächelnd in die müden Augen.

Einspielung vom Plattenspieler: »Wie soll ich dich empfangen«
(Auf den meisten handelsüblichen Weihnachtsschallplatten eingespielt; oder gemeinsam zu singen.)

Sprecher 1: Als sie an der Straßenseite den großen Schaukasten mit dem Stadtplan entdeckten, stoppten sie. Der Mann stieg aus. Seine

Augen wanderten über die roten und grünen Flächen, über die gelben Straßen und Plätze, die im blassen Neonlicht kaum zu unterscheiden waren. Ja, da waren sie! Endlich da! Die Reise hatte sie angestrengt, aber sie wollten an diesem Abend noch in der Stadt ankommen. Die Frau stieg aus dem Wagen und ging zu ihm hin. Er nahm sie in den Arm. Mit den Fingern tasteten sie nun gemeinsam über die vielen Straßennamen. Aus der offenen Autotür strömte ein mächtiger Choral hinüber zu den beiden: »O wohl dem Land, o wohl der Stadt, so diesen König bei sich hat! Wohl allen Herzen insgemein, da dieser König ziehet ein!«

Nach einer Weile gingen sie wieder zurück und setzten sich in den Wagen. Inzwischen konnte man – es war heute sicherlich das dritte Mal – aus dem Radio die Weihnachtsgeschichte hören: »Und als sie daselbst waren, kam die Zeit, daß sie gebären sollte. Und sie gebar ihren ersten Sohn, wickelte ihn in Windeln und legte ihn in eine Krippe; denn sie hatten sonst keinen Raum in der Herberge.«

Sie fuhren weiter durch die Hauptstraße bis vor zur Ampelkreuzung. Drüben, vor der Kirche, lag der Parkplatz im nassen Halbdunkel; von den Lichtergirlanden fiel schwaches Licht auf die Buckel der geparkten Autos. »Und es waren Hirten in derselben Gegend auf dem Felde bei den Hürden, die hüteten des Nachts ihre Herde.« Sie bogen ein in die große Straße, die nach Norden führt. Wenig später hielten sie vor dem hell bestrahlten Rathaus. Der Mann verließ den Wagen, ging hinüber zum Polizeirevier und läutete. Ein junger Polizist, der traurig darüber war, daß er heute abend nicht zu Hause sein konnte, öffnete das Fenster und sah den Mann vor sich. »Wir sind da«, sagte der Mann. Der Polizist kratzte sich hinterm Ohr und blickte dem Mann fragend in die Augen.

Da läutete in der Wache das Telefon. Der Polizist hatte wohl vergessen, den Telefonverstärker abzuschalten; so konnte man laut und deutlich eine Kinderstimme hören: »Hallo, Herr Polizist. Meine Eltern streiten sich. Ich habe so Angst. Kann nicht jemand kommen und helfen?« Der Polizist fragte nach der Adresse und dem Namen. »Ja, Thomas, ich weiß nicht, ob ich dir helfen kann. Alle Streifenwagen sind unterwegs.«

Der Uniformierte versuchte noch eine Weile, den Jungen zu beruhigen. Dann legte er auf und wandte sich zum Fenster. Der Mann war verschwunden. Seltsam, dachte er bei sich und schloß das Fenster. Er schaltete sein Transistorradio wieder ein und dachte hinüber zu dem Jungen, dem er nicht helfen konnte, und an den seltsamen Mann, der so plötzlich am Heiligen Abend aufgetaucht und ebenso plötzlich wieder weg vom Fenster war. Das Radio brachte gerade das Ende der Weihnachtsgeschichte: »Da sie es aber gesehen hatten, breiteten sie das Wort aus, welches zu ihnen gesagt war. Und alle, vor die es kam, wunderten sich der Rede, die ihnen die Hirten gesagt hatten.«

Einspielung vom Plattenspieler: »Stille Nacht, heilige Nacht«
(Auf den meisten handelsüblichen Weihnachtsschallplatten eingespielt; oder zu singen)

Sprecher 1: Die Weihnachtstage waren vorüber, als der Leiter des Polizeireviers die Tür zur Wache öffnete und dem jungen Polizisten einen Briefumschlag übergab. »Das ist für Sie abgegeben worden.« Der junge Mann in seiner grünen Uniform nahm den Umschlag, öffnete ihn und hielt eine kleine Karte mit einem großen gelben, aufgeklebten Weihnachtsstern in der Hand. Eine ungeschickte Kinderhand hatte in großen Blockbuchstaben darauf geschrieben: »Lieber Herr Polizist! Danke! Ich habe dich gerufen, und du hast mir geholfen. Ein Mann und eine Frau sind dagewesen. Danke! Dein Thomas.«
Der Polizist schaute lange auf die Karte mit dem gelben Weihnachtsstern und erinnerte sich an jenen Abend, als ein Mann am Fenster stand und nur drei Worte sagte: »Wir sind da.«

Kanon, gemeinsam zu singen: »Der Himmel geht über allen auf«

Malen der Geschichte: Nun werden die Teilnehmer aufgefordert, an den vorbereiteten Tischen je ein Bild zu der eben gehörten Geschichte zu malen; es entsteht Bewegung, man spricht miteinander, tauscht Farben aus; manche arbeiten zu zweit oder zu dritt. Nach Möglichkeit sollen sich die Teilnehmer darauf verständigen, daß die Geschichte von Anfang bis Ende (wie in einem Comic) gemalt wird. Nach dem Malen

gemeinsames Essen.

Offenes Weihnachtsliedersingen (begleitet von den mitgebrachten Instrumenten)
Danach werden die Bilder in der richtigen Reihenfolge an die Wand gepinnt. Denkbar wären folgende Einzelbilder: Die dunkle Stadt. Die von innen hell erleuchtete Kirche. Der alte 2 CV. Der Mann und die Frau. Die Kaserne im Dunkeln. Die renovierte Straße. Der Stadtplan. Die Kreuzung mit der Ampel. Das Polizeirevier im Rathaus. Der Mann am Fenster. Der Polizist am Telefon. Das leere Fenster. Der Polizist liest den Brief o. ä.
Je nachdem, wie die Bilder ausgefallen sind, wird jetzt die Vorberei-

tungsgruppe eine Auswahl aus den Bildern treffen; und zwar sollen nun die Bilder selbst Stoff für den Einstieg in Kleingruppengespräche liefern. Jede der zu bildenden Kleingruppen erhält also ein oder zwei Bilder und nimmt sie mit an ihren Tisch. Ziel ist das gemütliche Gespräch im kleinen Kreis, in dem Erinnerungen, Erlebnisse, Probleme und Einsichten erzählt und gehört werden können.
Beispiel: Gruppe A erhält ein Bild von der dunklen Stadt und ein Bild von dem alten 2 CV. Zunächst darf frei assoziiert werden: Die dunkle Stadt erinnert mich an ...(Verdunkelungen im Krieg, an meine frühere Heimatstadt, an Kindheitserlebnisse in der Stadt, an andere Städte usw.); das Auto erinnert mich an ... (Reisen, Flucht, Ferien, Umzug usw.). So entsteht mit der Zeit in den Gruppen jenes Gespräch, das früher einmal zu den Festtagen dazugehört hat. Am Ende des Kleingruppengesprächs, für das viel Zeit zur Verfügung stehen sollte, erhält jeder Teilnehmer zwei kleine Zettel, auf die er im Rückblick auf den heutigen Abend schreiben soll: »Danke, Herr, für ...«; »Ich bitte dich ...« Sie werden anschließend an den Tannenbaum gehängt, um später beim Dank- und Fürbittgebet verlesen zu werden.

Sprecher 1: Da ist ein Licht, das läßt es hell werden in uns und um uns. Ein Licht, das uns aus Dunkel und Einsamkeit herausführt in die Gemeinschaft. Nicht mehr allein, können wir die Welt mit neuen Augen sehen. Dieses Licht bringt uns das Kind dieser Nacht. So erfahren wir Liebe, die Nähe zum Du. Können wir das Liebeslied, das wir nun hören, für uns als Weihnachtslied verstehen?

Einspielung vom Plattenspieler: »Wohin der Weg auch führt«
Wenn mich der Tagesärger plagt,
mir jeder seine Sorgen klagt,
doch keiner nach den meinen fragt –
dann bist du da, hab ich dich auch nicht hier.
Bin ich kaputt vom Tageslauf,
haut mir noch jeder einen drauf,
daß ich am Abend nur noch sauf' –
denk ich an dich, und hab dich dann bei mir.
Dann weiß ich, daß es weiter geht,
wohin der Weg auch führt.
Mit dir ist es für nichts zu spät!
Das hab ich jedesmal, wenn ich verzweifelt war, gespürt.

Wenn du im Zorn dich bald vergißt,
der Willkür ausgeliefert bist,

die so an deinen Nerven frißt –
dann bin ich da, bin ich auch weit von dir.
Denkst du verschreckt, es geht nicht mehr,
schafft dich der Tageskram so sehr,
wird dir darum das Ausharr'n schwer –
dann hast du mich, denn ich steh doch zu dir.
Dann merkst du, daß es weitergeht,
wohin der Weg auch führt.
Es ist doch noch für nichts zu spät!
Das haben wir doch stets, wenn es mal schwierig war, gespürt.

Wenn uns das Bürokratenpack,
so selbstgerecht im Schmierenlack,
verschaukeln will wie Vieh im Sack –
dann bleibt uns eins, was unsere Kräfte stärkt.
Wenn einem von uns Übles droht,
Berufsversetzung und -verbot,
wirft uns das beinah aus dem Lot –
dann bleibt uns doch, was jeder von uns merkt:
Wir wissen, daß es weitergeht,
wohin der Weg auch führt.
Gemeinsam ist es nicht zu spät!
Das haben wir doch stets, wenn es mal schwierig war, gespürt.

Wir haben uns und leben noch
all dem zum Trotze nicht im Loch,
wir denken und wir atmen doch –
wär's leichter zwar, nur mit im Strom zu ziehn.
Und unsre Kraft, die schwindet nicht;
wird dunkler manchmal auch das Licht,
seh ich voll Liebe dein Gesicht –
wenn überhaupt, will ich nur mit dir fliehn,
weil es doch immer weiter geht,
wohin der Weg auch führt.
Es ist für uns doch nie zu spät,
wenn wir zusammen stehn! Das haben wir doch oft gespürt.

(Schallplatte: Gerd Schinkel, »Abrechnung«, VOXPOP 4030)

Sprecher 2: »Er ist in die Welt gekommen als das Licht für alle Menschen. Manche nehmen ihn auf und vertrauen ihm.
Sie lädt er ein, Kinder Gottes zu werden.« (nach Joh 1,9–12)

Sprecher 3: (entzündet jetzt die Kerzen am Christbaum)
Wir wollen beten:
Nun liegt auch
über unserem Dank und unserer Bitte
dein Licht!
Heller hast du es um uns werden lassen,
heller auch in uns.
Wir danken dir, Herr, für ...

(Verlesen der Dankeskarten, die am Christbaum hängen)

Laß dieses Licht mit uns gehen.
Laß es in die Finsternisse unseres Lebens
und in das Dunkel dieser Welt
hineinleuchten.
Darum bitten wir dich, Herr, ...

(Verlesen der Fürbittkarten, die am Christbaum hängen)

Herr,
was uns reich macht
und was uns arm macht,
was uns dankbar werden läßt
und uns zum Bitten treibt,
das haben wir uns von der Seele geschrieben
und in die Zweige dieses Baums gehängt.
So suchen wir die Verbindung zu dir.
Mit dir werden wir
Mut zum Leben,
Wege der Hoffnung
und Kraft für den nächsten Schritt
finden.
Amen.

(Hier kann ein gemeinsames Vaterunser folgen.)

Lied: »Von guten Mächten wunderbar geborgen« (in allen neuen Gesangbüchern).

Sprecher 1: Wir bitten Gott um seinen Segen: Herr, laß das Licht dieser Nacht über uns leuchten, sei mit uns, mit deinem Frieden. Amen.

Das Fest zur Nacht klingt aus bei zwanglosem Beisammensein.

Ankunft unbestimmt. Von der Geduld und Ungeduld in adventlicher Zeit

– *von Wolfgang Erk und Uwe Kynast*

Diese Veranstaltung ist hauptsächlich für Jugendliche, aber auch für aufgeschlossene Erwachsene gedacht.
Zu den Textlesungen, die möglichst von mehreren Sprechern vorgenommen werden sollen, werden musikalische Einschiebsel vorgeschlagen, wobei es am besten ist, wenn die Teilnehmer selber musizierend oder singend etwas beisteuern: Gitarre, Klavier, Geige – mehr oder weniger »feierlich«. Auch darüber hinaus ist ganz nach den Vorgaben, die spezifisch für den jeweiligen Kreis zu überprüfen sind, individuell zu entscheiden, welche Musik »paßt«: Bei diesen Texten eignet sich erfahrungsgemäß sowohl die »klassische Linie« als auch Neue Musik.
Kürzungs- und Erweiterungsmöglichkeiten sind nahezu beliebig. Nach dem hier aufgezeigten »Raster« kann ohne weiteres mit dem Material dieses Buches eine zweite Veranstaltung gefüllt werden.

Marie Luise Kaschnitz: Das Wunder *37*
Werner Bergengruen: Kaschubisches Weihnachtslied *105*
Siegfried Lenz: Risiko für Weihnachtsmänner *62*
Mascha Kaléko: So um Dezember *137*
Musik
Joachim Ringelnatz: Einsiedlers Heiliger Abend *128*
Heinrich Albertz: Eine andere Weihnachtsgeschichte *127*
Werner Wollenberger: Janine feiert Weihnachten *135*
Manfred Hausmann: Martin entdeckt den Weihnachtsstern *132*
Musik
Heinrich Albertz: Was ist Licht? *145*
Walter Jens: Die realistische Erzählung *148*
Kurt Marti: Weihnachten ist der radikale Einspruch *78*
Michael Benckert: Jedes Jahr schleicht sich ... *97*
Musik
Hermann Hesse: Als ich ein Knabe war *132*
Peter Huchel: Dezember 1942 *27*

Fest in trüber Zeit. Hoffnung wider alle Hoffnungslosigkeit

Unfeierliche Gedichte und Geschichten in der Weihnachtszeit. – von Wolfgang Erk und Uwe Kynast

Nachdenken angesichts von Weihnachten führt nicht nur zu eitel fröhlichen Gedanken. Das zeigen die Aphorismen, Gedichte und Geschichten dieser Veranstaltung auch. Kritische Reflexion allen Geschehens um uns her ist geboten. So eignen sich diese anderthalb Stunden literarischer Besinnung (unterbrochen von musikalischen Einschüben je nach Bedarf: Weihnachtschoräle oder, zum Beispiel, auch einfach »nur« alle Sätze auch Bachs Violinkonzert ...) vorwiegend für Jugendliche und kritische Erwachsene. Aber eben durchaus »nicht nur«!

Musik

Musik

Musik

Musik

Blick zurück ohne Zorn. Nekrolog auf ein Jahr

Eine literarische Stunde am Silvesterabend.
– von Wolfgang Erk und Uwe Kynast

Wer den Silvesterabend nicht ausschließlich mit Alkohol und Knallerei verbringen mag, hat vielleicht Interesse, eine literarische Stunde (mit-) zugestalten wie sie hier aufgezeigt wird: Sie eignet sich für nahezu sämtliche Kreise, die am Nachmittag oder Abend des letzten Tages im alten Jahr zusammenkommen: Alte und Junge, Familien und einander Fremde in christlichen Zentren oder säkularen Hotels. Das hier zusammengetragene Modell beginnt mit der skeptischen Aussage der jüdischen Dichterin Mascha Kaléko (Nun starb das Jahr. Auch dieses ging daneben), läßt Heiteres und Besinnliches aufeinander folgen und widmet sich der Frage nach, der Hoffnung auf den Frieden. Es kann nach Erfordernissen gekürzt oder mit Material aus den Tagen des Jahreswechsels ergänzt werden. Wo es möglich ist, eignen sich hier besonders Songs und Chansons für die musikalischen Elemente (Tucholsky, Das Ideal).

Neujahrsbedenken. Ausblick ohne und mit Hoffnungsschimmer

– von Wolfgang Erk und Uwe Kynast

Eine kleine Stunde am Beginn des Neuen Jahres für Zeitgenossen aller Altersklassen ab 16 Jahren: Ein literarischer Gruß gewissermaßen – nicht ohne kritische Reflexion dessen, was uns da im Neuen Jahr erwartet. Für die vier musikalischen Elemente zwischen den Textlesungen ist vielerlei nach subjektivem Ermessen (und dem Zuhörerkreis entsprechend) einsetzbar. Wer zum Beispiel die Schallplatte ADAGIO – Albinoni/Pachelbel/Boccherini/Respighi – (Berliner Philharmoniker, Herbert von Karajan – DG 2530247) besitzt, kann die vier Stücke, die sich hier besonders eignen, gut einsetzen. Diese Musik lädt förmlich ein, die gehörten Texte jeweils nachträglich verstärkt auf sich wirken zu lassen.

Zu diesem Band

Dieser Band beginnt mit dem ersten Adventssonntag und geht von der »längsten« Adventszeit aus (die zum Beispiel 1983 eintritt), in der der Heilige Abend auf den Samstag nach dem Vierten Advent fällt – und also der Neujahrstag zugleich der erste Sonntag nach Weihnachten ist. Der Barbaratag (4. Dezember) findet in dieser Abfolge am Mittwoch, der Nikolaustag am Freitag nach dem Ersten Advent, der 21. Dezember am Donnerstag nach dem Vierten Advent statt.

Weitere Veranstaltungsvorschläge

Eine eigene Veranstaltungseinheit kann zum Beispiel das Lesen der *»Geschichtenweihnacht«* (*7*) von Adolf Muschg sein: Zwei Sprecher (einer liest den gerade, ein anderer den kursiv gesetzten Text) wären dafür hilfreich.
Verblüffende Aufmerksamkeit wird mit dem Vortrag der *Dialektübertragungen* (*113ff*) der Weihnachtsgeschichte erzielt. Freilich sollten nur solche Vortragende dazu herangezogen werden, die in dem jeweiligen Dialekt »zu Hause« sind. Wenn zum Beispiel in einem Kreis je ein Berliner, Nordhesse, Rheinländer, ein Schwabe und ein plattdeutsch Sprechender beieinander sind, hören die Teilnehmer die Weihnachtsgeschichte gern mehrfach und jedesmal »neu«. – Für *Veranstaltungen mit Kindern* eignen sich u. a. besonders folgende Texte, die sonst auch in Weihnachtsveranstaltungen, in denen Kinder anwesend sind, eingestreut werden können: Heinrich Albertz, Eine andere Weihnachtsgeschichte (*127*); Heiner E. Kappel, Warum eigentlich Weihnachten ist (*119*); Werner Wollensberger, Janine feiert Weihnachten (*135*); James Krüss, Schildkrötengeschichte (*90*); Sklaven waren unsere Vorfahren. Zwei Feste – zwei Kinderbriefe (*120*); Manfred Hausmann, Martin entdeckt den Weihnachtsstern (*132*). Für Kinder eignen sich auch die Dialektübertragungen der Weihnachtsgeschichte und dazu manche andere Erzählung, je nach Altersgruppe und Intention der Eltern oder Gruppenleiter. – Mit den Materialien dieses Buches kann man allein, in Familien, Hauskreisen und Gemeinden ganze *Veranstaltungsreihen* durchführen: Abende je mit nur Gedichten, nur Geschichten, mit einfacher und anspruchsvoller Literatur. – Die *Meditationen* von Klaus Bannach (*198*) zu den Ausschnitten aus dem Holzschnitt von Walter Habdank »Licht in der Finsternis« sind als Element in verschiedenste Veran-

staltungen einzubringen. – Mit den zahlreichen Aphorismen und Weisheiten (*26, 27, 31, 32, 41, 42, 49, 57, 72, 78, 97, 126, 140, 145, 148, 158, 167, 195*) können meditative Stunden (im Zusammenhang mit musikalischen Beiträgen) durchgeführt, und es können solche Kurztexte auch als Hinführung zu Gesprächsstunden zum Thema Weihnachten eingesetzt werden. Allein mit den Texten zum Beispiel von Benckert, Marti, Jens, Albertz, Sölle, Winter, Gebhardt, Gregorius, Hertzsch lassen sich Gespräche zur Frage »Weihnachten« initiieren. – Wer innerhalb einer Veranstaltung *ein neues Lied* einüben will, findet ein Beispiel (*110*) aus Kamerun und öffnet so den Blick in einen anderen Kontinent.

Statt eines Nachwortes

Advent heißt Ankunft. Warten wir auf jemanden? Wir warten auf viel: auf das große Glück, die Liebe, die Zukunft, auf Besserung, auf Besuch – auf den Tod. Und manchmal warten wir ein Leben lang vergeblich. Advent – warten auf das, was uns fehlt, auf Liebe, die wir durchhalten können, auf Frieden, der auch aus uns selber kommt. Das Thema Frieden ist das Hauptthema nicht nur der Advents- und der Weihnachtszeit. Es ist das Thema jenes Herrn Jesus, den wir auch Christus nennen, und die Menschen in den zweitausend Jahren nach ihm, die sich Christen nennen, haben sein Thema verfehlt. Fahrlässig und/oder vorsätzlich. Täglich, auch heute. Wir müssen also WARTEN AUF IHN. Freilich genügt es nicht zu warten, wie man auf etwas wartet, auf dessen Eintreten oder Eintreffen man keinen Einfluß hat. Sinnvoll WARTEN AUF IHN können wir nur aktiv. Weihnachten feiern – heute, im Atom- und Neutronenbombenzeitalter, im Zeitalter der vergifteten Natur –, das könnte eine besondere, aktive Form des Wartens bedeuten. »Der Rückzug ins familiäre Reduit des privilegierten Winkels ist so wenig glaubwürdig wie die forcierte Wohltätigkeit, die in diesen Tagen rasch-rasch ›Gutes‹ tun und soziale Gesinnung betätigen will. Über den kommerziellen Rummel, die Konsumhektik als *Parodie auf Jesu Geburt*, wie sie kein Atheist besser hätte erfinden können, ist seit langem schon genug gesagt und geklagt worden. Verlegenheit breitet sich aus ...« So schreibt Kurt Marti. Und weiter: »Die kirchliche Verkündigung sollte an Weihnachten nicht länger auf die traditionellen Weihnachtstexte fixiert bleiben. Dasselbe gilt für häusliche Feiern: warum das oft einzige Mal, wenn die Bibel in der Familie aufgeschlagen wird, stur immer die Weihnachtsgeschichte lesen? Warum nicht einmal die Seligpreisungen oder andere Passagen aus der Bergpredigt (Mt 5–7)? Diese Texte böten viel eher auch Anstöße zu einer anschließenden Diskussion. Vielleicht träfe ein Wort Jesu unvermutet auf ein Familienproblem, das zu bereden ohnehin fällig ist. Vielleicht entspönne sich ein Gespräch über soziale Fragen. Sind Kinder dabei, so wird es an Fragen zu einem unerwarteten, noch nie gehörten Text kaum fehlen. Gerieten wir so nicht eher auf den Weg *Jesu* (der immer im Gespräch mit anderen war) und auf den Weg wirklichen *Heils* (das mehr ist als ›Gemütspflege‹)? Zu versuchen wäre es. Jesus will nicht bestaunt und gefeiert, er will gefragt und gehört werden.«

In einer Zeit, in der man nahezu keine Wünsche (auch keine Ideale) mehr hat, »man hat ja alles« und gibt (nein, nicht den Zehnten, wo kämen wir da hin?, aber zur Gewissensberuhigung eben vielleicht doch ein Tausendstel oder gar:) ein Hundertstel »für einen guten Zweck«, in dieser Zeit gewinnt DAS IDEAL, von Kurt Tucholsky im Sommer 1927 geschrieben, eine aktuelle Bedeutung. Man kann dabei schmunzeln und sich das Schmunzeln vergehen lassen: »Ja, das möchste: / Eine Villa im Grünen mit großer Terrasse, / vorn die Ostsee, hinten die Friedrichstraße; / mit schöner Aussicht, ländlich-mondän, / vom Badezimmer ist die Zugspitze zu sehn – / oder abends zum Kino hast dus nicht weit. / Das Ganze schlicht, voller Bescheidenheit: / Neun Zimmer, – nein, doch lieber zehn! / Ein Dachgarten, wo die Eichen drauf stehn, / Radio, Zentralheizung, Vakuum, / eine Dienerschaft, gut gezogen und stumm, / eine süße Frau voller Rasse und Verve – / (und eine fürs Wochenend, zur Reserve) –, / eine Bibliothek und drumherum / Einsamkeit und Hummelgesumm. / Im Stall: Zwei Ponies, vier Vollbluthengste, / acht Autos, Motorrad – alles lenkste / natürlich selber – das wär ja gelacht! / Und zwischendurch gehst du auf Hochwildjagd. / Ja, und das hab ich ganz vergessen: / Prima Küche – erstes Essen – / alte Weine aus schönem Pokal – / und egalweg bleibst du dünn wie ein Aal. / Und Geld. Und an Schmuck eine richtige Portion. / Und noch ne Million und noch ne Million. / Und Reisen. Und fröhliche Lebensbuntheit. / Und famose Kinder. Und ewige Gesundheit. / Ja, das möchste! / Aber, wie das so ist hienieden: / manchmal scheints so, als sei es beschieden / nur pöapö, das irdische Glück. / Immer fehlt dir irgendein Stück. / Hast du Geld, dann hast du nicht Käten; / hast du die Frau, dann fehlen dir Moneten / hast du die Geisha, dann stört dich der Fächer: / bald fehlt uns der Wein, bald fehlt uns der Becher. / Etwas ist immer. / Tröste dich / Jedes Glück hat einen kleinen Stich. / Wir möchten so viel: Haben. Sein. Und gelten. /

Daß einer alles hat: / das ist selten.« Werner Finck hat in einem »Optimistischen Jahresglückwunsch« geschrieben: »Ich bin fest davon überzeugt, daß im neuen Jahr alles viel besser wird: Die Panzer, die Raketen, die Abwehrwaffen.« Das war 1965. Wir dürfen, befürchte ich, bei unseren Hoffnungen, Erwartungen, Wünschen angesichts von Weihnachten und dem Ausblick auf ein neues Jahr im ausgehenden Zwanzigsten Jahrhundert dieser Art Optimismus sicher sein.

Kurtmartin Magiera fragt in einem Gedicht mit dem Titel »Käme ER heute«: »Käme ER heute und machte es wie damals – / sähe es so aus? / In den Slums von East-Harlem – / Maria eine Neger-Mammie. / In den Gassen Palermos – / Josef heißt Salvatore. / Im Zelt der Besitzlosen jenseits des Jordan – Gott, Bruder der Armen. / Elf Quadratmeter für jesusmariaundjosef / im siebenstöckigen Hochhaus / von Wong Tai Sin – / siebentausend Nachbarn sind Hirten unterm / gleichen Dach. / Mietpartei irgendwo im Revier: / Ach so, nur ein Zimmermann! / In einer Vorstadtbaracke, im Gleisdreieck, / in der Kolonie Rote Erde. / Längst ist vergessen: / Auch in Bethlehem gab's Wohnzimmer, / reichgedeckte Tische und Marmor. / Käme ER heute und machte es wie damals – / wie sähe es aus?« – So rücken die Texte in diesem Hausbuch – übernommene Literatur und 25 neue Beiträge – auch ab von Nur-Beschaulichkeit, von süßlichem Sehnen und verräterischem Vertrösten aufs Jenseits. Die Geburtstagsfeier für Jesus, den konsequenten Kritiker, Reformer und konzessionslosen Revolutionär seiner Zeit, soll, meine ich, die Bedrohlichkeit des Heute in den Blick rücken. Das herrschende System seiner Zeit hat Jesus, den Christus, umgebracht. Das herrschende System unserer Zeit (in West und Ost, in Nord und Süd) bringt täglich Menschen um – auch an Weihnachten: Es läßt Hunger und Elend in zwei Dritteln der Welt zu; der verantwortungslose Umgang mit Ressourcen, Verkehr und Forschung, der blinde Egoismus einzelner und einzelner Gruppen, die kurzsichtige Politik der einen wie der anderen führen Teile der Welt – vielleicht die ganze Erde – zu einem möglicherweise nötigen vorläufigen Ende. Daß dann Neues wächst, mag unsere Hoffnung über die Tage hinaus sein.

Stuttgart, im September 1981 *Wolfgang Erk*

Verzeichnis der Autoren, Texte und Quellen mit Seitenhinweisen

Da die in diesem Band abgedruckten Texte vom Herausgeber und seinen Mitarbeitern über Jahre hinweg aus den unterschiedlichsten Publikationen gesammelt wurden, war es bei einigen Beiträgen nicht möglich, die Fundquelle nachzuweisen. Herausgeber und Verlag danken den Autoren und Verlagen für ihre Mitarbeit bzw. Genehmigung zum Abdruck.

Die Psalmtexte, die die Tage einleiten, wurden von Horst Bannach übersetzt. Sie sind dem Band »Psalm-Texte. Übertragen von Horst und Klaus Bannach« entnommen, der 1980 im Radius-Verlag, Stuttgart, erschien.

Die Abbildungen auf den Seiten 81–88 – der Farbholzschnitt »Licht in der Finsternis« von Walter Habdank mit sieben Ausschnitten – sind als Kleinbilddias (Rahmengröße 5 × 5 cm) zu bestellen beim RADIUS-Verlag, Kniebisstr. 29, 7000 Stuttgart 1, Tel. (0711) 283091-92
